教育規準論

林逢祺　著

五南圖書出版公司 印行

謹以此書獻給我的　雙親
林昭明先生和林蘇金女士

修訂版序

　　「教育哲學」作為一種「哲學」，所探究者應為「根本」議題，而在教育的領域中，最為根本的哲學任務莫過於發掘真、善、美的真諦，以及探問如何才能以合乎真善美的方式來傳遞真善美。對於這個主張，我自本書初版印行以來，未曾改變。只是因為初版內涵的有限性，以及時空背景的移轉，適時修正及補充本書，蓋為當然。

　　本次修訂的版本中，除了更正原版的錯誤，還新增〈亞特力士的抉擇：蘭德與賈馥茗的道德對話〉乙章。新增此章的目的，在探問人類社會自採納道德的高標（美德倫理），改而信奉道德的底標（權利倫理），乃至近乎淪落到失去標準的時代（非道德化社會）裡，還有沒有在道德的廢墟裡，重建道德新廈的理由？如果有，該重建起來的究竟是哪一種道德？對於這個問題，蘭德（Ayn Rand）和賈馥茗有非常不同的答案。雖然兩人的見解分殊，但關心人類前途的心情並無二致。而他們的關心所表現出的熱烈程度，相信所有重視教育工作的人，都能感同身受。期盼新增此章，能為這個德育上的根本問題，或多或少提供一些深入思考的火花。

林逢祺　序於童心齋
2010 年夏末

序 言

　　本書是我自英國學成返國（1995年）之後，接近九年的歲月中，對教育根本問題思考研究的成果。

　　教育根本問題的探討，不論在教材或教法上，都脫離不了真、善、美等三個向度的規準。只有瞭解真善美的實質內涵和判斷準據，教育的施行才有依循的方針，也才有成效可期。基於此一認識，本書除了緒論（說明研究動機、目的及方法）和結論（說明研究所得）之外，共分「智育規準」、「德育規準」和「美育規準」等三篇，每篇各有三個密切相關的章節：首先，於智育規準篇中，探究智育在教材、教法和目的上應有的準據；其次，於德育規準篇中，探究德育在道德的高標（美德倫理）、底標（權利倫理）和失去標準（非道德化社會）的情境中，分別面臨的問題，並提出對應之道；最後，於美育規準篇中，闡釋教師素質和教學活動具有美感意義，是美育的核心所在，並藉由實用美育觀的探討，說明美育的成果將反映在個體生命的每一面向上，美育、德育及智育實不可分。整體而論，本書通前徹後，乃在闡明教學活動的任一細節，皆應融貫真善美的理念，方能創造出高品質的教育。

　　本書的二至十章，都是根據期刊和研討會發表之文章，進一步修改發展完成的。智育規準篇中的前兩章（「教材選擇的知識判準」、「由思維歷程透視教學原理」）和美育規準篇中的前兩章（「教育的美感向度」、「教學的藝術特質」）曾全部或部分發表於「教育研究集刊」，至於智育規準篇中的「市場導向的知識教育」一章（部分曾發表於「今日教育」期刊）和德育規準篇中的三個章節，則都是研討會論文修正擴展而來（「德育的美感規準」和

「非道德化社會的德育處境」部分曾分別發表於「教育資料集刊」和台灣書店出版的《新世紀的教育願景》一書）。美育規準篇中的「實用美育觀的正見」一文則部分曾發表於「中等教育」期刊。伍振鷟先生主編五南圖書公司出版之《教育哲學》，曾蒐集教育規準篇中三個章節的部分內容，新增的部分主要是在論證軸線的完成和疏漏的補正。

　　本書的寫作過程中，感謝台灣師大教育學系全體師長提供給我極度優渥的教學、研究和學習的環境，隨著時間的增長，我愈發感受到身為系上成員，是多麼得天獨厚的幸事。我在教育哲學上的學習，得教於歐陽教、林玉体、伍振鷟和徐宗林先生的啟蒙，賈馥茗、黃光雄和楊深坑先生則在我研究所求學的階段，繼續嚴謹的指導，使我對教育哲學的研究興趣益形鞏固，並完成最具關鍵性的學習。對於先生們的殷殷教誨，我有無盡的感謝。負笈英倫期間（1991-1995）忝列英國當代應用哲學健將何禮士先生（John Harris）門牆，何禮士先生睿智優雅，於我哲學專業及生命視野之提昇上，用力許多。另外，感謝周愚文、但昭偉、蘇永明、莊勝義、洪仁進、林秀珍和葉坤靈等位先生，對本書貢獻許多寶貴的建議和指導。研究生曹孝元同學在文書編輯上提供我最高效率的協助，使我得以安心寫作，在此一併致謝。

　　當然，一本著作的完成，只是個人階段性學習成果的呈現，謬誤粗陋之處，謹請讀者、方家不吝教正。

目　次

第三篇　美育規準

第一章

緒　論

　　哲學是根本之學，教育哲學作為哲學的分支，自然也以根本問題的探究為其旨趣。學習教育哲學多年以來，深感教育活動上許多失序、盲動和缺乏成效的作為，實肇因於根本教育問題之思考不盡周圓，因為思之不徹，故用於指導行動之準則搖擺不定，等而下之，則受制於時局和流行。邇來，教育執事者在政績壓力之下，每每於謀之未定，思之未周的情況下即貿然行事，以致朝令夕改，造成資源浪費、學生家長勞神、教師受苦不說，兒童的成長也不得正常發展，實有加以深思之必要。

　　從積極面看，我國最近頻繁地進行教育改革，至少代表著政府和大眾對教育之重要性的認同，只是改得多，想得少，變成盲動，結果成效不彰，也失去了對教改的信心，實為可惜。教育若要有具體成效，根本問題的釐清實為第一要務，對根本問題有了正確的瞭解，教育的施行才有方針和準則可言。但教育的根本問題何在？該如何思考這些根本問題？在回答這兩個問題之前，先來回顧一個教育哲學典範的建立過程和代表成果，並進一步探討其反省內容，最後再回到教育的根本問題有哪些以及如何思考這些問題的議題上。

第一節　典範的回顧

　　倫敦路線（London Line）是學界時常用來稱呼皮德思（R. S. Peters, 1919-）和赫思特（P. H. Hirst, 1929-）為首的教育哲學研究社群。這個社群所以能成為一個「路線」，乃在於他們有共同信守的研究典範或方法，這個典範最明白的宣示出現在皮德思和赫思特（Hirst and Peters, 1970）兩人合著的《教育邏輯》（*The logics of education*, 1970）一書的第一章中，該章明白指出，哲學所從事的活動有二，一是概念分析，一是為知識、信念與活動尋求良好的支持理由。

　　皮德思跟赫思特所講的概念分析，是就大眾日常語言，去探究使用一個概念的「必要條件」，這也是他們所說的概念的「緩和界定模

式」。至於概念的「嚴謹界定模式」，是指分析使用一個字的「充分必要」條件，這有如 x＋y＋z＝A 的公式的尋取，在自然科學中似乎比較有可能。在日常用語的界定上，最多只能追求使用一個概念的「必要條件」，例如，我們分析一般人使用「處罰」一字的方法，可以發現其使用該概念時，包含如下必要條件，即「權威」將「痛苦」施加在「犯錯者」身上。換言之，日常語言中的「處罰」，構成要件有三：第一，有「犯錯者」；第二，處罰的執行者是成熟且具威信的「權威」；第三，受罰使犯錯者感到「痛苦」。根據這樣的理解，我們可以說一個學生如果沒有犯錯，老師卻「處罰」他，便是一種「惡罰」；或者學生犯錯之後，被老師「處罰」時，不覺「痛苦」，反而極痛快（這往往是老師選擇的處罰方式不當所造成，「罰不愛上課的學生站到教室外去」便是一例），這種「處罰」對受罰者來說，就不是一種「處罰」了。

知道概念分析的目的是在釐清概念的「必要條件」之後，接下來的問題是，如何找到這些必要條件？皮德思等人建議我們在概念的各式用法中，過濾出核心的用法和邊陲的用法；必要條件就在核心用法中。但如何過濾呢？皮德思等人並沒有明講，但是從皮德思的作品中，可以看到他喜歡用相近、相關的概念來比較。例如，如果要分析「教育」的概念時，便可以拿「訓練」、「感化」、「灌輸」等概念來作為比較的對象。

可是把運用概念的必要條件找出來的目的是什麼呢？顯然概念分析不是一種為分析而分析的「遊戲」。我們不是隨意拿個概念就分析起來；概念的分析是為了哲學問題的解答。而我們所以對某個哲學問題產生興趣，或者急切想要去探索它，多半起於生命世界中的重大事件。換句話說，生命世界的重大議題的解決，需要作根本的哲學思考時，我們才有概念分析的迫切需要。但概念分析對哲學問題的解決有什麼幫助呢？依據皮德思等人的看法，概念澄清可以讓我們瞭解「事實」（How things are?）。這是怎麼說呢？以前述「處罰」的概念來看，

當我們分析出一般大眾使用「處罰」一詞時包含三個必要條件，我們對他們認為「處罰」「應該」如何執行，就可以有一些「事實」的瞭解。這裡所謂的事實，包括人們對處罰的預設、意識形態和既有的作法。知道這些事實，不等於接受這些事實應該繼續維持，而是要透過論證，提出良好的理由說明這些預設、意識形態和既有的作法究竟應不應該維持下去。例如，我們可以問，「處罰是不是一定要讓犯錯者感到痛苦？」或者「犯錯的人一定要受罰才能改正嗎？」總之，重要哲學問題的解決過程中，往往會牽涉到一些待澄清的概念，這時需要運用概念分析，而概念分析的成敗，則取決於它是否有助於「事實現狀的澄清」和「問題的解決」。

依據前述方法，皮德思於其名著《倫理學與教育》（*Ethics and education*, 1966/1970）一書中，提出三個廣受討論和運用的「教育」規準（Peters, 1970: 23-45）：亦即所謂「合價值性」（worthwhileness）、「合認知性」（cognitiveness）以及「合自願性」（voluntariness）。皮德思認為教育的活動是多樣態的，沒有固定的模式或方法，但其進行方式卻須依循前述三個教育的內在規準；換言之，違反這三個規準的教育活動，就可說是未達理想的教育，甚至是「反」教育。以下，試說明皮德思對三個規準的界定（Peters, 1970: 45），並加以必要的闡釋。

☪ 一、合價值性

皮德思指出所謂「合價值性」意指：「教育」是一種價值傳遞的活動，並能使受教者認同、熱愛價值。這個規準運用在教育上，有兩個層面值得思考：第一，教育的內涵必須是有價值的，而此所謂價值，包含有助個人潛能開展或知識及道德之增進的一切內容。這一點應是絕大多數人對教育的共識，試想，如果學校傳授種族仇恨的觀念或者有害身心的行為習慣，如何能稱為「好的教育」。第二，皮德思講求教育價值應以「內在目的」為重，亦即教育首重教人成「人」（健全的人）的目的，外在目的之追求（例如職業）為次。教育能使

學生認同、熱愛有益其成「人」的價值，即是好的教育，而能熱愛內在價值的人，也就成了皮德思所謂「有教養者」（an educated person）的一個重要特徵。皮德思認為，過度強調外在目的，必使「教育」淪為一種「訓練」（如職業「訓練」）。

☾★二、合認知性

皮德思所謂教育的「合認知性」意指：教育的內容和過程，應該協助學生在知識、理解力和認知視野上得到擴展。據此，成天放縱學生嬉戲或者只能傳授一些膚淺教材的學校，顯然有虧教育使命。皮德思強調，知識的傳遞要深度和廣度兼具。深度的認知教育，有三項特色：第一、是使學生能知其然，而又知其所以然，能進又能出，能具體舉例又能瞭解原理原則，換言之，經過良好教育的學生，其心靈將會變得「更具體且更抽象」；第二、是使學生產生「內在」的改變，亦即經過合認知性的教育陶冶之後，學生的視野隨之提昇。例如，學過歷史的人，對古建築和文物的觀念及情感，也會跟著改變，而且對於「歷史學」的內在評價規準，也會有所瞭解和關心。第三、合認知性的教育注重博雅精神，以培養學生的通觀能力為志，不侷限於一隅，故學生在受教過程中，可以得到全人的發展，而不只是成為一個訓練有素的「專家」或「技術人員」。

☾★三、合自願性

皮德思所謂教育的「合自願性」，其要點乃在申明：若干使學習者缺乏「覺知性」（wittingness）*和「自願性」的活動（例如洗腦和單向思想灌輸），不應該在教育上被採用。在這一點上，皮德思並不是說，教育完全不能有強制或命令學生的作為，也不是說「所有」的學習都要以學生的志願或興趣為起點，他只是反對，完全忽視學生思維發展，而一味「填鴨」或「注入」的枯燥教學。皮德思承認，學習

＊此處本書原誤值為 wittiness 並譯為「應變性」，感謝但昭偉先生教正。

興趣可以經由誘導，甚至一段時間的強迫學習後，逐漸產生出來，但反對完全不考慮學生的興趣。換句話說，老師的心中應有引發學生自動學習的動機，並設計相應的教學活動。也許在教學之初階需要對學生施加一些強制，但最終強制若能完全解除，且學生能主動的自我教育，則是最美好的結果。興趣常是教育的終點而非起點，教育的起點就要學生具有充分的興趣或選擇的自由，乃是將教育的「成就」誤認為教育之「歷程」的謬誤。不過，雖然教育不必以學生的興趣和自願性為唯一的起點，也不能不為引發興趣而設想，學生在學習過程中，從頭到尾感受到的若只是「強迫」，我們有何立場堅稱我們進行的是「好的」教育。

　　皮德思的教育規準論，明確而具體地說明了一個「好的」或「理想的」教育活動應該具備或符合的內在準據，但由於其堅持這三個規準是由「教育」一詞的「日常」核心用法分析而來，引起許多爭論。批評者認為，一般日常用語中的「教育」，並不一定包含皮德思所說的那些意義。換言之，皮德思並不是分析「一般大眾」在實際生活裡如何使用「教育」一詞，而是加入了自己的價值觀，使得他所分析出的「教育」規準，成了自我教育理想的表達，而非日常用語中「教育」一詞的意義ʼ。持平而論，皮德思分析的是「好的教育」的內在特質，而在一般大眾所稱呼的「教育」活動中，因為各種特殊理由，有時不得不對皮德思的理想打些折扣，但教育的本質在「取法乎上」，以「好的教育」為施教之標的，不僅無可厚非，且是理所當然（歐陽教，1996：182-183）。

第二節　實踐的考慮

　　皮德思等人所提示的概念分析方法，在 1960 年至 1980 年間成為英

ʼ 日常語言有其流動性、歷史性和社會性，因此要為日常用語的運用定出「客觀的」邏輯必要條件，實有其複雜性和爭議性（詳參郭實渝，1995）。

語教育哲學研究界的主流典範，大量依循這個典範的文獻出版，但同時反省和批判之聲也逐漸浮現，最重要的批評在於指出「倫敦路線」的實踐關懷不足，與實際教育脈絡有所脫離，茲舉數位代表性學者的觀點來說明之。

艾鐸（A. Edel）指出（Edel, 1998: 58-59），「倫敦路線」的教育哲學研究容易落入為分析而分析的弊病，並忽略開闢概念分析典範以外的研究領域，他舉出的研究領域有四，這些領域的關注，都是單純從個別概念（如「教育」、「教學」、「灌輸」、「課程」、「處罰」等等）的分析中，難以開展出來的，以下闡述其列舉的四個研究領域：

☪ 一、一致性的檢視

例如教育目標、教育政策、學校行政之間相容與否的分析。這種檢視非常重要，以我國為例，政府最近大力提倡教育的市場化政策，這種政策和全人教育的理想有無扞格，即為值得探討的議題。

☪ 二、外在脈絡的透視

這是教育與整體外在世界中的政治、社會、經濟等等因素之關係的釐清，也是從較大的視野來看教育，而不是閉鎖在教育範疇之內去推想教育的固定「本質」是什麼。

☪ 三、教育準則在各種教材之中的適用性分析

例如和平教育、多元文化教育、人權教育、兩性教育等等，如何在各科的教學之中落實的問題。

☪ 四、學科領域劃分形式的反省

例如學科分類模式是否過於僵化？該不該走向領域統整的課程？艾鐸說的這個向度的研究，正是今日我國九年一貫課程執行之前，應該深入思考的，但教育哲學的研究者，對此一議題的探討，似乎有些

欠缺。

綜觀而言，包括艾鐸在內的許多評論家（Gilroy, 1998; Elliott, 1998a; Evers, 1998）對皮德思等人所開創的概念分析典範，所提出的批評，大致可歸納為如下幾項：第一，沒有堅守「以重要問題之解決為概念分析之前提」的信念，許多研究顯得只是為分析而分析，並沒有明確而迫切的待答問題。第二，以為概念真理存在，而且有用抽象概念管窺實際經驗的味道，給人不食人間煙火的保守形象。第三，忽視哲學、社會學、心理學等等其他領域的重要學術新動向，落入只有邏輯分析而無經驗材料的窘境。這些問題，皮德思（Peters, 1983）在回顧 1960-1980 年代之間英國教育哲學的發展歷程時，似乎都承認了。

針對概念分析典範「理論太過，實踐不足」的弊端，赫思特（Hirst, 1998b）也做了反省，明白指陳教育理論的建立過程中，實踐先於理論的觀點。他認為實踐包涵豐富的「默識心通」（tacit knowledge），不是根據一套明白的原理原則就可順利執行。他認為自己在過去的研究中，把教育理論視為一種指揮教育實踐的原則體系[2]，低估了教育是一種「複雜的實務歷程」，在教育實踐的歷程中，理論所提供的原則雖非無用，但最重要的是實踐者在實踐的過程中，活用、反省及擴充理論內涵的過程，而實踐者之間也應該展開對話，以求在反省式的對話及實踐過程中，不斷加深、加廣對教育實踐所依循的預設和原則的瞭解。

赫思特的這種說法，不僅打破概念分析可以找到客觀和固定的實踐真理的想法，也提示了教育工作的實踐者在教育理論的建立上，應居於主導和主動的地位，不必老聽哲學家或理論家耳提面命。

卡爾（W. Carr）則指出（Carr, 1998）教育實踐，不能被視為具有固定目的和操作方法的「技藝」（poiesis），而應視為一種具有內在倫理

---

[2] 赫思特對於「教育理論」的知識定位首見於：Hirst, P. (1966). Educational theory. In J. W. Tibble (Ed.), *The study of education*. London: Routledge & Kegan Paul.

規準的「實踐」（praxis），這些規準會因實際情境變化而有調整的可能，需要實踐者隨時發揮圓熟智慧。明白地說，教育不是工匠式的僵化「製造行動」（making action），而是實踐者有理想且有變通的「踐行行動」（doing action）。卡爾指出（Carr, 1998: 181）概念分析的教育哲學因為以「哲學是什麼？」為出發點，所以其理論在教育上變得貧乏無力，他說教育哲學該問的第一個問題是「什麼是實踐？」如此教育理論與實踐的動態關係，以及教育所內含的倫理判斷特性就會彰顯出來。

索提斯（J. F. Soltis）從另一個角度，回應教育哲學由概念分析的純學術活動，走向實踐典範的趨勢。他提倡（Soltis, 1998: 199-202）三種「公共教育哲學」（*public* philosophy of education）。一是設法使研究成果讓大眾瞭解、熟悉，以使教育理想能化為實踐，這是哲學家「走入群眾」（going public）的任務；第二是參與教育政策的制定、採用、批評或拒斥，這是哲學家的「公共政策」（public policy）的使命；三是對教育方面的「公眾意識形態」，進行深入的分析和反省，以達開闊大眾智能的目的。簡要地說，索提斯也是要求教育哲學的研究要以實踐為關注的核心。

總括來說，純粹進行概念分析或抽象理論思考的教育哲學，已經無法取得正當性。新的教育哲學典範，以實踐為主軸，重視實踐者在真實的實踐對話過程中，對教育的理論、規準和理想進行詮釋、批判和更新；理論的創造者和執行者的嚴格區分已經打破了，而這也正是「實踐理論」的特色，在這裡哲學家統治萬方的景象不再。

第三節　本研究的旨趣

本於前述討論的基礎，讓我們回來探討前言中提出的兩個重要問題：「什麼是教育的根本問題？」和「如何思考教育的根本問題？」第一個問題賈馥茗先生（賈馥茗，1983：15）曾於《教育哲學》一書中

提出解答，指出教育的根本問題有四：

一、為什麼要教？

二、教什麼？

三、誰來教？

四、怎樣教？

賈先生提問的方式正符合卡爾從「什麼是實踐」出發，而不從「什麼是哲學」出發的教育哲學研究取向。本研究認同此一定向，並進一步思考，前述問題的解答，實則都和「何為真」「何為善」「何為美」等三個問題的思考息息相關，而此三個問題的思考，則仍不離概念分析的方法。換言之，本研究認為教育的根本問題，是如何在施教過程中落實真、善、美的問題，且思考這些問題的方式，需要依賴概念分析的方法，否則，不瞭解何為真、何為善、何為美，談三者的落實，便成空言。

總之，本研究用於思考教育根本問題之主要方法是皮德思等所提出的概念分析法，然而為了避免前述「倫敦路線」曾有的理論與實踐脫節的問題，本研究將從智育、德育及美育的實際踐行脈絡出發，以對知識、道德、美等概念的分析所得，用於實際教育問題的思考（如教材選擇，教育的市場化、非道德化和實用主義等），以求實踐與理論並濟，並達到三重目標：一是分析公眾的教育意識型態，二是評論公共教育政策，三是與教育的外在環境（政治、經濟、社會）對話，由此實踐索提斯的「公共教育哲學」理想，並具體思考將真善美的規準運用在教育上可能遭遇的問題和需要的調整。期盼透過這樣的探索，能對教育根本問題的思考和教育哲學研究的進展，作出具體貢獻。

第一篇

智育規準

第二章

教材選擇的知識判準

第一節　前　言

　　教育者在教育的過程中所扮演的最重要角色之一，乃是作為知識或真理的傳遞者，無怪乎有的論者主張教育的本質建基於真理的本質（Cooper, 1993: 16）；而許多教育者也常自命為知識的代言人，但對於什麼是知識，以及知識的性質、判準、範圍、限制和形成過程等等問題，卻不一定有著清楚的認識。不明白什麼叫知識，而從事著知識傳遞的工作，正是無數教育者自知或不自知的一個困限。隨著九年一貫課程的推展，教師作為教材選擇者的角色益為顯著，建立一套明晰的知識觀以作為教材選擇及知識傳授之依據的需求，勢將日漸殷切。

　　本文的旨趣即在運用分析哲學的研究方法，分別從意義澄清、論點證成、預設揭示及實踐驗證等四個向度（Hirst, 1998a: 19-20），逐步剖析知識判準與教材選擇的辯證關係。首先，透過「知識」概念的哲學分析，說明知識觀念混淆，在思維及教學上可能產生的弊病，用以彰顯教學者建立知識判準的必要性；次則由知識之證成問題的探討，分析知識之性質、範圍和限制，並綜觀當代知識論建立之知識判準背後依據的是何種真理觀；最後，本文將知識判準置入教育的實踐脈絡裡，在具體的情境中考驗其作為教材選擇標準的適切性，並揭示教材選擇過程中可能潛存的知識預設，以此反省建構理想教材時應行考量的知識觀。

第二節　「知識」的概念分析

　　欲掌握「知識」在人類認知體系的邏輯地理，可就知識及其相關概念的比較入手，這也是柏拉圖（Plato, 427-437 B.C.）嘗試過的途徑（Plato, 1987: 509d-511）。在現代日常語言系統中，和知識一詞緊密相關的概念有三，分別是信念、偏見和迷信。很明顯的，絕大多數教育

者不會認同迷信或偏見的傳遞，也無法接受將信念視若知識來傳授的作法，只是如果無法分辨知識、信念、偏見和迷信之間的區別，教育者將無從判斷自己的教學內容是否合乎理想知識的要求。所以尋找區分四者的合理判準，在教育領域中的確是一項不容忽視的重要工作。以下將從不同的角度嘗試建立分辨這四者的判準。

首先，培根（Francis Bacon, 1561-1626; 1957: 306）說「知識就是力量」，那麼我們能不能用力量或作用的大小來辨別四者呢？知識、信念、偏見和迷信都可以產生力量，然而何者力大，何者力小，恐無定論。知識圓了美國人登陸月球的夢；信念鼓舞無數民族推翻專制政府；迷信吸引人潮盈塞各式神殿、廟宇；偏見支使以巴征戰不止。這四者所展現的力量孰大孰小，實在無從論定。

倘使「力量」不是適當的判準，那麼能不能用支持者的多寡為準呢？孔子嘗言「有德者，必有鄰」，德是知的一種表現，推而廣之，是不是越接近真理者，也越受到人們的支持呢？換言之，以支持者的多寡而論，是不是支持知識者最多，支持信念者其次，支持偏見者又次，而支持迷者信居後呢？這個標準似乎也不能成立。因為愛好知識者，和熱衷偏見或迷信的人相較，經常相形見絀，這點只要環顧世界無數國家受宗教狂熱支配的情形，便可了然。從另一個角度觀之，即使我們認定接受知識者人數較多，但我們如何能確定信仰知識的人，接受知識的方式和理由是恰當的呢？例如同樣相信「人類可以活到一千二百歲」的兩個人，一個所持的理由是對基因工程的認識和期盼，另一個則可能只是憑著一股人定勝天的盲目信念罷了。所以信仰人數的多寡，也不足作為辨別知識等四個概念的依據。

接著讓我們回歸日常語義，看看是否能在約定俗成的定義中梳理出可資依循的判準。根據牛津當代英文進階辭典（Cowie, 1989: 97, 639, 976, 1291），所謂「知識」（knowledge）是指一個人所「理解」、或透過「經驗」而習知的事物；「信念」（belief）則指一個人「覺得」真實的事物；「偏見」（prejudice）是不植基於經驗或理性的「好惡」；

「迷信」（superstition）是認定某些事物無法透過理性或物理法則來解釋，同時對不可知和神秘的事物，抱持一種非理性的恐懼態度。比較而言，這四個概念中，知識完全植基於理性和經驗證據；信念只是模糊地或部分地建基在理性和經驗上；偏見和迷信則根本無視理性和經驗證據的重要性。偏見和迷信的差異，在於前者常會附帶提出一些似是而非或不相干的證據，來證明自己的好惡有理；而後者提出主張時，由於受到恐懼或其他神秘心理的支配，往往採取一切不可說、不能證明的「信不信由你」的神秘立場。就以上的分析，我們似乎可以用「證據的充分與否」來界定一個人所持的主張是不是知識。質言之，所謂知識就是證據（包括推理和驗證所得之證據）充分或者是有結論性證據的主張；信念是證據不足或缺乏結論性證據的意見；偏見是誤用證據的看法；迷信是出於恐懼或其他神秘動機，毫無證據地相信某些事物的作法和心理。當然什麼才算是證據以及如何才能說證據充分，還有待更深入的分析，容於下節探討。

在教育的過程中教育者所以會落入傳遞迷信的地步，有時是因為抗衡不了惶惑不安的情緒，例如有人擔心不積極傳遞某種教條或信仰，會惹神怒、遭天譴或得不了永生；有時則是因為無力尋找足以服人的證據，只好便宜行事，訴諸神秘的力量來矇混。例如，「善有善報，惡有惡報」的說法便是。就這個例子而言，證諸實際，實在不難發現「善有惡報，惡有善報」的情形，於是為了圓說，前述說法又加了「不是不報，時機未到」等語作但書。然而稍有識者，必定瞭解這是安慰信者、嚇唬異議者的伎倆。這整個果報說法勸人向善的企圖即使成功了，代價也不小，那就是理性的蒙蔽，所以實在不值得鼓勵。

至於偏見散布的動力來源，核心在私情和私利。當一個人用自己的情感和利益作為思維判斷的基礎時，得出的結果，難保不是失衡的偏見。比如把敵人的一切都說成是卑劣狠毒的、凡是反對陣營的主張一概視為錯誤，或者敝帚自珍等等，都是讓情感駕馭理性的偏失。出於私利的偏見也很常見，其中最值得教育者注意的是那些社會的支配

群體，為了保全、延續其既得利益，而精心設計來哄騙、灌輸啞群體的一些說法。例如中國傳統社會男性所創造而女性附和的那套三從四德的觀念，和德國希特勒主政時期倡導的日耳曼民族優越論，都是經不起理性考驗的東西，但遺憾的是二者卻都曾經發揮了極強的社會控制力量。究其原委，教育者（包括師者和長者）不假思索地因循，甚或甘作幫兇，恐怕脫不了關係。

信念的傳達方式所可能產生的危害，表面上不若迷信和偏見，實則不盡然如此。因為信念雖是持之有「據」的觀念，然而其理據停留於局部、不全的狀態，未到定論的位階，但常人卻傾向把局部的現象，說成是全體的特徵；把特例誇大成通則。簡言之，就是把證據不足的信念，當成證據充分的知識；抓著一些例證，就把「我覺得甲是……」，轉換成「甲是……」來傳播。這樣以偏概全的情形，在教育活動上屢見不鮮，而且由於其握有部分證據，很容易讓受教者輕信，誤以為接受的是真知。口號式的語句即常犯這種「知識地位」偷渡的錯誤，例如，以往歷史科和公民科常見的敘述語句如－「中華民族是全世界最優秀的民族」、「二十一世紀是中國人的世紀」……等等。有時即便看似無涉事實或知識宣稱意圖的口號，也會有認知影響的強大效果。例如，「兩個孩子恰恰好，一個孩子不嫌少」的口號，在我們的社會就強烈地左右著許多人的家庭觀，使他們認為生了兩個孩子以上的家庭是落伍的，或是觀念「不正確」的；較少有人能客觀地反省這個口號中的「好」跟「少」究竟有無固定的準據。口號之外，行為守則也常把信念偽裝成知識的樣態。例如青年守則中的「服從為負責之本」、「助人為快樂之本」、「有恆為成功之本」……等等，精確地說，都須在句首加上「有時」。但為了加強語氣，提高影響力，這些信條的創造者把作為限定詞的「有時」都刪除了，構成通則的假象，也因此誤導了許多學子的觀念。

以上，已就知識、信念、偏見和迷信等四個概念的定義和區別作了扼要的說明，同時也討論了迷信和偏見散布的成因，以及信念的持

有者不能一分證據說一分話的幾種情況。希望這樣的討論，能引起大家重視知識傳遞的過程中概念不清、用意不良所可能引起的弊害。總之，在教育的過程中，教育者務須時刻反省自己傳授的觀念或教材，究竟是知識、信念、偏見或迷信，提出任何主張時，力求言之成理，持之有據，不讓直覺、好惡、利害和恐懼凌駕理性。孩子們在教育的過程中不知不覺地承襲著教育者的思維模式：教育者嚴格要求自己的推理，實則有助於陶冶受教者的思維習性；反之，推銷思慮不周、偏執一方的主張，不但自毀教育立場，也是受教者思維能力的慢性謀殺。

第三節　知識的證成

　　前節說明證據的充足與否，是判別知識、信念、偏見和迷信四者的最主要依據，但對於如何才是證據充分，尚未深入論說。基本上這是知識「證成」（justification）的問題，也就是如何證明一個人所持的看法、主張或觀點確實成立的問題。

　　在知識論上，透過命題語句的分析，認為我們說某人（S）所提出的命題（P），可以稱為知識，需符合下述三個條件：

一、P為真。

二、S相信P為真。

三、S有證據證明P為真。

　　第一、第二項條件應該沒有疑義。就第一項而言，如果P為假，顯然我們不會說S「知道」P，「知道」的受詞必須是一項事實，否則便是矛盾。例如，我們不說：「我知道李登輝是第一個登陸月球的人」，或者「我知道二加二等於蘋果」之類的話。另外「知道」意含「相信」，也就是當一個人宣稱他知道P時，他必須相信P為真，否則便是悖謬。例如他不能說：「我知道早上下雨，而且我不相信早上下雨」。換句話說，相信P，是宣稱知道P的第二個必要條件。至於第三個條件（也就是S必須有足以證明P為真的證據）似乎也言之成

理，因為如果 S 為 P 提出的證據是錯誤、片面或虛幻不實的，則即使 P 為真，且 S 相信 P，我們也不能認定「S 知道 P」成立。比如 S 說：「現在是下午三點」，我們問他怎麼知道，他說：「因為天沒黑」，這顯然言不及義，所以即使現在確實是下午三點，我們也不會說：「S 知道現在是下午三點」。可是什麼理由或證據才是正當的呢？接續前例，如果 S 的答案是「現在時鐘指向三點整」，而我們看了看時鐘指針的指向，確定如 S 所言。這時是不是可以說「S 知道現在是下午三點」成立了呢？嚴格地說，還是不行。因為 S 和我們所看的時鐘可能不準；或者時鐘早就壞了，正好停在三點，而我們沒有細查它是靜止的。像這樣，認知主體的主張所根據的理由和事實之間，表面上完全相關，實則缺乏穩當聯結，哲學上稱為「蓋提爾反例」（Gettier counter-examples）。此一反例由蓋提爾（E. L. Gettier, 1927-）在一九六三年提出，用以推翻「知識是經證明（成）為真的信念」（Knowledge is justified true belief.）的說法（Gettier, 1963: 121-123）。蓋提爾指出我們用以證成信念的理由所以有效可能只是巧合的結果，我們無法確定經我們「證明」為真的信念，確實被有效證明。所以將知識定義為「經證明為真的信念」，其實是不妥當的。總之，蓋提爾反例對知識論發出一個挑戰：如何才能確定用以證明一個信念成立的理由是可靠的。

「基礎論者」（foundationalism）試圖為信念的證成尋找無可懷疑的穩固根基，並在此基礎之上建立牢不可撼的知識上層結構。這個基礎有兩個特徵，第一，它的成立，不依賴其他的信念，因為它是最根本的，如果有賴別的信念才能證成，它便不是最根本的了；因此它必須是「自明」（self-evident）、「自我證成」（self-justifying）而且是「無法駁斥」（indefeasible）。邏輯和數學，便是符合這些要求的知識基礎。這個基礎的第二個特徵是，它和依賴它而建立起的知識上層結構之間，具有絕對可靠的推證管道。符合這個特徵的基礎便很難尋了。比如數學和邏輯雖然符合第一項特徵，卻無法用以證明經驗性信念的有效性；經驗性信念成立與否，無法純由數學或邏輯真理推證而得。

以化學實驗為例，並不是確定數字演算和推論邏輯無誤，便可以證明實驗結論有效，因為化學變化和實驗誤差，並不是數學和邏輯可以完全解釋和控制的。如果從數學和邏輯不能推證經驗領域的信念，是否有別的基礎可作為依據呢？知覺（perception）是一個經常被討論到的可能性。我們的經驗材料，仰賴知覺提供，而且知覺提供的材料，也似乎是自明、自我證成而且無可駁斥的。例如我說：「蓉蓉今天穿橘色上衣」，你問我怎麼知道，我說：「我看到了呀！」，一般來說，你不會繼續追問說「看到就算數嗎？」因為常識告訴我們，在這種情形下，「看到」代表自明、自我證成且無可駁斥。不論科學或日常生活中所倚賴的「證據」，最後的訴求幾乎都脫離不了這類基礎的知覺訊息。然而這些知覺訊息，實際上並不是不可質疑的。例如，接續前例，你雖然不能否定「我看到蓉蓉今天穿橘色上衣」，卻可質疑我是否看得準確。換言之，你雖然同意蓉蓉今天是否穿橘色上衣的最終判準，在於「看到」的視覺經驗，卻可懷疑我「看到」的視覺經驗是否可靠。光線、背景、視力等等無數因素，都可能使我誤判蓉蓉衣服的顏色，所以知覺本身並不是絕對可靠的信念基礎。另外，有些知覺本身似乎不是純粹的物理神經反應，而是包含了我們對事物之性質或原理的信念在內，這些信念是否可靠，有待確認。例如顏色會讓人產生特殊的知覺，我們看到青色的蘋果，總覺得比紅色蘋果酸，甚至會因為酸的感覺而有分泌唾液的反應；然而青色的蘋果，不一定是酸的。知覺經常以信念為其基礎的事實，使得知覺本身失去「自我證成」和「無法駁斥」的絕對肯定地位，也因此喪失作為推證基礎的可能。

　　基礎論的缺陷，使知識論者轉而探索真理的一致說（the coherence theory of truth）。一致說主張：一個信念如果與既立（已被接受）的信念之間邏輯一致，即是可證成的。這個理論有若干難以克服的問題。首先，所謂（邏輯）一致究竟是一種負向判準（即不與既立信念一致，就不成立）；或者是正向判準（即與既立信念一致，就成立）？倘若依負向判準，一切不依成規的信念均不成立。如此，將難以解釋

另起爐灶或不循常軌的知識創新現象。例如物理學中，牛頓力學、相對論和量子力學等典範轉移的現象，依一致說的負向判準，根本不可能發生。另方面，倘使一致說是一種正向判準，則一致究竟是證成信念的必要條件或充分條件，也有待深究。如果一致只是證成信念的必要條件，一致便不足以保證信念的確立；如果一致是充分條件，一致說便陷入一種邏輯上無限倒退的窘境，因為一致論主張一切與既立信念一致的信念均成立，但既立信念是與什麼信念一致才確立下來的呢？與另一套既立信念一致嗎？但這「另一套既立信念」又是如何成立的呢？凡此皆為棘手難解的問題。

　　基礎論和一致說都是從信念與信念的內在關係來思考證成信念的問題，故也稱作「內在論」（internalism）。知識論的另一派別：「外在論」（externalism），主張由信念與外在現象世界的關係，來尋找證成信念的可靠基礎。外在論的主要分支可信論（reliabilism）主張，信念的持有者不必然要像內在論者所主張的那樣對信念的來龍去脈有清楚的掌握，只要經可靠認識過程，而逐漸形成的信念，都是有效的信念，都可算是知識。例如棋藝精湛者，不一定能把自己的棋藝講解得很明白，而我們並不會因此就說他的棋藝不高明。可信論的問題，在於如何界定「可靠的認識過程」。可信論者主張，所謂可靠認識過程的最主要特徵之一乃是「常態下的常態知覺」（normal perception in normal conditions）。例如充足光線下，小草的顏色在一般視覺者的知覺中是綠色的；在水平面上，水加熱至攝氏一百度時，可觀察到沸騰的現象等等。這種常態知覺過程，代表一種「事實追蹤」（truth-tracking）的機制，一旦信念對現象的預測與知覺的事實，有高度吻合的跡象，亦即信念有高成功率時，便會逐漸固定下來，成為知識的一部分（Grayling, 1996, 44-45）。

　　可信論的毛病在於過度依賴信念形成的因果說明，將信念證成的討論，變成信念如何成形的心理過程描述。可信論只回答了人為何持有特定信念的問題，卻沒有說明為何依「事實追蹤」方式而形成的信

念，就是可證成的。例如，為何常態知覺是可靠的？所謂信念的高成功率，會不會在信念持有者的狹小經驗時空中才出現？而且如何才算「高」成功率（Pojman, 1995: 132）？假如某個族群的人都色盲，他們的「常態視覺」還靠得住嗎？「常態」會不會只是一種武斷的藉口（Hetherington, 1996: 83-85）？現代人類壽命不超過一百五十歲，代表將來的人類不可能活到一百五十、二百，甚至八百歲嗎？簡單的說，可信論未充分證成常態知覺和信念的高成功率，便用它們來作為證成信念的依據，犯了先定結論，再找理由的謬誤。

　　在知識論的古典理論中經驗主義（empiricism）主張對外在世界的真實認知，只有透過經驗才有可能，而且信念的最終考驗在於經驗，它所標榜的知識典型乃是經驗科學。這種知識觀顯然比較傾向外在論￪。理性主義（rationalism）和經驗主義相對，認為獨立於經驗界之外的純數學和邏輯，才是完全確定而可靠的知識範例；這類知識(1)僅憑理性就可以認識，而且是瞭解存在物之特質的最重要依據，(2)形成一個單一體系，(3)由演繹產生，(4)可解釋一切，亦即相信一切事物皆可融攝在一個單一體系中。（Flew, 1984, 298-299）這種觀點，在知識論上，顯然屬於內在論。整體觀之，內在論者（包括理性論者、基礎論者和一致說者）強調理性在認識過程中的核心地位；外在論者（包括經驗主義者和可信論者）強調感官知覺和經驗的首要地位。但不論是內在論或外在論，都無法完全回應懷疑論（skepticism）對建立正確知識之可能性的質疑和挑戰。

　　懷疑論指出人類認識事實時有三項難以完全克服的障礙：一是感官缺陷；二是理性限制；三是心靈迷障。就感官缺陷而言，雖然觀察者或研究者可以借重各種精密的儀器來增加觀察的可靠性，然而無可否認的是，不論我們使用多麼精密的儀器來觀察，仍需透過不精密的

￪ 這並不是說經驗主義與內在論不能相容；但希（J. Dancy, 1985: 125）指出，依經驗主義所建立的知識倘使在邏輯上體系一貫，就能同時符合內在論中一致說的要求。

感官去知覺。換句話說,只要承認人類感官是有缺陷的,則我們所觀察到的事物,必不等於該事物的原貌。再者,人類的理性思維能力有限,似乎也是個不爭的事實,我們不僅在面對複雜事物(如太空探險)時,無力考量所有變因,求取正確的答案和結果,即使是簡單的問題,如日常買賣時的加減乘除,也偶有犯錯的情形。有許多事物,因為我們無法窮盡觀察的對象,所以得不到百分之百確定的答案,這是歸納法的困限,也是理性難以彌補的障礙;另外有些事物,我們的理性無法確定其因果關係,我們只知道甲事物和乙事物經常接續發生,但是這種接續關係是否為必然是一個問題,即使此接續關係為必然,接續關係等不等於因果關係,則是另一個問題。所以,我們的理性限制,不僅經常造成我們不「知其然」——不知道甲和乙的接續關係或因果關係,也使我們無法「知其所以然」——不瞭解為什麼甲是乙的因,或乙是甲的果,而只知道兩者經常接續出現或發生。除了理性的限制之外,我們的心靈迷障,是另一個獲得正確認知的障礙,此處所謂心靈迷障,主要指人的各種錯覺與幻覺,人類不僅感官會產生錯覺(例如以為插放在杯裡的筷子是彎的),心靈也會有幻覺(例如生病、極度疲憊、腦部受傷,或者有意無意攝取某種食物或藥物後,所知覺到的異象)。心靈幻覺在某種程度上要比感官幻覺難以移除,因為無從證驗真假。許多病中「夢見」或「看見」鬼、神者,對鬼神的存在深信不疑,就是一個例子。

依據懷疑論的說法我們就像穿了一件連著頭盔的外衣,與真實世界隔離,對外在事物的瞭解,完全仰賴附著在頭盔和外衣上的訊息收發器。這個收發器的品質是否能百分之百還原世界真象是一大問題;而我們詮釋、譯解收發器所發送來的訊息的能力,又是另一大問題;有時我們還可能把夢幻中產生的知覺,當作是收發器由真實世界接收並傳送來的訊息。最大的一個問題是,我們甚至不曉得自己穿戴著這樣的一套頭盔和外衣,因此以為所有(或至少絕大多數)的經驗都是我們與真實世界「直接」互動的結果(Grayling, 1996: 50)。以上總總感

覺和理解的限制，使得人類的認知永遠存著犯錯的可能，怎麼也達不到完全肯定的地位。換句話說，我們用來證成信念的理由，永遠無法填平信念和事實之間的鴻溝，造成思維和實在無法一致，而我們擁有的將只是意見，沒有真理。十八世紀以來的知識論，有一大部分的心力便放在如何彌補懷疑論所指出的這個認知鴻溝。

　　首先，康德（I. Kant, 1724-1804）的「先驗論證」（transcendental arguments）指出，人類的知識與其說是與認識的外在對象有關，不如說是取決於認知的形式，而且人類的認知形式是先天的。這些認知形式中，包括時空、數字和因果等等範疇概念，沒有這些先天的認知形式或範疇概念，我們便無法認知或描述事物（Kant, 1781/1982: 44, 57）。例如，當你跟我說發生了一件車禍，我問你怎麼發生的，你不能說：「它要發生就發生了，哪有什麼理由！」如果我問多少人死傷，你大概不會說：「0.1個人」；如果我問車禍發生的地點和時間，你也不可能回答說：「車禍的發生沒有時間，也沒有地點」。我們的認識活動對時空、因果和數字等等概念的倚賴，由此可見一斑。按照康德的說法，數學知識所以存在，乃是因為我們先天擁有某種特定的數的概念；歐式幾何所以成立，則是因為它符合人類先天的空間感（Kant, 1781/1982: 224-225）。換句話說，如果人類先天的數字和空間概念換成另一套，則歐式幾何和數學定律，可能就不成立；人類其他一切知識亦可作如是觀。總之，在康德的理論中，所有知識都受先驗認知形式的左右，因此懷疑論質疑知識的可靠性，無異否定先驗認知形式的有效性，但這些認知形式根本不是我們所能證成或證偽的，因為它們來自先天，沒有它們，我們甚至無法擁有任何經驗，更遑論知識。

　　所以，康德的先驗論證指出知識的存在，以先驗認知形式為其先決條件，這些先驗認知形式不是理性選擇的結果，而是與生俱來的，所以不能也無須證成。透過這點，康德希望說明懷疑論對認知可靠性的懷疑是沒有必要的。但是這種說法，有個三個明顯的缺點。第一，懷疑論問的是我們如何確定我們的認知形式是有效的，康德的先驗論

證只回答我們的認知形式「是什麼」，並指出要證明形式成不成立是不可能的；但說明證成的不可能性，並不等於證成該認知形式的有效性。第二，康德的先驗論證，只從認知形式而不從認識對象本身或物自身來考慮認知的確當性。他認為認知的對象是「現象世界」，所謂「現象」即我們心中對經驗世界之表象的掌握。表象不等於物自身；現象世界不等於獨立於感覺經驗之外的客觀物質世界。康德認為人類先天的認知形式只適用於理解現象世界，而不能用於反映客觀世界的物自身，如此一來康德的先驗論證，不但沒否定懷疑論，反而陷入主觀唯心論和不可知論的窘境。第三，康德所謂先驗認知形式，其實並不是先驗的。例如相對論出現後，人類的時空概念，便不同於牛頓的絕對時空觀。科學發展史證明人類的時空觀隨著科學的演進而變革，它們並非如康德所設想的先天而固定的概念。當先驗認知形式的存在被否定之後，康德的先驗論證也就失去立足點（Kitcher, 2001: 234）。

　　愛爾蘭哲學家柏克萊（George Berkeley, 1685-1753）解決思維與實在之落差的方法和康德不同。康德承認客觀物自身存在，又否定認知掌握物自身的可能性，這使認知主體只能停留在表象的經驗世界，永遠無法達到確定的真知。柏克萊採取的做法是否定物體獨立存在的可能性，他的名言—「存在即是被知覺」（To be is to be perceived.）鮮明地標示他在認識論上的立場（參見 Berkeley, 1988：54）。依據「存在即是被知覺」的主張，存在的先決要件乃是被知覺，不存在獨立於心靈之外的物體；換言之，心靈主體若是沒有知覺到一物，該物便是不存在的。柏克萊認為，我們所認知的物體，實則為一組知覺特質的集合罷了，這些知覺特質還原的結果，可得一些基本概念（如櫻桃的「酸甜」、「顏色」、「軟硬」等等），而這些概念，只有心靈主體知覺到一物時才會產生，所以不被知覺就是沒有存在；存在的就是被知覺的（Berkeley, 1988: 54-55, 85）。既然被知覺的總體就是存在的總體，則知覺經驗和實在（或客觀存在物）就是同一，沒有懷疑論者所謂思維與實在出現落差的顧慮。

　　柏克萊的理論由於特別強調心靈作用和觀念的核心地位，所以在知識論上被稱為「觀念論」（idealism）。柏克萊的觀念論的一個明顯困境是違背了「物體獨立存在於心靈之外」的常識。他主張的「存在即是被知覺」的說法，雖可免除思維和實在的落差問題，但代價也很大，因為這個主張等於否定了人類心靈感知之外的世界存在任何事物的可能。但人的心靈和經驗是有限的，我們如何能用有限的心靈去證成或否定無限的宇宙呢？我們不曾見過食人族，就代表食人族不存在嗎？而且食人族的特徵，只是我們知覺到的一些特性或概念的集合嗎？若是如此，這些知覺概念又是怎樣來的？如果食人族不是長得像人的模樣，我們會知覺到他們是「人」，在心中產生「人」的概念嗎？如果不是紅蘋果的紅，我們怎麼會感知到它是紅的呢？我們怎能說我們覺得它是紅的，它才是紅的？那又是什麼決定我們把紅蘋果感知成紅色的呢？

　　對於前述的問題，柏克萊都訴諸於「無所不在的永恆心靈」（omnipresent eternal mind）來解決（Berkeley, 1988: 178）。他說在有限的心靈（亦即人類的心靈）之外，還有無所不在的永恆心靈（上帝的心靈），人的有限心靈感知不到的，上帝的永恆心靈感知得到，所以人心以外的存在物，雖然不為人所知覺，卻為上帝所覺知，故仍是存在的。柏克萊的這個主張一方面免除不可知論、唯我論和懷疑論的困境，另方面也肯定了上帝的存在。不過，物體的特性又是怎麼來的呢？柏克萊認為，只有具備心靈能力的主體才能成為事物的肇因，無生物不具心靈能力，不可能對人產生任何影響，使人形成什麼印象。人覺知到綠燈是綠的，所以綠燈才是綠的；而人之所以會覺得綠燈是綠的，並以「綠」燈來命名它，乃是無限心靈造成的。換言之，上帝創造了人類，並賦予人類特定的感知特性，所以人對各類事物，才會有特定的感知。柏克萊的解答，對於信仰上帝者，或許具有說服力，但對於無神論者，則根本難以認同。所以，柏克萊的觀念論並沒有成功地為所有人解決經驗和實在之落差的問題。

　　現象論（phenomenalism）是另一試圖解決懷疑論問題的知識論，其主要論者包括彌爾（J. S. Mill, 1806-1873）、羅素（B. Russell, 1872-1970）和耶爾（A. J. Ayer, 1910-1989）等人。以彌爾的理論為例，彌爾認為我們對於物體的認知可以還原為一些基本感官訊息（basic sense data）如聲音、顏色、延展度、軟硬度等，換言之，我們所覺知的一切事物，包括山脈、建築、動物等等，都是由基本感官訊息所構成。至於那些獨立存在，卻又未被人類知覺到的事物，彌爾將之託付予「感知經驗的恆久可能性」（the permanent possibility of sensation）（Mill, 1950: 367-377; Donner & Fumerton, 2001:361），認為只要感知一事實的所有「必要條件」（conditions sine qua non）都出現（或滿足）時，我們便可感知前所未知、未見的事物（Mill, 1950, 383-387）。所以有些事物，在現有知覺的內、外條件下，也許不可能被覺知，然而一旦這些內外在條件改善了（如科技進展、知覺力增強、物理障礙排除），就可被清晰覺察。在科學發展的歷程中，彌爾現象論的感知「必要條件」的確可以用來解釋知識的革命，「感知經驗的恆久可能性」也象徵著人類的認知自信。然而，被知覺的「可能」，畢竟不等於被知覺；而認為有些事物，有待若干目前尚未滿足的「必要條件」成立時，才能使其由「經驗的可能」成為「經驗的事實」，無異承認人類現有的知覺經驗不等於實在，也就是肯定懷疑論對認知確當性的懷疑是合理的。再者，如何才能證明所有感知的必要條件都已齊備了，也是個難以定論的問題。總之，現象論也未能否定經驗與實在之間的裂隙是存在的。

　　如果懷疑論的結論——我們永遠無法求得確定的知識——是無可逃避的，我們應在認知和判斷活動上採取什麼立場呢？古希臘懷疑論者皮樂吾（Pyrrho of Elis, 365-270 BC）認為善或惡、正或誤皆有其理，無分軒輊，為求「心靈寧靜」（ataraxia），最佳的策略就是「終止判斷」（epochê）（Mautner, 1997: 461）。這顯然是個不切實際的立場，因為終止判斷形同終止生活。「學苑派懷疑論」（academic skepticism）雖然也認同認知確定性的不可得，但卻認為捨棄判斷是不可行的，在生活

中，我們不得不在不完美的認知條件下思考，並選擇最為恰當合理（雖非完美）的方案，以作為行動的依據，不可能因不確定性的存在就妄斷妄行或放棄判斷。

當代哲學家中對認知不確定性引起的懷疑論，杜威（John Dewey, 1859-1952）和維根斯坦（Ludwig Wittgenstein, 1889-1951）的回應是屬於比較積極的。兩者分別用自己的方式指出笛卡爾（R. Descartes, 1596-1650）以來的哲學家，總是把認知作用當作是一個認識主體獨自空思冥想的過程。這種傳統使得懷疑論成為一種無可遁逃的結論，但如果我們從認知的公共性出發，懷疑論的問題，就可以得到某種程度的解決。杜威（Dewey, 1916: 94-100）認為人是對話的、群體的存在，人在與他人的溝通過程中，取得共識，並在主動的驗證活動中，試驗共識的合理性。杜威（Dewey, 1991, 77-78）特別強調判別知識或理論之合理性的最重要依據，在於實際效用，換言之，若一知識在經驗世界中，可以成功地解決問題，它的可靠性就得到進一步確定。這種論點被稱作「實用主義」（pragmatism）。

維根斯坦從日常思維如何持續運作的前提出發，來考慮懷疑論的合理性。他認為人類生活的運作與維持，須以若干不可懷疑的命題為前提，例如「客觀世界存在」、「外在世界已經存在很長一段時間」等等，這些命題是思想與對話的支柱或河床，少了這個支柱或河床，思考的體系崩解，對話的河道潰堤，生活的可能性也會因此失去（Grayling, 1996: 57）。簡言之，懷疑論根本上是與生活目的相違背的。維根斯坦並且提出「私人語言論證」（private language argument），從私人語言的不可能成立，說明笛卡爾試圖由單一思維主體的內在省思進路來證成知識是注定要失敗的。維根斯坦指出，語言是一種規則依循的活動，沒有規則，就沒有語言。當我們說「私人語言」存在時，意指某個人自有一套表情達意的語言體系和規則，這套語言規則的意義和用法只有他個人知道，所以稱之為「私人語言」。這樣的「私人語言」可能維繫嗎？維根斯坦認為不可能，因為私人語言成立的先決條

件是，語言的使用人能判別自己是否依循語言規則，換句話說，他必須能夠分辨自己的說法或用法是正確的或是錯誤的，但在私人語言裡，這種正誤的判定是不可能的。為什麼在私人語言裡，正誤用法的判別是不可能的呢？因為它是私人的，只有一個人理解，這個人憑印象，覺得對就是對，覺得錯就是錯，完全沒有其他校正的基準。在這種情形下，對或錯根本失去可靠性（Wittgenstein, 1963: §269-271）。比如我自創一套語言，在我私人語言裡，規定蘋果叫「哇啦哇啦」，當我看到蘋果時，隨著我的意識狀態我可能說成「哇啦」、「哇啦哇啦」或「哇啦哇啦哇啦」，這時不管我說的是哪一種，我都可能認為自己說對，因為說話的當時，我也許自認為記得規定，但卻不一定記對，如果我記的是「哇啦」，而事實上原來的規定是「哇啦哇啦」，我仍是會覺得自己是說對的，而且我覺得對，就是對了，再也沒有別的知道答案的人可以作為校正的依據，所以，嚴格地說起來，這樣的系統，根本沒有規則可言，因為它缺乏辨別對錯的可靠判準。私人語言判定用語對錯的方式，就像拿著當日的《中國時報》，去和當日的另一份《中國時報》印證某一個消息的可靠性一樣，是徒勞而荒謬的。假如我在《中國時報》看到一塊台幣兌換五塊美金的消息，覺得不可置信，於是買了其他五份報紙來求證，我買的這其他五份又全是《中國時報》，印證結果答案如何，會有意義嗎？總之，語言只有在公共的脈絡中，才能建立起來，因為語言是規則的體系，而規則的依循與建立，只有在社會互動的情境中才有可能。換句維氏的話說，「私守規則」（to follow a rule "privately"）的可能性是不存在的（Wittgenstein, 1963: §199, §202）。維根斯坦推翻私人語言成立的可能，指明規則和判準的公共特性，這個特性一者間接否定「唯我論」（solipsism），另者使知識的可靠性增加，降低懷疑論的威脅。

嚴格地說，杜威和維根斯坦雖然反對絕對的懷疑論，但他們並沒有走到另一極端——「絕對論」（absolutism）。杜威認為生命的成長，表現在經驗的重組和改造的歷程，而且這個歷程應該是持續不斷的。

既然經驗會重組和改造，表示杜威承認人會犯錯，或人類認知的不完美性，這也說明懷疑論對認知之確定性的懷疑杜威是接受的；只是他並不接受全有全無的二元對立觀，也就是否定要嘛就完全成立，不然就完全不成立的立場，他所採取的是不斷進步的觀點。另方面，維根斯坦雖然認為人類共享思維的河床是個不容否定的事實，但他同時指出思維的河床不是恆久不變的，隨著時空移轉它也有改道的可能。這個說法，有的論者認為開啟了「相對主義」（relativism）之門，而相對主義正是喬裝變身後的懷疑論（Grayling, 1996: 58）。持平而論，承認思維河道改變的可能，並不等於相對主義，它只是說明不同時空可能需要不同的河道，這兩個河道可能都是「對的」，而非「沒有對錯」。換句話說，與其說它是相對主義或懷疑論，不如說它認識到知識體系調整、修正的必要性、可能性和事實。當然承認知識有調整及修正的事實，就等於在否定絕對確定性這一點上，和懷疑論站在同一立場了，不過不能因為這一點的相似，就說維根斯坦也持懷疑論或相對主義。

　　總結而論，我們似乎找不到一套適用於各種不同知識領域的證成理論，同時，因為我們在感性、悟性和心靈狀態上的有限性和瑕疵，使我們不得不承認思維和實在之間，可能存在著我們所沒有知覺到的落差。這些事實應該使我們在作任何結論或判斷時更加謹慎；但不能因此落入極端的懷疑論，認定一切沒有真假、對錯的區別。基本上，杜威和維根斯坦指出知識判準的公共性、對話性和不斷修正之可能性的立場，是較為適切的知識觀。再者，無法建立一套適用於各種知識領域之共用證成判準的事實，不代表我們應該放棄證成知識的努力，而是應在不同的領域，尋找各自適用的證成判準。目前知識論學者，用來證成命題或知識宣稱的真理學說主要有三（林逢祺譯，1996：49-52），一為符應說（the correspondence theory of truth），一為一致說（the coherence theory of truth），一為實效說（the pragmatic theory of truth），其要義如下：

一、符應說：當一信念或命題在客觀世界中可以找到與之相應合的現象時，即為真。

二、一致說：當一個信念或命題與既成的信念或命題相一致，在邏輯上不互為矛盾，即為真。

三、實效說：當一個信念或命題在生活世界中可以成功地解決問題或得利，即為真。

一般說來，抽象推理系統（如邏輯、數學）的信念或命題強調一致說；經驗事實系統（如物理、化學、地理）倚重符應說和實效說。而我們在這裡所關切的是，一致說、符應說和實效說等三種真理觀所提供的知識判準，除了用於檢視命題或知識宣稱的有效性之外，能不能用於教材之選擇，作為選擇教材的理論基礎？

第四節　知識判準與教材選擇

就教育的立場而言，從事教材的選擇時，是否應以符合前述三種真理觀的教材為優先？這個問題事實上也是知識價值是否等於教育價值的問題。換言之，沒有知識價值，就沒有教育價值嗎？教育活動只是知識傳遞的活動嗎？有沒有不包含知識傳遞的教育？不包含知識傳遞的教學活動，可算是教育活動嗎？現行教育中哪一種教學活動是不包含知識傳授的呢？這些問題的思考，牽涉教材知識價值的判斷；而這個判斷可以分為兩個層次：一為學科的知識價值問題；一為學科內的各種材料的知識價值高低問題。這兩個層次只是表面上有區分，因為前者的討論必定涉及後者，兩者密不可分。以下將分別就藝術、社會和科學等三個領域，分別選擇一個科目，來分析知識判準是否適用於教材的選擇。

藝術類科和體育通常被認為是術科，而不是學科，只是肢體活動，不是思維活動，是情感或體能的陶冶，絕少涉及知識傳遞。雖然如此，藝術和體育類科仍被認為有價值，仍是存在於學校的課程之

中，其「教育」價值是被肯定的。可見一般大眾乃至於教育政策的制定者，並不把知識價值等同於教育價值。但不可否認的是，這兩類科目所占的教學時數極低，在課程中是點綴性的地位，有的學校的「實際」課程中甚至不安排它們。這種現象有幾個可能原因。首先是聯考制度的問題。在高中和大學的入學考試中，一般考生並不參加體育和藝術類科的測驗，於是在升學的工具理性導引下，許多學校乃廢弛了這兩類學科的教學。其次是體育和藝術類科成為學校課程的必要性爭議。體育和美育在體能的鍛鍊和情感的陶冶上，作為全人發展及美好生活不可或缺的要項，乃是絕大多數人的共識。只是鍛鍊體能，不必以成為運動專家為目標；陶冶情感，也不一定非藝術不可。換言之，一般大眾即使認同體能和情感陶鑄的重要，也不一定會支持體育和藝術活動在學校課程中占可觀的比重，或成為主要的學科。因為不是運動家，仍然可以自我訓練體能；不是藝術家，仍然可以享受藝術，或透過其他管道（如宗教）來陶冶情感。然而，藝術和體育的支持者可能認為：沒有體育和美育的基本素養，一個人的體能和情性不可能得到充分的開展，如果我們真正在乎這兩方面的發展，就應該在正式課程中安排更多的時間來進行體育和美育。

體育和藝術類科不被學校重視的第三個可能原因乃是其知識地位不夠確定的問題。以下為了討論的方便性和嚴謹性，將集中於藝術教材²的知識地位分析，在分析的過程中特別強調運用知識的三個判準來檢視藝術教材時的價值性和有限性。

首先，要成為知識體系在理論上須有邏輯一致的概念系統，這點表現在實踐上則是要求有可據以活動的原理原則，此不僅為一致說的知識判準，也是進行教育活動的必要條件之一。試想教人繪畫，而沒有一套把畫畫好的法則可循，如何「教」呢？「教」意含法則的存在與傳授，沒有原理原則，就沒有知識，也談不上教育；由此可見一致

---

² 此處所謂藝術教材包括美術、音樂及戲劇等領域的教學內容。

說不僅為知識的判準，對於教材教法也有其指導作用。那麼藝術教學存不存在活動法則呢？我想這點是所有接觸過好的藝術老師的人都肯定的；而未受過正規藝術教育的人，只要看看碩大無比的藝術辭典中，各式各樣的概念所蘊含的藝術活動原理，也可清楚認識藝術作為一種知識的嚴肅性。

　　然而有人可能認為：藝術的重要精神之一，在於其不因循舊法，強調創新，因此如果說藝術必須和外在的法則相一致，那麼這個法則，並不是舊有成規，而是人的心靈；我們也可以說藝術是心靈有所觸發、領悟後，藉技法將其具像化的過程和成果；泥於技法傳統則委曲心靈，無異毀滅藝術活動最珍貴的部分。這種看法確實說明了藝術強調獨特心靈之展現的特質，不過「舊有成規」或既成原理原則，不也是心靈的表現方式嗎？明白地說，法則只是創造的工具，兩者沒有必然的衝突；成規也不像一般庸俗的藝術家所講的那樣死氣沉沉、呆板或了無意義，至少它們在教育上具有重要價值，因為如前所言，沒有原理原則的事物，是難以傳遞的。事實上，我們可以發現，學校裡傳授的學科當中，愈是有明確原理原則或者成就判準者，愈有專業地位，愈是受到重視；而任何一個學科（包括藝術類科），如果要對人類有更大的貢獻、對教育有更高的價值，其內容的系統化和原理原則的提供，似乎是不可或缺的；而藝術並不缺乏這樣的原理體系已如前述，這也是英國哲學家赫思特（Hirst, 1974: 44）把「文學與純藝術」（literature and the fine arts）列為七大「知識」形式之一的原因。值得注意的是，藝術在突顯一致說的有限性上（即忽略創發的特質和驅力）頗有貢獻，它使我們清楚地認識，只考慮與既有知識體系相一致的觀點，會使我們失去什麼。

　　其次，知識的符應說強調信念和客觀世界的實況相符合，就此而論，有些藝術的創作似乎並不依循這個定則。比如人像畫，並不是把像畫得和真人愈相似，就愈有藝術價值；當代所謂超現實主義（surrealism）、印象派（impressionism）、野獸派（Les Fauves）、和抽象派

（non-figurative art），無一是以現實的符應為目標，甚至故意標榜和現實的脫離。如果我們把小說、文學當作藝術的一環，同樣可以發現刻意脫離現實的手法，例如，文人寫的「白髮三千丈」、「柔腸寸斷」，那裡能在現實中找到相符應者；再如，科幻小說裡的「星際大戰」、「蒼蠅人」等也都是虛擬的情節。科幻小說的情節雖非事實，稱不上是知識，但並非沒有價值。其價值除了滿足人類的想像力和好奇心之外，往往也有預言及激發科學發展的作用。例如二十年前科幻小說裡的幽靈戰機，現在已經成了事實；誰又能保證人類科技的發達，不會演進到終於發現外星人，或者科技失控，爆發蒼蠅人或蟑螂人滿地球的危機呢？符應說所謂信念與客觀世界相符合的知識觀，似乎有使知識固著於現況的傾向，因為它所界定的客觀世界是既定的，而不是變化的；是現在，而不是未來。「客觀」世界，既是自然的，也是人造的，它處在一個變化和創新的過程之中，因此如果把世界的創化事實考慮在內，則目前不合乎符應說的信念，未必不能作為有用的教材。再者，抽象畫或超現實畫作，雖然在物理世界找不到符應者，但它們卻可能符應了人的內心裡的某種深刻的情感或意像。更深入言之，符應說傾向唯物論，使信念的符應對象，侷限於客體世界，未充分考慮心靈世界也是真實的、重要的；更沒有考慮到客體世界的事物經人的詮釋之後，存在著多樣性，不同的詮釋視野創造不同的世界，到頭來信念要符應的世界也就不同。這點從維根斯坦的「兔鴨理論」（rabbit-duck theory）[3] 可以得到清楚的說明。右圖可以看作是一隻鴨子，也可以看作是一隻兔，也可能一時看作是鴨，另一時又看作兔，決定該物是什麼，不僅與該物本身有關，也與觀看者的視角息息相關（Wittgenstein, 1963: 194）。

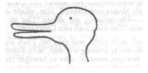

---

[3] 維氏兔鴨理論的圖像借自 Joseph Jastrow（1863-1944）的《心理學中的事實和寓言》（*Fact and fable in psychology*）一書。

　　誠然符應說在解釋藝術等想像世界時有其困限，但是，客觀世界畢竟是想像世界的重要根據；想像點化有限的客體情境，使成主客體交融的無限世界，但客體界對想像和創造絕非毫無規定性、限制性。水可以被想像成女人、道或永恆，可以用於製造可樂、沖咖啡、或製冰，但再怎麼也不能否定水是氫氧化合物。忽視客觀世界的必然性，生活是失根的、危險的。築夢誠可貴，踏實為依歸，教育上以客體世界的介紹和研究為本，以想像力的培養為輔，基本上是正確的，即使是強調創造和想像的藝術，也不能完全忽視心靈實在或物理實在的揭示任務，脫離心、物實在的虛擬世界，雖有其價值性，但不宜反客為主，使教育成了不食人間煙火的活動。

　　最後，我們從真理的實效說來檢視藝術類科作為學校教育的科目，是否有其價值。實效說強調知識必須能解決問題，為生命帶來實際利益，簡單的說，就是要「有用」。但是，什麼是有用呢？如果把有用與否的問題放入生活的脈絡中來思考，將可發現其無比的複雜性。比如，所謂有用的對象是誰呢？對大人有用，或對兒童有用？對專家有用，或對一般人有用？對社會有用，或對個人有用？對兒童而言，遊戲和想像的世界是其生命的重心，藝術的重要性，自不在話下；成人的世界裡，與藝術工作相關的人，自然需要份量重、專精度高的藝術教育課程，但一般人所需要的，可能只是基本的美感教育。換言之，我們拿藝術來從事各式活動，其有用性是變異的─我們是為了「生計」、「興趣」、「生命意義的理解」或「生活知能的獲取」而學習藝術呢？不同的活動目的，藝術就代表著不同的意義。其次，就整體社會而言，藝術的重要性也許比不上科學或經濟學，但對熱愛藝術的個人而言，可能只有藝術才能滿足其生命的意義感。再者，不論對整體社會或個人而言，不同的時候，藝術的價值和效用，可能是不同的，亦即所謂有用與否，必須考慮是對「現在有用」，或「未來有用」的問題。另外，地域的生活型態也是個重要變因，商業、農業和游牧社會，在藝術上不僅發展條件不同，發展方向不同，對藝術生

活需求的殷切性也有差異，連帶的藝術教育的價值性，也就跟著這些因素而變異。

　　雖然藝術的效用隨著前述諸多因素而變化，但是這些變因的討論，只是提醒我們在思考藝術教育的效用時，必須考慮效用的各種面向，而非否定效用考量的可能性和必要性。教育是提昇生活價值的活動，不可能排除效用的考量，而藝術作為教育的一環，當然無法自外於這個問題；不過，藝術教材的效用性，應放在前述複雜脈絡中來思考方稱穩當。這種思考不僅是知識性的要求，也是教育性的要求；明言之，凡是真理必然有其效用，而把這個效用的多元面貌清晰地呈現給學生，使學生確實感受，則是學習意義感和教育價值性的主要來源。

　　總之，教育價值不等於知識價值，教材或學科的選擇也不能純以知識的三個證成判準為依據，但各個科目（包括藝術和體育類科）的教學內容，若是能依知識的證成判準來提昇其知識性，其核心的教育價值性應可得到確保，其在課程中的地位亦可得到提昇；然而脫離符應說的想像世界，否定一致說的創發革進領域，以及超越「現實之用」的多元效用觀，也是作理想、周全之課程設計時，應該斟酌參考的重點。這種理解不僅在藝術課程上重要，在社會及科學課程中亦不可忽視。

　　社會學科的知識內涵在形成的過程中，往往不可避免價值判斷的成分，這使得社會學科的研究成果是否為客觀知識備受爭議。以下試以歷史學科為例，來進行探討。

　　歷史學科的教材內容大致可分為史實（過去發生的事實）、史評（對史實的評價）及史識（對於人性、世界及歷史律則的認識）等三個部分。史實以過去的事實為探究對象，自然必須依循知識的符應說和一致說。但困難在於過去發生的事實全貌，並不是史家所可完全掌握，一手資料難得是常見的，二手資料的可靠性和充分性更常爭論不休。進一步說，史實的探查似乎難以避免兩個影響其客觀性的問題（Walsh, 1993: 181-182）。第一是史家對於「何者為可能」（what is

possible）的觀點，會左右其對史料的選擇。史家認為不可能發生的
事，絕不可能被列入史料中；但史家認為不可能的事，並不等於沒有
發生過。第二，史家關於「何者對人類重要」（what is humanly important）
的觀點，也會影響其史料的蒐集方向和結果。例如美國學校的歷史科
教材，就被批評為只是過往白人男性的歷史（Taylor, 1992: 65; Rockefeller,
1992 :95），女性和弱勢族群的聲音隱而不見；試問沒有女性和弱勢族
群，還有歷史嗎？史料選擇時，必然會遭遇到的這些困限，使得史實
的客觀完整呈現，成為一大問題。

　　史評的客觀性也很容易遭受質疑。比如歷史人物的功過，即使蓋
棺了，恐怕也難以完全論定。功過與其說是客觀事實的問題，不如說
是詮釋角度的問題。或者說，功過論乃是史家信念的表達，而非事實
或知識的宣稱，這一點是歷史教學上，必然要留意的。

　　最後就史識而論。歷史的內容有沒有辦法讓人對人性、世界多一
份認識，甚至據以得出歷史發展的律則呢？前者似乎是肯定的，但其
成效如何，受史實和史評的客觀性的影響；有關後者的爭論則很多，
主要是牽涉到歷史有無律則的問題。主張歷史發展有律則的思想家，
如馬克思（Karl Marx, 1818-1883）和黑格爾（G. W. Hegel, 1770-1831），波
柏（Karl Popper, 1902-1994）稱之為「歷史定論主義者」（historist）。波
柏認為（李豐斌譯，1981：99-108），史家對於人類知識的發展走向和
成果，根本無從預測或想像，這是想像力的窮困，也是歷史定論主義
的窮困；所以談論歷史律則或「絕對趨勢」（absolute trend）根本是空
中樓閣，更糟糕的是被用來掩護集權主義政權。

　　總之無論史實、史評或史識的研究成果，都難以達到完全客觀的
要求，有的論者認為（Walsh, 1993: 174-182）這種困局的對治之道，不在
一味強調科學式的客觀和價值中立，而在培養一種「歷史忠誠」
（historical piety）。這種忠誠來自對過往世界之中的人、事、物的一份
「同胞愛」（brotherly and sisterly love），而這種愛則強化及堅定還原歷
史真象、對歷史人物公道的動力，進而在研究方法及資料蒐集上不斷

精進及自我要求，最後並能成就一種自居為「旁觀的科學客觀研究者」所不能及的「更高層的客觀性」（a deeper objectivity）。就此而論，如果我們純以客觀知識的三個判準來思考歷史教材的選擇，便可能忽略這種歷史忠誠感的培養在歷史教學及研究上的重要性。

接著讓我們轉到科學教材的探討。科學教育的內容包括事實和理論兩大部分。因為科學教材必須以事實為依據，所以勢必要通過符應說和實效說的檢驗；此外，科學教材並不僅止於事實的累積，因為只有事實不能成為科學，科學的建立來自對事實的解釋，這包括「為何」（why）和「如何」（how）的問題，而為何和如何的解釋即是構成科學的原理原則或理論的重要部分。科學理論是根據事實所作的因果說明或預測，這種因果說明或預測必須構成一完整體系，換句話說就是要有一致性，而且要接受事實和實效的檢證。每當理論無法解釋新的事實時，就會面臨修正或者被完全放棄的命運；而有時過去被放棄的理論，也會因為新證據的浮現，而又被重新接納，例如，在哥白尼（N. Copernicus, 1473-1543）之前的古希臘就已經有太陽中心說（heliocentric theory）了。科學這種非直線進步和可逆反的現象，說明科學教育中（如科學史的部分）介紹「過時」的理論仍然有其意義。表面上它們可能無法解釋既有的事實，亦即不再合乎符應說和實效說的要求，但將來這些理論又被宣布為真理的可能性是存在的；另外，介紹這些理論也有使學生瞭解人類科學發展歷程的好處。所以「過時」*的科學理論並非完全沒有教育的價值。

有時針對某一問題而提出的各種科學理論，在可見的未來也許難以根據既有事實取得最終結論，換言之，有關該問題的各種理論均停留於假設的階段，此時博採各家說法也許是必要的。例如對於幽浮

---

* 所謂「過時」的理論並非等於完全錯誤，有時可能指其只能說明一部分事實或對象。例如遺傳學之父孟德爾（G. J. Mandel, 1822-1884）根據碗豆雜交試驗所發展出的遺傳法則，後來雖然發現不能適用於所有生物的遺傳過程，但用於解釋碗豆的遺傳性狀仍是有效。

（UFO），絕大多數論述總以它們是「外星人」的交通工具來解釋，但為什麼幽浮（假設它們確實存在）一定是外星人的交通工具呢？也許它們是「海底人」的交通工具也說不定——有關幽浮來源的太空說或海底說，分別代表兩種不同的想像，並有指導不同探索方向的功能，如果能同時加以考慮，保持較大的開放性，對這個問題的研究想必是好的。在科學教育上遇到這種無定論的問題時，似乎也宜採取開放的態度，不應僵硬地偏執一見。例如生物學上對於物種的起源，近人多採演化論的說法，對於上帝創生宇宙的說法經常不屑一顧。演化論表面上雖有考古學和演化生物學的依據，實則和上帝創生宇宙論同為一種假設（例如，演化論認為脊椎動物之演化過程，是由魚類至兩生類，由兩生類至爬蟲類，再由爬蟲類演化出鳥類及哺乳類動物。這種說法雖自成一個體系，卻無法求得經驗上的確證。）因此，學校在物種起源的問題上，如果強制採取單一說法來進行教學（例如，世俗學校只採演化論；宗教學校只採創生論），將不能在知識論上求得證成；而這也說明要完全憑恃一致說、符應說和實效說來作為科學教材的選擇判準，有時仍會遭遇困難。

第五節 總評與結論

　　庫伯（D. E. Cooper, 1998: 30-31）論及當代英美主流文化意識形態時指出，英美在二十世紀深受自然主義（naturalism）的影響。自然主義相信生活世界等於自然世界，其間一切現象（包括人的存在及活動）皆可由科學得到完全解釋。在這樣的世界觀中，價值只是人類心靈的主觀投射，這些投射對客觀的世界或事實不具任何意義。正如維根斯坦（Wittgenstein, 1990: 183）在其前期哲學中曾說：「世界的意義存在世界之外。世界之中沒有價值存在—如果價值存在，它應是無價值的。」自然主義者心目中的知識只剩科學和技術，而他們所謂的意義理解，也只有科學典範一途。這樣的知識觀大約是本文所討論的三種知識證

成理論（符應說、一致說和實效說）的總成，強調的是「命題知識」（propositional knowledge）的至高性。而根據庫伯的看法，過度強調命題知識之絕對性的教育，使受教者誤以為生活世界的意義全在科學，到頭來失去價值方向感，對世界的整全理解變得遙不可及（Cooper,1998: 35-39）。這也是所謂只有「局部的理性」，而無「整體的理性」的困境（沈清松，1998：217-224）。事實上，科學研究本身也需要自我批判的反思活動，這種反思並不是純科學的，它還需要哲學、史學、社會學和心理學等領域的研究協助，方能提出深刻有效的針砭（林正弘，1987：36）。所以，不僅生活需要科學以外的知識，科學研究本身亦然。

羅素說（Russell, 1961: 36），科學只能為知識而不能為想像劃定界限。本文則進一步指出想像世界乃是知識世界得以擴展的動力來源，忽視想像世界或命題事實以外的思維領域，等於在知識上劃地自限。從這個角度出發，許多科目（如美術、音樂、文學）的認知價值，方能得到恰當認識。

特別值得注意的是，批評命題知識之判準的有限性，並不是否定它們在檢視教材上的功用和重要性；誠如本文在第二節中所指出的，教育者對知識判準的無知、不經心或刻意忽視，乃是選擇教材時混淆知識、信念、偏見和迷信的主因，也是慢性謀殺兒童思維能力的元兇。這點，所有誠心的知識傳遞者，實在不可不慎，且不可不察。

第三章

由思維歷程透視教學原理：

杜威《思維術》方法論之衍釋

第一節　前　言

　　教學的成敗在於是否能夠引發有效學習，而學習成效的關鍵，又在學習活動中學習者表現出的思維品質。所以，透過思維歷程的分析，來反省教學活動，特別可以闡幽發微，洞視教學所以成和所以敗的理由。杜威（John Dewey, 1859-1952）是近代哲學家中把這一道理看得非常透徹的一位，而他對於思維的分析，方法嚴謹、體系完整，對於教學如何掌握思維的特性以成就優質學習，亦見深入析論。杜威有關思維與教學方面的思想，充分地展現在他的名著《思維術》（*How we think*）（Dewey, 1933）一書中。該書不僅從事教育活動的人應該加以透徹研究、大力闡揚，一般的研究工作者（或者所有關心思維成效的人），亦可從中汲取無數教益。

　　本文的目的即在衍釋杜威《思維術》一書中的思想，解析知識賴以建立的思維歷程（包括思維的動力、思維的態度及思維的方法），並就思維歷程與教學方法之間的關係作系統闡述，期盼由此同步廓清思維方法和教學原理的部分根柢。最後，則對《思維術》提出若干反省，指出其未深入觸及的思維向度，並輔以杜威的其他相關著作加以補充說明，以求對杜威思想有一較為完整而謹嚴的認識。

第二節　思維動力

　　杜威稱理想的思維為反省思維（reflective thinking），認為反省思維並非在心中倏忽閃現、隨即消逝、雜亂無章的「意識流」，亦非不切實際的空泛「想像」，也不同於未經驗證，即率爾採納的「信念」。反省思維是心智產生困惑，決心面對疑難，並採取行動解決問題的過程及產物。明白地說，有疑難才要反覆思維。反省思維的活動以解決疑難為目的，有其方向性，所以不是紊亂的意識流；因為必須解決實

際的問題，所以也不能停留於空泛的「想像」，或是任性獨斷的「信念」，惟有踏實探究，蒐集充足的事實和證據，才能得到有效的解答。簡單地說，當一個人避免不了問題時，就無法不思考，而在杜威的心目中，所謂反省思維，大體而言就是接受現實考驗，面對問題，並解決問題的過程及結果。

　　以杜威對反省思維的界定來檢視教育活動，我們可以發現許多教材的編寫，往往側重問題答案的呈現，不強調問題本身如何形成、不管求得解答的過程、不顧不同解答的可能性。總之就是以成人的思考終點，做為兒童的學習起點。這種教材配合上只重考試結果的教學，產生大家憂心的兩個問題。第一，學習流於刻板的記憶，毫無理解。第二、學生失去對知識的熱情，患了「厭知症」。換言之，重結論而不重問題意識的教學，不僅忽視了學生的思維訓練，也使他們對知識產生疏離感。誠如彌爾（J. S. Mill, 1806-1873）所言，未經辯護、考驗的信念，必將失去信仰者的支持熱情。彌爾指出（Mill, 1962: 169-181），小教派的成員比大教派的成員更熱情擁護教條的原因，在於大教派的信條大多被認定為不可動搖的結論，外來的挑戰不多，成員的思維因此陷入半睡眠的狀態；反觀小教派為了生存、立足，需要不斷地宣揚、辯護自己的中心思想，不但在思維上較為警覺活躍，對教條的認同感也因此趨於強烈。所以教材的編寫和教學的設計，應當善用思維的這種「向問題性」，使學習過程成為發現問題、提出問題、尋求解答、考驗解答、求得解答、獲取知識並熱愛知識的動態歷程。當學習者體認到知識實際上是解決問題的工具時，便會感覺到學習知識的意義，並深刻認識思維和知識的關係。

　　現在我們瞭解到真正的知識是思維及驗證過程的產物，而思維的發生則又與問題意識，以及解決問題的衝動和必要性息息相關。問題意識的敏銳度深受思維成熟度的影響。思維成熟度會因思維對象而變化，例如在某一事上百思不得其解的人，在另一事上卻可能一蹴而成，其間差別往往在於背景知識。缺乏背景知識就難以深入把握問

題，也因此無法對事物產生有效的思維活動。故而充實學生背景知識，乃是教學引發有效思維的必要條件；相對的，傳授過度艱深的內容，要毫無基礎的學生運用思維，必然無效。

　　但是不是具備背景知識，就能產生靈活而有效的思維？就會有較敏銳的問題意識呢？對杜威而言，這兩個問題的答案似乎都是否定的。如前所述，杜威認為思維的反省性或批判性，來自於解決問題或克服困難的需要。因為有解決問題的需要，思維才活動起來，同時「必須」系統化、客觀化，不能流於雜亂的聯想或情感用事，否則達不到目的。有的學生在學習了那麼多科目，接觸了那麼多的思想和知識之後，仍然在思維上，顯出紊亂和呆板的現象，造成這種結果的可能原因之一，就是教育者將學生和現實生活分隔開來。父母和老師只要孩子把書「讀」好，怕生活現實干擾他們的功課，要他們生活在一種「沒有問題」，或者遇到問題總是由別人來處理的環境中。於是他們變得只需要記憶，不需要思考，即使思考，也沒有現實的嚴格考驗，完全失去反省思維的機會。結果，書愈唸愈呆板；學位愈高，可能偏見也愈深。如果學習的主要目的是如杜威所說的「學習如何思維」，而不只是訊息的積累，那麼正確的教學策略，似乎應該是為學生「找麻煩」，創造學生面對問題及解決問題的情境，而不是把他們的問題都攬到我們的身上來，叫他們失去思維的意念。

　　生活中常有困難和疑問，站在教育的立場，千萬不能將學習者和生活現實隔離。但是這並不是說，疑難只植根於生活。疑難的來源，不只在生活上，也可能是基於好奇、驚異。換句話說，有的問題是「自找」來的，而且解決這種問題的需求，有時比解決生活疑難更為熱切。坐在蘋果樹下，看到掉落的蘋果，可能是許多人都有的經驗。但對多數人而言，這個經驗帶來的感覺可能只是覺得自然、巧合或者滑稽，並沒有什麼有待解決的問題。牛頓（I. Newton, 1711-1776）卻不同，這個經驗為他帶來了一個糾纏許久的問題：為什麼蘋果是向下墜落，而不是往別的方向飛去呢？解決這個問題的渴求，促使牛頓展開

一連串的思維和驗證活動，最終提出著名的萬有引力理論。所以，解決問題的熱力，可能來自外在的生活需要，也可能來自內在的好奇心——內外在的動力是思維活動的兩大根本力量。

至於思維動力是如何減弱或消失的呢？這除了與實際生活脫節有關，與好奇心被壓抑也脫不了干係。好奇心是經驗擴展的基本要素，也是反省思維之「機」。杜威（Dewey, 1933: 36-39）將好奇心分為三個層次。首先是生物性的層次。這種好奇是所有生命力充沛的靈性動物都有的特質。嬰兒開始能夠行走和把握物件時，會翻動、查看、啃咬、拉扯物品，對他而言，每一樣事物都新奇，都可以花上大半天的功夫去試探、玩耍以求熟悉；而有經驗的成人便是利用幼兒這種好奇心，教會他們認識事物並建立起必要的習慣。由這一點，我們也可以看出健康與嬰幼兒的智能發展確實密切相關。健康不佳，好奇的生命（或生物性）動力便會大為降低，連帶影響教育的可能性。

好奇心的第二個層次是社會性的展現。兒童在成長的過程中，逐漸感受到許多事情的背後，似乎都有其廣闊的意義，而且也瞭解到成人是這些意義的主要解說者，於是和成人相處時，常常熱情地提出各式各樣的問題，例如，「人為什麼只有兩條腿？」「牛會說話嗎？」「魚為什麼不會溺水？」等等。這些問題的提出，往往表示兒童漸漸懂得運用社會資源來擴展自己對外在世界的認識。所以，兒童社會關係的質與量，對其好奇心之發展和滿足絕對有莫大的影響。

好奇心的第三個層次超越生物性和社會性，昇華為一種親自尋求解答的近似「理智」行為。杜威認為，在「社會性」的層次中，兒童的興趣往往只是提出問題，並不特別注意問題的解答，也沒有確定的中心議題，所以問題雖然一個接著一個提出，卻沒有連貫性，無法表現出對一事物之整體理解的企圖，或者徹底解答一個問題的決心。到了「理智性」層次，兒童的好奇有了目標，是針對特定問題求取解答的思維和驗證的過程。在這過程中因為思維貫注在一個目標，所以能在流暢中展現出客觀、連貫、有序和方向一致等等理智性的特質。換

句話說，理智性的好奇表現在思維上時，具有「變化中的統一」。

　　教育的主要任務之一，乃在於啟發兒童心靈之中的這種理智性好奇。杜威認為要發展這種好奇，教育者必須放棄獨斷的習慣。成人的獨斷，使兒童覺得一切都是固定的，沒有什麼有待發現或探討的事物。不過教育者的獨斷，往往不是刻意為之，而是習性造成的。杜威認為（Dewey, 1933: 60-61）教師的教學習性中，有三種特別需要改進：第一是「以己度人」的習性，即只接受、鼓勵和自己思維模式一致的學生，不一致的，往往受到輕視或誤解；第二是過度倚賴個人的影響力來刺激學生的學習興趣，忽視教材的本質價值，使得學生與教師的關係取代了學生與教材的聯繫，造成學生對教材漠不關心，只重教師態度的惡果'。第三是「標準教師化」，換句話說，問題解答對與錯，完全取決於教師個人的好惡而非客觀的標準，「這是正確的嗎？」和「這樣回答老師會滿意嗎？」變成是同一問題，嚴重影響學生獨立判斷力的發展。以上三種教學習性，都可視為獨斷的表現，傾向於壓抑理智性的好奇，應當加以排除。

　　除了教師的教學習性之外，另一個影響理智性好奇發展的因素是傳統式的學校教育成規。杜威指出傳統學校教育過於強調紀律和秩序，對學生應用近乎軍事化的規訓，一切在整齊劃一的呆板模式下進行。在這種學校中，教科書被認為是唯一有益的讀物，其他書籍的研讀全在禁止之列；同時，教法講究固定模式，排斥自然、新奇或者富變化的教學活動。這種教育雖然能夠成功地建立起學生的機械習慣，

' 英國哲學家皮德思（R. S. Peters）認為（Peters, 1970: 51-52），教材是人類社會客觀而共享的文化精華，也是教者與學習者賴以立足的「神聖基礎」（the holy ground）。將教育視為教者依循自我理念「彫塑」學習者的歷程，或是教者依學習者的喜好協助學習者「生長」的活動，都有所偏。兩者的偏失，都在忽略教育乃是教師引導學生探索、熟悉、欣賞、運用、修正及強化人類之「神聖基礎」的歷程。杜威在這裡所說的教學弊端，與皮德思所說的「彫塑」式教育的毛病，頗可相互詮釋。

卻犧牲了創新的精神和進取的活力。相對的，新式教育中純以新奇為目的的教學活動，在杜威的看法裡，也無益於理智性好奇的發展。新奇只是引發觀察和探索的誘因，不能為了新奇而新奇，使得教學和學習淪為毫無知識累積作用的膚淺嬉戲。此外，杜威發現一般學校裡的學習活動，時間往往過於短促，使得活動不能徹底展開，造成學生的思維歷程殘缺不全，不但無法得到順理成章的結論，也破壞良好思維習慣的建立。

總而言之，杜威認為（Dewey, 1933: 40）教師的任務在於提供材料和條件，使學生的生物性好奇趨向有目的、有結果、能增長知識的理智性探究，並誘導、轉化社會性的探索興趣，使其成為解答問題時虛心蒐集資訊的能力。

第三節 思維態度

如前所述，好奇心及解決問題的需求，乃是反省思維的兩大動力。但是強勁的思維動力，還要配合良好的思維態度，才能得到周全的思維成果。所謂思維的態度，可以說是思維習性的外在表現。杜威認為（Dewey, 1933: 22-23），不論教育者是否刻意培養，兒童都會逐漸形成特定的思維習性或者表現出特殊的思維態度；因為思維態度影響思維品質，所以，教育者實在不可不慎。偏差的思維態度，不僅使思想無法擺脫本能、欲望、慣性和奴性的控制，限制思維發展的廣度，同時還會使思維往錯誤的方向發展，產生偏差的觀念，對人的危害和控制力有時更甚於迷信。

人類偏差的思維態度有許多，杜威特別引用培根（Francis Bacon, 1561-1626）的偶像理論來說明人類幾個典型的思維偏差傾向。培根（Ulich, 1957: 310-311）以「偶像」（idols）做為人類思維偏執的象徵，因為人類面對偶像時，往往盲目、執著、情緒化而不顧一切。培根舉述的思維偶像共有四者，分別為「種族偶像」（idols of the race）、「市

場偶像」（idols of the market）、「洞穴偶像」（idols of the cave）和「劇場偶像」（idols of the theatre）。所謂「種族偶像」，是指人類族群共通的思維弊端。例如，世人總是以自我族類的立場出發來看待世界，並以為自己所見所聞，就是真實的，忽略其中可能潛藏本族中心的偏差。古希臘哲學家賽諾芬尼（Xenophane of Colophon, 570-475 BC）就曾嘲諷地說（Hussey, 1995: 920）：如果馬會繪畫，那麼馬畫的神，一定和馬兒沒什麼兩樣。這裡賽諾芬尼講的顯然也是本族中心的謬誤。其次，所謂「市場偶像」是指人類易受語言迷障影響而看不清或扭曲事實真象。市場等公眾場域是人類散布耳語的常見場所；而人類接收耳語時，往往不經查證即輕信，並且以訛傳訛。原本語言是用於描述或傳遞事實的工具，但卻常常成了誤解或假象的來源，根本理由之一，即在人類容易不經心地把語言所傳達的，視為事實本身。再者，所謂「洞穴偶像」意指一般人坐井觀天，目光狹隘的狀況。這個偶像借喻自柏拉圖「理想國」裡的洞穴寓言。在洞穴寓言中，柏拉圖（Plato, 1987: 514a-517e）把人描述成終生被囚禁在地下洞穴的囚徒，身子被銬在牆上無法轉動，竟日所見只是各種物體經過洞穴上方通道時，經由火光倒映在牆上的影子。在所有囚徒當中，有人生性聰敏，善於辨識或預測出現在牆上的影子，不過他們再怎麼精明，頂多也只是比較懂得看「影子」罷了。另外，倘使有人幸運地解開鐐銬，有機會挪動身子，初時必定感覺極度痛苦不適，等他走到洞外，接觸陽光普照下的萬事萬物的真貌時，必然大為吃驚，以為身在幻境。這種以實為虛、以虛為實的心理狀態，需要一段時間的試探適應，才能獲得改善，而一旦囚徒瞭解洞外世界才是真實世界後，他才得到徹底的解放。心靈解放後的囚徒，大多不願再回到洞裡的世界居住，即使有人心生慈悲，願意回到洞裡向可憐的囚伴們解釋真相，洞裡的囚伴多半難以置信，甚至以為如果到了洞外，將會像他一樣瘋狂。所以，他的囚友即便有機會掙脫鐐銬，走出洞穴，也視之為畏途、噩運。培根認為，一般人大多是不敢走出洞外的囚徒，守著自己狹小的生活世界，任性固

執地陶醉在以管窺天的認知模式裡。培根所指出的最後一個思維偏執是「劇場偶像」，在此培根批評的是人類盲從流行理論的心理傾向。理論家善於運用人類依賴權威的奴性，只是抓著「部分」事實，使用一些新穎、冠冕堂皇或艱澀的術語，就能創造出眾人傳誦奉行的理論來。信仰流行理論的人，就像把戲劇當作真實人生的戲迷，心情隨劇情起伏不定，甚至以劇中人物為範本，完全改變自己原有的生活模式，盲目而不可理喻。

培根所指出的這四種偶像，都是一般人常有的思維偏差，而杜威認為，偏差的思維態度如果得不到改善，再好的思維方法也無補於事。好的思維方法需要有運用它的願望和意志才能奏效，而這種願望和意志則來自健全的思維態度。依杜威（Dewey, 1933: 30-33）之見，要造就健全思維的態度，有賴培養三種心理質素，包括：

☾★一、虛心（open-mindedness）

這是一種隨時準備向新問題、新觀念、新事物及新選擇吸收養分的意願，它不同於「心不在焉」（empty-mindedness），遇到什麼，接受什麼的馬虎心態，更不是迫於新潮，無奈的隨波逐流；相反的，它是深刻瞭解到犯錯的可能，不把既有觀念當作「寵物」，不以承認錯誤為軟弱，主動向各種訊息渠道開放的一種求知渴望。當多數人都留在困難最小、抵抗力最少的因循小路上，虛心的人卻時時留意各種通往真理的可能，願意為此勇渡險灘。杜威在這裡所說的虛心，不只是純粹的態度問題，也與見聞的深廣度息息相關，見聞愈深愈廣，愈有能力把自己的觀念放在適當的脈絡來反省，也愈能瞭解自己的不足和錯誤，由此產生的虛心最為真實。所以要培養兒童的虛心，除了不時提醒人的有限性之外，也應設法引導其擴展眼界、加深思維。

☾★二、專注（whole-heartedness）

這裡杜威指的是全心沈浸在某一事物的精神。杜威認為（Dewey,

1933: 31）興趣紛雜，容易陷入膚淺，是反省思維的大敵。思維要專注，方能深入，進而求得具體結果，包括使不明確的變明確，並由新的認識產生新的價值體驗（Dewey, 1933: 101）。可是專注並不是憑空而來，而是興趣的產物。學生思維品質不佳的原因之一，乃在學習內容無法引發興趣，只是為了父母、教師或成績而唸書。這種學習停留於記誦和應付了事的「無心」狀態，思維活躍不起來。相反的，當學生對課程內容深感興趣時，就能專注，就會主動提問，甚至形成假設、蒐集資料及閱讀，並實地驗證，根本無需花費額外的心力來控制心思，勉強把思維留在課業上。所以杜威說（Dewey, 1933: 32）：教師若能激發學生的學習熱情，就能在教學上取得成功，缺乏學習熱情，任何教學公式再怎麼正確，也難以發揮作用。

但杜威所說的學習熱情是如何產生的呢？學習熱情來自兩大根源，一是外在（工具）興趣，一是內在（本質）興趣。外在興趣，可能是外來的增強，也可能是個人追求的目標。外來增強包括為了引發個人產生某種可欲行為而營造的吸引條件，稱之為正增強，如獎賞、尊重、愛等等；也包括移除個人不喜歡的環境，以激發其產生某種預期的行為，稱之為負增強，例如處罰、恐懼情境或敵視態度的排除。正增強和負增強，雖可刺激人，使人產生學習某一事物的動機，但這種形式引起的學習，熱情較難持久，因為當事人對學習的專注，在外在目標或外來興趣滿足之後，往往立即消失或減弱。除非外在興趣所引起的學習，能使學習者體會到學習內容本身的價值和樂趣，學習的熱情才能引燃，並且持續。學習者對學習內容之價值的認同，以及在學習過程中獲取的快樂，便是「學習的內在或本質興趣」，這是所有教學法的終極目標，這個目標的達成，除了教學法必須斟酌，最重要的仍是教者本身也能體驗學習該事物的樂趣，也有學習該事物的熱情。否則，當學習者看不到教育者對傳授內容的熱情時，如何相信專注於該事物的學習是值得的呢？

☪ 三、責任感（responsibility）

責任感不僅是一種德行，也是反省思維的要素。杜威認為思維的責任感，表現在思維對象的集中、信念與信念之間的協調一貫，以及依思維的結果進行判斷並改變信念的意願。簡要的說就是貫徹思維的決心。一般人不求甚解、說一套做一套、或者抱持相互矛盾的信念或標準等等，都是沒有思維責任感的表現，其後果是使思維陷入混亂和分裂。杜威指出，學生無法在理智上形成負責任的態度，有幾個主要的原因。首先，學校課程過度脫離學生的生活經驗，難以激起主動思考的興趣，也超越其所能理解的範圍。這樣的教材，養成學生不去思考學習內容究竟代表什麼意義的習慣，純粹記誦教材，根本不瞭解所學對信念和行動能產生何種作用。另一個問題是，學校教的太多、太雜，使得學生無暇思考，雖然腦子塞滿了概念，但因為沒有思維聯結融會貫通的功夫，概念只是零散、支離地存在著，塞得愈多，愈是混亂，沒有貫通的可能。這樣學來的概念或信念，就像身上過多的脂肪，用不上又難以清除，是思維健康的一大危害。杜威認為學校要避免這個問題，必須精選教材，寧可教得少一些，而凡是教的，都教得徹底，才能確保學生對所學產生透徹的認識[2]。這裡所謂「透徹」，在杜威的思想中，代表一個人的信念能用來圓滿地解決問題或處理事情，這種和行動結合、在現實中驗證過的信念，才能化為思維的有機養分，助長思維茁壯，並成為學習者思維主幹不可分離的一部分。所以要求並協助學生應用所學，實在是培養思維責任感的重要途徑。

---

[2] 英國哲學家懷德海（A. N. Whitehead, 1861-1947）也有與此相似的觀點，他說（Whitehead, 1929: 2）：某些教育用過多的無活力的概念將人類心靈緊緊綑綁；若要跳脫這種弊端，教育活動必須遵守兩條戒律，一是「不教太多學科」，二是「凡是教的，都要教得徹底」。

第四節 思維方法

　　思維的方法表現在思維的過程，而理想的思維過程，杜威稱之為反省思維，所以，深入分析杜威對反省思維歷程的界定，可以同時認識其心目中的理想思維方法。

　　如前所述，杜威認為反省思維的發生，乃是因為面臨了不確定、待解決的問題，或者遭遇一時無法解決的困難；沒有疑難就沒有反省思維。但疑難是令人煩惱不快的事，其解決又常費力而不一定有結果，所以，有的人面臨困惑總是選擇逃避，遇到障礙就習慣性的閃躲，如此，雖可免去一時的困擾，反省思維卻也因此無法出現。只有選擇正視疑難，並想法解決，反省思維才能正式展開。整體而論，反省思維在解決疑難的過程中，同時善用了感官知覺和思維推理，亦即運用感覺官能對事實作全盤而徹底地觀察，藉以觸發聯想，形成假設。但感性所暗示的假設，須經悟性進一步精鍊，方能成為有價值線索。假設建立之後，思維者藉由推理考驗其合理性，並通過嚴格的行動或實驗檢證，求取支持或否定假設的結論性證據，以及形成解決問題的原理原則。詳細說來，杜威的反省思維分為五個階段（Dewey, 1933: 107-118）：

☪ 一、聯想（suggestions）

　　聯想是陷入或面臨疑惑，根據感覺觀察，以及過往經驗，綜合反省之後的產物。例如我們行經一地，遇到湍急的溪流難以跨越時，情緒上難免感覺挫折，有的也許決定不再往前走，有的卻可能因為各式各樣的理由，決定要渡過溪流的對岸去。渡溪的方式有很多，想渡溪的人必須根據當下的觀察對如何行動產生一些聯想。例如他可能觀察到溪水雖然湍急，但不深，涉行而過，對於有渡溪經驗的他而言，也許是安全可行的。

☾★二、理智化（intellectualization）

這是指排除非理性的情緒反應，也是對問題性質作客觀分析和界定的過程。接續前例，那些覺得涉水而過可行的人，不一定每個人都採取行動，有人可能因為一些不理智的想法而放棄，比如有些人可能迷信溪水裡有鬼魂而心生畏懼。理智化才能看清問題的癥結，不為表面感覺所惑，這也是解決問題的至要關鍵。

☾★三、假設（hypothesis）

這個階段的思維是依據初步聯想所得的各種可能假設，作系統觀察和資料蒐集，以比較假定、修正假定，並求得圓熟。例如溪流在各處的深淺、急緩和寬狹不一，就各種影響因素評估之後，渡溪的人才能選定理想的前進路線或橫渡方式。

☾★四、推理（reasoning）

選定比較圓熟的假設之後，思維者依據經驗和知識，在想像的情境中就假設的方案做沙盤推演。例如，渡溪時身上的行李會不會沾濕、損壞？溪床沙石尖銳程度，可以赤足而行嗎？涉水濕透的衣服在到達預定地之前，有可能變乾嗎？總之，推理是針對假設付諸實行後所可能衍生的狀況，加以想像、詮釋和判斷，可以說是假設所涉及的各種因果聯結的深入思維。

☾五、假設之實際或模擬驗證（testing the hypothesis by overt or imaginative action）

這是在精細設計和嚴格控制變數的情境下，用實際行動或模擬的實驗對思維所預測的內容加以驗證，並對不確定的因素進行探索的歷程。在實驗檢證中，不僅假設的可靠性得到證明，一些新的、未經思考的因素也可能浮現，進而引發新的問題，產生另一循環的思維和考

驗。比如涉水過溪的人可能成功地依照計畫成功地渡過溪流，但也許腳割傷了，行李濕透了，有幾次甚至要被激流沖走，這些經驗告訴當事人涉水而過仍然有其危險和困難，如果要再橫越溪流，似乎應該尋找更理想的方式：例如在溪流較狹窄的地方架設便橋。但便橋如果遇到溪水暴漲，可能被沖毀或淹沒，不是長久之計，因此如果兩岸有堅固的岩石或地基，建築吊橋，就可免除洪水的威脅。當然建築吊橋的想法如果付諸行動，仍會有後續的問題和變數考驗著行動者的思維，而行動者便是在這不斷地面對問題和解決問題的過程中，建立起愈來愈豐富、愈細密、愈可靠的知識網絡。

　　杜威認為行動驗證後，行動者應就驗證結果對過去的知識和經驗反省，這是經驗的總結，目的在建立指導未來行動的原理原則，並提昇既有的知識。如前所言，杜威主張思維發生在不確定、懷疑和困難的情境，經思維和行動的檢證，其理想的結束，應是使不明確的變明確，使困難解決，並由此產生新的價值體驗。這裡所說的明確感和新的價值觀，其實就是經驗總結後的結果。杜威稱這種經驗總結在於理解經驗「與未來及過去的關係」（reference to the future and the past），也就是我們一般所謂鑑往知來的歷史反思。杜威指出這種經驗總結，可以視為反省思維之後的一種思考活動；也可視之為反省思維的一部分，而成為反省思維的第六個階段。此外杜威也主張反省思維的各個階段是循環不已的，而且各個階段的順序可能因為面對的問題不同將有變動的可能性，換言之，它們並不是死板、固定的流程。

　　必須更進一步說明的是，反省思維並非經驗思維，而是更深入、更系統化的科學思維。杜威將依慣性而建立起的日常生活信念稱為經驗，並指出純依經驗而思維有三個主要的弊病 [3]：第一是不完整。經

---

[3] 特別值得注意的是，杜威雖然認為純依經驗下判斷有其弊端，但這不等於說「經驗」不重要。在《經驗與自然》（*Experience and nature*）一書中，杜威（Dewey, 1958: 3-4）將經驗分為「初級經驗」（primary experience）及「次級經驗」（secondary experience）。初級經驗泛指個人在日常生活中所經歷及

驗所及的範圍常是殘缺不全的，依據殘缺的訊息作判斷，可靠性不足。第二，經驗無法解釋新現象，經驗是依常例而形成的信念，當變例出現時，經驗就失去效用了。杜威指出，科學思維和經驗思維的最大不同之一，就在於科學思維能將舊經驗應用於新情境，而經驗思維無此能力。第三，經驗思維傾向於保守、獨斷。心智過度依賴日常經驗的結果，常是誇大那些有利於證明舊經驗的現象，忽略差異的存在，或者強加剪裁，使其與舊信念相符。所以，經驗思維不僅無法解釋新現象，甚且是傾向於壓抑新現象，對於不得不面對的新異情況，則用一些虛構的理由來敷衍。例如說幫浦能抽水是因為大自然厭惡真空狀態；鴉片使人安眠是因為鴉片煙具有催眠的魔力。這種解釋訴諸於不可觀察的神秘因素，既不能證明也不能否定後來的觀察和經驗，最後淪為純粹的傳說，代代因襲的結果，成為一種教條，窒息反省思維的發展。杜威認為（Dewey, 1933: 264），這類教條所以能傳之久遠，教育者要負起一部分責任，因為教育者經常是教條的公認保護人，心態上傾向於保存傳統信念，把懷疑傳統，視為懷疑權威，轉而鼓勵學生以被動、馴服、默從為主要的美德。久之，大多數人便認定：「凡是不符既定準則者皆屬異端邪說；新發現的提出者，應受懷疑甚至是壓制。」

領受到的一切，這是一種粗糙、未經分析的經驗；次級經驗則是針對初級經驗所提供的材料，加以系統的反省、探索，並據以得出抽象的概念或原則。基本上，本文這裡所說的「經驗思維」處於初級經驗的層次，而「科學思維」則屬於次級經驗的層次。儘管在杜威的觀念中，初級經驗只是知識的材料，而非知識本身；但杜威並不認為初級經驗比次級經驗的認知價值低。他（Dewey, 1958: 19-21）批評傳統哲學誤認次級經驗比初級經驗更接近實在的想法，並稱這種觀念為「唯智主義」（intellectualism）。杜威（Dewey, 1958: 2）明白主張，反省思維或科學思維所得的結論，都必須回到日常初級經驗中去接受考驗。可見，在杜威的思想中，科學思維和初級經驗在知識價值上並沒有絕對的高下之分；它們是個人求知過程中，兩個同為不可或缺且持續互動的認知要素。

　　教育者要擺脫教條守護者的角色，需在思維教育的方式上作根本的改變，這種改變的核心精神，依杜威之見，就是化經驗思維的被動性為科學思維的主動性，不讓「發生」在人類身上的經驗主宰思維，而是要以發生的現象為基礎，提出假設，設計實驗，「創造」現象，才能達到驗證的科學效果。科學思維的特色，在於其方法的系統化。科學思維在方法上講究系統化的主要目的，是要達到事實與觀念互為檢驗的效果。觀念是人類對事物之因果關係的認定，這種認定有效與否，必須在系統化的控制情境下，去蒐集或創造待觀察的事實，由事實決定觀念或因果關係的成立與否。

　　系統的科學思維包含二大部分，一是觀察，二是實驗驗證。杜威指出，觀察是思維的一半，良好的觀察，決定思維成敗。科學的觀察有其目標性，以驗證觀念為目的，故能表現出主動性、分析性和驗證性，這與毫無目標的「看」絕不相同。再者，既然觀察的目的是在驗證，其在取樣上便需兼顧量（數）與質（類別）。例如，我們如果要驗證一種藥物的效果，接受實驗的人不但數量要多，種類上也應有所差異（如不同的性別、年齡、血型、種族、體重等等），如此，取樣上才有代表性，實驗結果才能作為推論的依據。一藥物在類似對象上有相同結果，固有其推論價值，但如果在不同性質的對象上，也能獲得相同結果，其推論價值就大為提高了。所以科學在取樣上不僅不排斥差異、對立，反而是歡迎並蒐集它們，而一個觀念愈能解釋差異和對立的事實時，愈有科學性。這點也可說明科學重視事實，不遷就習性、慣性的特色。

　　科學必須蒐集或觀察新的現象，不過新現象有時純憑經驗被動的等待是不會出現的，因為它們可能罕見或難以捕捉，所以科學需要仰賴實驗，在實驗的情境中，使待觀察的現象能精確地顯示。

　　杜威認為系統的科學實驗有五大特色：第一是創造罕見的事實（現象）。有時我們欲觀察的現象可能等上幾世紀才有機會出現，但在實驗當中卻隨時可以創造出來。例如若干化學元素即使在我們周遭

的自然環境中不存在，還是可以從實驗中創造出來。

第二，科學實驗可觀察隱微的現象。例如電的作用，細菌的形狀和活動等等，都是日常經驗觀察不到的，但在實驗器材的輔助下，卻可明顯而精確地探測出來。

第三，科學實驗可提供變化的觀察情境。表面上固定齊一的現象，在變化的情境中可能表現出不同的特質，而這種變化情境的創造，就是科學實驗的重要功能之一，透過這種方法，一個事物的特質才能得到完整的瞭解與掌握。例如，許多物質在不同的溫度和壓力下，均會呈現氣態、液態和固態，但在日常經驗中，甲物質可能總是固態，乙物質可能總是液態，丙物質可能總是氣態，只有藉著實驗我們才能瞭解原來三者都有氣、液、固等三態，且在三態之中特質各有不同。簡單地說，只有在變異的情境中，才能充分而完整地瞭解事實，而這種變異的情境，靠著被動的經驗常是無法得到的，只有透過科學實驗才能輕易且反覆地創造出來。杜威說（Dewey, 1933: 199）：

> 經驗法則認為「事實不足時要等待」，實驗法則卻認為要「創造事實」。前者依賴自然偶發現象中所透露的情境聯繫關係；後者則竭力刻意地、有目的地將這種聯繫顯現出來，而所有先進的概念都是藉著這個方法，取得科學的保證。

科學實驗的第四項特色是精密。科學實驗的目標在尋找造成一個現象之最原始、最基本的元素，以基本元素為瞭解一個現象之鎖鑰，如此不僅可使解釋、計算、預測及控制新現象之出現成為可能，也減少了錯誤的機率。以幫浦吸水的作用而言，我們發現同樣的幫浦在不同海拔高度時，抽水可達的高度不同，這是幫浦的「吸力」改變了嗎？或者是其他的因素造成的？同一個幫浦吸力不應有差別，換言之，變化的不是幫浦的吸力，而是它所在的海拔。但海拔高度為什麼會影響吸力呢？海拔高低的變化代表什麼因素起了變化呢？科學家經

過分析，發現空氣重量的變化，也就是大氣壓力的改變，是幫浦吸力效力差異的來源。大氣壓力是可測量、計算的，我們只要透過單位面積水面上所承受的大氣壓力數值來計算，就可精確預估幫浦吸水可達的高度。

　　科學實驗的第五項特色是抽象化。所謂抽象化就是不停留於表象的描述，而能進一步用抽象的概念來解釋經驗所得。例如馬載運人貨、火推進飛彈、水摧毀堤防，這些都是感官可察覺的現象，表面上，這些現象是獨立的、不相干的，但經過抽象思考作用，這些現象之間便有了聯繫。馬、火和洪水都是在運動的狀態下才能推動事物，所以運動就是力的來源和表現。現在我們說「馬力」、「火力」、「水力」，顯然人類發現「力」的概念可以用來理解萬事萬物的運動能量。這種運用抽象化概念來理解事物的能力，使人把握住感覺無法察覺的聯繫，把思想從固定的、明顯的、熟知的現象中抽繹出來，並由此奠定從已知探索未知的基石。杜威認為：教育可界定為經驗的解放和擴充（Dewey, 1933: 202），而這種解放和擴充所以可能，就在於懂不懂得通過科學方法對現象作抽象思維，並就思維所得進行實驗檢證。杜威說（Dewey, 1933: 202）：

　　抽象思維就是用新眼光來審視和想像經驗中熟悉的事物，由此開拓新經驗的視域。而實驗就是沿著這個途徑來展現和證明它的永恆價值。

　　所以杜威雖然重視經驗，認為經驗是知識之源，但也指出經驗必須經過概念的抽象化作用（或抽象思維），才能擺脫習性，得到自由，並發展為有力的思想。杜威說（Dewey, 1933: 183）：最傑出的思想家必是對概念的關係抱持濃厚興趣者，又說（Dewey, 1933: 226）：抽象是教育的目的地，其道理都在此。

　　不過這裡必須再次強調的是，儘管杜威重視純化經驗內涵的抽象

思維及科學思維，可是誠如本文附註三所言，杜威並不主張經由科學方法純化而得的抽象的次級經驗，比日常具體的初級經驗來得更真實或更高級。這可說是他反對傳統哲學傾向把現象及實在截然二分的一貫思想（Dewey, 1982: 154-155）。杜威曾經明白地指出，科學為了研究方便而使用的抽象概念或元素，只是一種工具，不能視之為實在本身（Dewey, 1991: 155）。為了化解將科學視為永恆真理的弊端，杜威在科學方法之外，也提倡「經驗方法」（empirical method）。他所謂的經驗方法大致有兩個途徑（李常井，1987：12-15；Dewey, 1958: 2-10），一是從初級經驗出發，到純化初級經驗的次級經驗，最後再回到初級經驗中去驗證次級經驗，瞭解其解釋日常經驗的效力。另一是從次級經驗所建立的抽象結論出發，來到生活世界中的初級經驗，並用初級經驗考驗抽象結論的妥當性。總之，不論從初級經驗或次級經驗出發，都要回到初級經驗來；我們也可以說，初級經驗既是探索的起點也是終點，而這點正是杜威經驗方法的核心要旨（郭博文，1988：59）。杜威的這種思想暗示著一切的研究成果，都處在一種生生不已的演進歷程；而認為可以拋開多變、多樣的初級經驗，達致永恆真理的想法，恐怕只是人類渴求確定性的一種空幻想像罷了（Dewey, 1929: 9）。有了這些瞭解之後，再來看杜威所謂抽象是教育的目的地之說法，就能認識他這裡所謂的目的地，應該只是一種階段性目標，而不是永恆的歸趨。

　　與前述論點相關的是，杜威反對理論與實際截然二分的作法，認為兩者只有運用的方便度和適用性之分別而已。他指出（Dewey, 1933: 224）過分強調實用，將使人目光短淺，最終弄得寸步難行，使功用的追求成為幻影；真正懂得實用的人，不急功近利，不把思想用功利的短繩繫死在狹小的運動範圍。行動力的充分開展，需要開闊的視野，而這視野來自為知識而知識，為自由思維而思維的抽象理論興趣。但這並不是說理論思維應該取代實際思維，或者理論思維優於實際思維，杜威認為兩者應有交互作用，並在個人的思維體系中達到平衡的

發展，而這也是教育的目標。理論與實際不作對話或互為驗證，代價是僵化。所以杜威說，過度熱中具體方面的人，應盡力在實際活動中發展抽象問題的好奇心和感受力；至於偏好抽象理論課題的人，則應增加抽象觀念的使用機會，將符號蘊含的真理用大眾可領會的用語表達出來。如果思維能在抽象和具體之間保持密切順暢的對話關係，「每一個人的生活就會更有效率、更幸福。」（Dewey, 1933: 229）

　　通體而論，杜威的思維方法強調方向性、目的性；他主張思維必須有待答問題（包括外在困難或內在疑惑），不以解決疑難為目標的思維往往流於無病呻吟，不能持久，也難具備邏輯性和反省力。而問題的解決，首重事實與觀念之間有效而密切的相互檢證關係，這層關係的建立，則有待實現科學實驗的精神及方法。

第五節　培養反省思維的教學原則

　　依據反省思維的特質，杜威提出許多教學上應行注意的要項，綜觀而論，不外乎在引發具備主動性、目標性、完整性和繼續性的學習，兼具這四種性質的學習，不僅有助反省思維的開展，也是杜威所謂能表現出欣賞力的學習。杜威說（Dewey, 1933: 279）：任何學科教學的終極檢證準據，都在學生學習時所表現出的主動欣賞能力。以下將依前述四項學習特質，說明如何教學，方能激發學生的主動欣賞力（林逢祺，2003：242-248）。

☽ 一、主動性

　　杜威指出被動性的學習和反省思維是相對立的狀態，代表好奇心、判斷力和理解力的缺乏，是種索然無味的勞役。為了避免被動性的學習，杜威提倡問題中心式的教學法。另外，教師本身的學習態度也極為重要。首先，問題中心式的教學，目的在引發學生對費解、新奇的事物，產生一種敏銳的感受和追求解釋的渴求。當解答困惑的渴

望占據思想時,思維就會活躍起來,就有主動性。沒有解惑的渴望所引發的理智熱情,再巧妙的教學法也是徒然。然而,解惑的渴望是如何產生的呢?杜威指出,學生對於自己熟知的教材往往感到興味索然,對於知識範圍外的事物則充滿好奇。他舉例說(Dewey, 1933: 289),「小婦人」(Little Woman)的故事,女工們興趣缺缺,但是富豪名流的生活世界,她們卻津津樂道、充滿想像。教學要善用人性對新奇的愛好,作為引發思維的動力;如果教材是學生們完全熟悉了的事物,他們的感覺能力就會渙散,思考也會因此陷於停頓。但這並不是要鼓勵人否定舊的、近的、熟知的材料,而是要說明它們只有用於理解新的、陌生的教材時,才能顯現出恰當的效用。在杜威的理論中,教材在新舊、遠近之間要取得一種平衡。離學生生活經驗比較遠的材料,可以提供學習的刺激和動機,比較近的用作觀念的供給和解決問題的材料。換句話說,教學就是在協助學生運用舊的材料解決新的問題。

其次,一般教師在教學的過程中,為教科書所左右,不敢在教學節奏和內容上稍作更動,弄得只會照本宣科,影響教學的主動性和活力,也不利於學生思維的發展。杜威認為,教科書只是手段和工具,不是目的;教師面對教科書應採「迂迴策略」,亦即不直接教授內容,而是從教材中選出中心議題,激發學生就議題在意見、經驗和知識上進行生動的交流。在問題討論中學生不僅能對教師意欲教授的主題得到初步的認識,也產生吸收相關資訊的心理準備。最後,杜威特別強調教師本身對知識的真誠喜好。他說學生印象最深刻的教師,能把自己對知識或藝術的狂熱傳導給學生,使他們產生自行探究的內在動力。杜威深信(Dewey, 1933: 263),教師若是具有真正的知識熱情,其教學自然能散發吸引學生的生機活力;相反的,對自己所傳授的教材毫無興趣的教師,再有趣的學科,也只會在他敷衍了事的心態中,變成死氣沈沈的重負。

☪二、目標性

　　反省思維是有結果，能促進知識和觀念前進的思維，這個特質在思維缺乏目標，或者目標紛雜的情況下，都無法顯現出來。就缺乏目標而言，最常見的是受激進教育思想的影響，一味強調學生中心，否定教師的指導作用；另外是過度強調樂趣的重要，以為隨時都感到輕鬆快樂的學習，才是好的學習。杜威指出若干學校刻意削弱教師在教學過程中的領導作用，以為教師指定的作業或課題，都是強制的表現，違反兒童思想的自主性。這些學校主張所有學習主題都應該由兒童提出才符合心理的主動原則。杜威認為（Dewey, 1933: 274-277），這是以兒童偶然的經驗和興趣，取代教師的智慧和判斷；事實上，凡是適任的教師，對於兒童的需求和可能性，都有深刻的認識，應該得到充分信任。杜威心目中的適任教師擁有精到廣博的知識。博者觸類旁通，能應付意外、新奇的問題；精者深入掌握學科內容，不人云亦云，不為教科書束縛，具備靈活性。再者，知識精湛的教師在教學的過程中，可以省卻原本需耗費在教材上的精力，用於觀察和理解兒童的反應。杜威認為這種觀察和理解的成功要素，在於學科以外的教育相關知識，包括心理學、教育史和教學法等等，有了這些知識，教師才能成為兒童心智的有效研究者。如果教師具備前述諸項條件，我們還不信賴教師的判斷，而放任兒童在經驗的汪洋中盲目摸索，不但反教育，也違背反省思維的發展。激進的兒童中心主義者不信任教師的原因之一，乃在傳統學校裡的教師，總是太過強調學習的目的性，一心追求學習結果，忽略學習過程，使得學習成了苦役，毫無樂趣和思維的主動性可言。但是如果改善這種弊病的方式是反其道而行，只注重學習過程的樂趣，不求學習的結果，也是荒唐的。杜威認為，這是將工作和遊戲割離，以及將結果和過程二分的想法，理想的心智生活，是在遊戲的過程中，嚴謹地達成工作的要求。杜威以藝術家為例，他說，真正的藝術家一方面能自由地針對一個主題探索、玩賞，

不為成見所囿；另一方面又能堅守標準，琢磨技能，完成理想作品。學習就像藝術創造，它的熱情要有適當的主題和對象，才不致淪為純粹的玩樂；它的活動需要方法和標準，才能提昇水準。教育者可在引導學生認識活動之內在價值的過程中，激發其工作熱情，同時又陶養其技能和鑑賞力，才能確保其熱情所誘發的活動不因缺乏能力而徒勞無功，終至放棄。總之，遊戲和工作，過程和目的，在教育上不僅可以而且應該合而為一；激烈的兒童中心主義者，為求學習過程之樂趣，忽視價值目標之選擇及達成，將使思維失去焦點和持續力，成為沒有結果的思維，無益於智能的提昇。

　　思維缺乏目標固是問題，目標太多太雜也有弊端，最明顯的是養成淺薄和敷衍了事的習性。杜威強調思維的目標性，主張教學過程中所提供的思維對象要有明確焦點，舉例時避免東拉西扯，不分輕重。為了使學生對一主題產生脈絡一貫的清楚理解，杜威建議教師們用心選擇範例作為思維的中心。他舉例說（Dewey, 1933: 273），探討河流的特性時，一開始不是蒐集大量的或任意的河流來研究，而是要選擇一條代表性的河流作為分析的焦點，對這條河流有了仔細的討論之後，再選擇別的河流來作比較，從比較中，一方面解答原有的疑點，另方面則可統觀河流之間的共通點。知識在這種既分析又綜合的過程中逐步開展、提昇；然而不能忘記的是，這種分析和綜合需要有明確的焦點，才能發揮效能。

☪三、完整性

　　反省思維的完整性表現在觀念或假設得到充分的驗證。綜合杜威的見解（Dewey, 1933: 268, 271-272, 218-219），教學上要培養完整思維的習性，需注意幾個要點。第一，教學過程中，應在適當時機，回顧並檢視學生的學習所得，其內容包括：學生對教材理解的程度如何？是否能運用所學作為進一步研究和學習的工具？思維態度是否提昇了？這些教學檢視項目的執行，事實上是在幫助學生瞭解思維的內容和態

度必須通徹，學習的意義才能顯現。第二，要求學生證明自我提出的觀點。學生在課堂中提出的論點不但應該得到教師的尊重，同時也需要教師的引導，以充分表達其論點所代表的意義，並證明其正確性或合理性。論點凡是經過詳細論證，不論最終得到肯定或否定，都是有結果的思維，合乎完整思維的要求。第三，給予學生充足的構思和驗證時間。絕大多數嚴肅的議題都需要長久的時間進行構思和實地研究。杜威說，思維有其專注期和潛伏期。在專注期，思維針對主題深入地進行資料的蒐集、分析，和假設的考驗。思維在這個階段中，有時會陷入「空轉」的現象，也就是腦子裡堆滿了想法，但不論怎麼運思，就是產生不了突破性的進展。遇到這種瓶頸時，杜威認為研究者應該轉移焦點，暫停對原有主題的思考，即使什麼都不做也好。這是給腦子度假，讓意識鬆弛，進入思維的潛伏期。杜威說（Dewey, 1933: 284），在思維潛伏期間，統攝紛雜事實的原理原則有時會奇妙地浮現，使混淆的變清晰，紊亂的變成井然有序。但這種幸運並不是平白產生的，唯有思維在先前對問題的各種相關事實曾經反覆而深入的探究，才可能在潛伏期中有這種意外的發現和解答。總之，思維運行的節奏中，專注期和潛伏期是交替的；思維要有重要成果，兩者皆不可免。時下的教育，在資訊化和市場化聲中，求速、求近利已成教學的主軸，學生在學習或研究的過程中，沒有太多機會專注地思維，思維的潛伏期則根本是奢望，大家一廂情願地陶醉在表面的進步之中，不知道具有認知深度的思維完整性為何物。

☾★ 四、繼續性

思維的繼續性是杜威教育理論中的核心思想。繼續性表現在思維的開端、推展及結果的達成上。換句話說，它是思維活動中持續存在的一個特質，如果失去繼續性，就代表失去提昇的可能。思維是如何失去繼續性的呢？第一是缺乏主動性，亦即思維者沒有解決困惑的動機，或求取更深入理解的熱情，這種思維如同失去燃料的汽車，無力

前進。第二是缺乏目標性。思維的目標要明確、集中。所謂「明確」指思維者本身能完全理解思維目標代表的意義，同時認同該目的之內在價值性。杜威說教育者提議的學習目標，必須是兒童能夠領會並且樂意採納的「視野中的目的」（end in view）；學習的目的如果是不可理解的，或來自外在強迫，學習者的思維如何可能具備繼續性。再者，所謂「集中」是指思維的目標要聚焦，如此思維才能在變化中，求取統一性及繼續性。思維失去繼續性的第三個原因是缺乏完整性。思維充分開展，徹底地驗證一觀念或假設而有所得，就是具備完整性。思維若能有完整性，除了一方面是智識上的成長，增強思維後續開展的潛力；另一則是心理上的滿足，這是圓滿完成有意義的事情，而得到的情感上的激勵，可助長後續深入研究的熱情。易言之，思維的完整性帶來了理性和情性同時得到提昇的全人成長效果，並在其中創造出繼續探究的能力和活力。在此，我們可以清晰地理解為什麼杜威說（Dewey, 1916: 59）：教育是經驗繼續不斷重建的過程；又說（Dewey, 1916: 62）：學校教育成效的判準，在於是否能在學生身上創造一股繼續生長的欲求，以及是否能提供學生實現此欲求的方法。

總之，思維的繼續性表現在思維具備了前此深入探討過的主動性、目標性和完整性，它既是理想思維的內在特徵，也是其結果。

杜威的反省思維包含主動性、目標性、完整性和繼續性等四項特徵已如前述，而擁有這四項特徵的思維，也可以說是達到欣賞狀態的思維。杜威認為，當我們對一事物有了充分的理解和經驗，進而使心神和該事物融為一體時，便是達到了欣賞的狀態，這種生動欣賞並不是在娛樂活動中或實務科目的學習中才會產生的，即便是理論性的科目，學習者也能因心領神會而湧現欣賞和熱愛的激情；我們不能把人心二分為情性的部分和理性的部分，在理想（也就是欣賞）的存在狀態中，兩者是合一的。而任何學科的教學都應以創造生動欣賞的學習為標的，因為唯有如此，才能使學習者的「理性和情性、意義和價值、事實和想像連成一氣，塑造品性和智慧的整體。」（Dewey, 1933:

278）質言之，杜威提倡的反省思維，就是希望激發學生欣賞力的教學，應該立定的明確標的。

第六節　反省與結論

　　由前述的討論，我們可以清楚地理解思維歷程的分析，就是知識形成歷程的分析；瞭解有效思維為何，乃是掌握有效教學方法不可或缺的工作。教學的目的在傳遞知識，也在協助學生創造知識，而這兩項任務的達成，從《思維術》的反省思維理論中，可以得到許多值得參考的答案。

　　然而《思維術》所倡導的以解決問題為核心的反省思維和科學思維，並不是人類有意義的認知行為的全部，這一點不能不加注意。以下試分三個向度來說明這點。

　　首先，人類的思維不一定在遭遇問題的情況下才會活躍起來。舉例來說，一首感人的詩，一曲動聽的音樂，或者一部精彩的小說，都有可能帶給我們無比的快樂和安慰，甚至是偉大的啟發。當我們欣賞這些作品時，雖然沒有什麼有待解決的問題在催迫著我們，但我們的思考可能被啟動。這時的思考方式不是《思維術》所強調的科學假設及驗證的模式，而是近乎直觀的洞識，且其結果有時可以完全改變我們的知識及生命觀。非常重要的是，在文學和藝術的欣賞中，我們不僅有理性思維活動，情感也被打動了。這種由文藝激發出的感動、安慰、共鳴、淨化和昇華的精神作用，乃是情感教育的珍貴資產；而這種情感及精神作用恐怕不是《思維術》中所強調的科學的「觀察－推論－驗證」模式，所能完全解釋的（李常井，1987：47）。

　　杜威在他的另一部名著《藝術即經驗》（*Art as experience*）中，對藝術作為一種獨特而不可取代的覺識途徑，有深入的說明。在該書中，杜威明言（Dewey, 1987: 277），藝術助人跳離機械及物理的關係，使經驗在想像中自由而不受阻礙地開展。而美感經驗因為有這種自由

開展的空間，所以可以發展為一種「完整而真切的經驗」。在藝術活動中，我們的直接經驗可以同時得到「集中與擴大」（Dewey, 1987: 277）。換言之，藝術以富想像力的形式，將人類直接而真實的經驗，生動而完整地突顯出來，使之成為可以深刻掌握、領會的對象。杜威（Dewey, 1987: 205）舉例說，一幅成功的樹木或岩石的繪畫，可以使樹木或岩石的「獨特實在」（characteristic reality），以前所未見的明白形式顯露出來；而其所顯示的意蘊，超乎物理上的內涵。正因為藝術在觸發想像及知覺敏銳上，有其獨特的能力，所以杜威說（Dewey, 1987: 349）：藝術是「莫上的教導工具」。又說（Dewey, 1987: 352）：藝術的預測模式是圖表和統計方法所缺乏的，且其表現各式可能人際關係的巧妙能力，也不是任何其他的規則、格律、忠告或作為所可匹敵的。總而言之，在杜威的思想中，藝術是獨立於科學方法之外的一種無可取代的重要覺知模式；而《思維術》所強調的科學思維，也只是杜威認為有價值的認知途徑之一而已。

如果單以《思維術》的科學方法來研究和認識外在世界，或者奉科學方法為至高的認知圭臬，將會產生一些值得憂慮的問題，這是有關《思維術》的應用值得提出的第二個反省面向。前此解釋《思維術》的科學觀時，說明抽象化在科學研究中的重要性，並且舉例說馬拉車、火推進火箭、洪水衝擊堤防等等現象都是力的表現，透過力的抽象概念，馬力、火力、水力找到了共通的計算值，原本表面上非常不同的現象，於是可以比較、計算、預測和控制。不過科學這種為了探究或控制外在世界而採行的「等單位化」作法，容易使人陷入單向思考。其弊端不僅會有如羅素（Russell, 1961: 782）所講的，冒瀆宇宙的危險，也會讓我們失去認識世界多樣面貌的機會。馬力、水力、火力固然都是一種力的表現，但馬、水和火畢竟是非常不同的，當我們只從科學的角度來算計和研究世界時，將看不到馬的情感、水的柔媚和火的舞姿。海德格（Heidegger, 1993a: 337）批評近代科技導向的思維時指出，科技思維將研究對象「架構化」（enframing），並使人誤以為

呈現真理的方式只有強調整齊劃一的科學方法一途，這將危及人的自由本質。他說（Heidegger, 1993a: 333）：「當架構化統治一切時，也是最危險的一刻。」但又樂觀地說：「危險之所在，即救贖力量（saving power）誕生之處。」海德格心目中的一個重要救贖力量，來自於他所謂的「詩意」（the poetical）。在「詩意的呈現」（poetic revealing）中，前文所說的「馬的情感、水的柔媚和火的舞姿」，才能清晰地表現出來；而當我們看清這些時，宇宙是多樣的、有情的、值得愛護的，於是在這一刻，我們的生命也從物化的危機中解救出來，得到意義的肯定。

　　誠然，只從物理組合和化學變化的角度來思考世界，人生的意義是貧瘠的。正因為如此，現象學宗師胡塞爾（Husserl, 1970: 3-16）才會說，歐洲科學的危機乃在於忽視人類所面臨的最急迫的一個問題：存在的意義為何？為瞭解除這個危機，胡塞爾認為我們必須對處處以客觀中立為念的科學採取「存而不論」（the epochê）的作法。亦即在生活的過程中，要能時時透過想像的轉化，暫且擱置科學的興趣、目的和活動方式，讓事物在觀察者毫無成見的關照中，呈現出本然的容貌。胡塞爾深信（Husserl, 1970: 135-137）如果我們能在生活世界中，對包括科學在內的各式僵硬模式採取存而不論的「徹底現象學態度」（the total phenomenological attitude），將可以達到更勝於宗教皈依的「至高存在轉化」（the greatest existential transformation）。只可惜，這種至高存在轉化似乎尚未來臨，今日的世界，仍然是科學至上態度所主導的世界；而人類的存在危機不論在物質面或精神面上，都面臨著空前嚴峻的考驗。

　　海德格（Heidegger, 1993b: 347-363）從「培養安居思維」（building dwelling thinking）的角度出發來思考人類這種存在危機的解方。他說，我們因為要有安居的住所，所以才有建築的活動。但不是所有的建築物都適合人類安居。例如橋樑、廠棚、體育館、發電廠、高速公路、火車站、市場、水壩等等都是建築物，但卻不是一般人能夠安居的住

所。我們在地球上，為了生存，而有各式各樣的研究發明，科學發達的結果，雖然使生活得到許多便利和舒適，但是我們也憂慮地球在不久的未來將不再適合人類生存。為了永續安住，海德格認為（Heidegger, 1993b: 350-353）人類的行為必須以天（sky）、地（earth）、神（divinities）、人（mortals）四者的「根本融合」（a primal oneness）為目標；不論我們從這四者的哪一個角度出發，都要同時兼顧其他三者，由此成就天地神人一體的「四重性」（the fourfold），也保全人類安居的住所。以安居為著眼點的思維，不會因為人類的近利而漠視神旨、濫墾大地或干擾天體運行。這並不是說人類不應進行科學研究或創造發明，而是認為從事任何創造都要設法保護萬物，使萬物各得其「所」。例如為了交通，我們會蓋橋樑，但我們的橋樑要蓋得讓河水能自在順暢地流動、兩岸的生物不受侵擾（甚至更加悠閒自得）。海德格說（Heidegger, 1993b: 351）「安居的基本特性是保全」，在我們安居的住所中，萬物共享寧靜、自由，並能保全自身的本質。而當我們不能依循海德格所說的這個理想，而純以宰制萬物、征服宇宙的角度來發展科學時，終將無法在地球上覓得安身之處。以科學為核心的思維觀，缺乏海德格在這裡所表達的「安居思維」，過度強調的話，將陷人類於險境。

　　杜威在《思維術》中雖然強調科學方法的重要性，但他反對唯物、機械的自然觀（Dewey, 1958: 21-23），也否定科學發展可以取消人類對精神意義（如宗教情懷）的渴望及追求（Dewey, 1934: 1-2）。杜威說（Dewey, 1958: 21），自然現象並非都是整齊劃一而可明確認知的對象，相反的，自然蘊含著無數潛在的可能和新奇變化，也有其晦暗不明的一面，所以不宜用「科學的純化對象」（refined object of science）為樣板，將自然的一切都化約、轉變成同質的研究、計算材料。他進一步指出，自然不僅是人類認知的對象，也是人類行動、情感和意志的對象；只以認知的角度出發來瞭解自然，又以為這是至高無上的路徑，最終將會使認知失去意義脈絡。杜威說（Dewey, 1958: 23）：無所

不在、無所不包，而又獨占一切的知識，將因失去所有脈絡，而不再具有任何意義；把某種知識擺到至高無上、自我完足的地位，之所以會得到這種後果，乃在於任何知識都無法把我們確實經驗到的非認知材料排除在外，因為這些材料正是「認知內涵」（what is known）獲得意義和脈絡的來源。所以，我們可以看出，杜威不願意把科學所「認知」的經驗和自然，視為經驗和自然的全部，這不是要否定科學認知，而是認為科學知識要放在人類全面經驗的脈絡下，才能得到恰如其份的認識；而以這樣思維來進行科學研究，就可以和海德格的安居思維及詩意想像並行不悖。

最後，人類所面臨的問題，不是每一樣都能用科學方法解決，所以，《思維術》中以問題解決為軸心的教育方式，並不能適用於所有的問題情境（李常井，1985：20-21；李常井，1981：55；Peters, 1981: 85-86）。例如，面臨生離死別、天生的缺陷或不足，以及自我失調等等問題時，一個人所需要的情緒調適能力可能更甚於問題解決能力。情緒的調適需要心理上的建設、轉換和超越，對意志和情感的考驗更甚於認知。在這類問題上，文學、藝術、宗教和哲學等人文精華的價值特別明顯，而科學思維就顯得不是那麼能夠派上用場了。

總之，《思維術》所強調的反省思維，是以科學的方法及精神為典範，運用得當對教學原理及其實際踐行，有莫大的啟發。不過，科學思維並非唯一有價值的思維，也不是至高無上的思維。如果人類處處以科學思維馬首是瞻，不僅生命意義會萎縮，生存條件也可能日益惡化。這點是我們應用《思維術》的理論時，必須留意的。

第四章

市場導向的知識教育

第一節 前 言

在後冷戰時期的二十一世紀，有兩股勢力強烈矛盾，但其矛盾卻鮮少為一般大眾察覺。首先，多元價值及多元文化並存的事實，於今日世界普受正視，並被認為是健康社群的一種表徵和社會發展的潛力所在。因此，「多元」不僅被接受，更被大力提倡。矛盾的是，在這種趨勢之下，另一股力量卻持續逆勢操作，無聲無息地入侵各組織系統的中樞神經，並成功掌控絕大多數人的意識。只要這個勢力居於主控吾人意識的情勢不變，企求文化及價值的多元發展，無異緣木求魚。而這裡所說的「另一力量」，指的就是「市場化」（marketization）風潮[1]。

所謂市場化，是指以「市場經濟」（market economy）為圭臬，主張一個不受集權干預，個人或團體完全憑自由意志進行交易活動的市場。在這個市場裡，買方和賣方的互動，決定該生產何種產品、如何生產和為誰生產等等問題（McLeish, 1993: 445）。目前，市場經濟不但普遍被認定為經濟活動的主流，更有成為指導其他非經濟活動之最高原則的趨向。影響所及，凡是追求卓越、效率的單位，莫不以自由、競爭等市場化的原則，作為政策擬定和「改革」的方針。而市場化也因此得以在強調多元並存的時局裡，悄悄成為全球一元化的強力推手，並且有成為另類「世界宗教」的態勢。

本文的目的旨在探討，市場化的運作邏輯一旦成為教育活動的主

---

[1] 有些論者似乎相信市場化和多元不僅不矛盾，而且是一體兩面。例如我國民間團體「大學教育改革促進會」即認為（大學教育改革促進會，1993：23），將大學：「擺在自由市場上互相競爭，……可以促進高等教育多元化……。」然而根據西方學者的研究（Apple, 2001: 100），將教育市場化之後，更多元、更符合個別學生需求的課程，並未如市場的樂觀信仰者所預期的那樣順利地產生。

要規準以後，對教育之中的知識地位、知識傳遞過程以及此一過程中的人，將會帶來何種強大的衝擊；並藉由指出教育邏輯與市場邏輯不可相容之處，闡明傾向或服從市場邏輯的教育可能會喪失哪些寶貴價值。盼望由此探討可以提醒教育的執事者，切莫輕易落入重商狂潮裡的「劇場偶像」。

第二節 「無形之手」的興趣

市場化的風潮所以能攻占全球，成為當今最有力量的意識型態之一，在於市場化的優點，常能透過主政者或市場主控者的鼓吹，輕易贏得大眾的認可。平心而論，這種鼓吹所以能奏效，與人類在真實生活經驗之中，對市場經濟的優點普遍有所體驗密切相關。實際上，早在史密斯（A. Smith, 1723-90）的《國富論》（*An inquiry into the nature and causes of the wealth of nations*, 1776）中，市場經濟的長處，便已得到系統的闡述和積極的頌揚。史密斯（Smith, 1993）認為，人們將過剩的產品投入市場，依供需制定價格，一方面可使人類的力量和資源運用在最需要的地方；另一方面，這種價格自由浮動的市場，會使生產者更勤勞、更有效率及更富創意，而消費者因選擇的需要，也會變得更明智、更具反省力和更懂得吸收資訊的重要。在自由的市場經濟裡，個人要消費，大多需要透過生產；有生產力才能實際地談消費力。而生產者和消費者在完全自主的情況下，表面上依追求利潤的自私邏輯而運作，但在市場機制的「無形之手」（invisible hand）的操控下，個人的一切市場活動，卻能為社會福祉帶來最大的貢獻。史密斯說（Smith, 1993: 291）：每個從商的人都會竭盡所能地運用他的資本來支持自己在國內的產業，全心經營該產業，使其得以創造最大利潤，在這過程中，每個人實際上是等同於戮力在增加社會的整體歲收。史密斯承認商人對社會福利的貢獻大多是無心的，他說（Smith, 1993: 291-292）：

的確，通常他既無意於促進公共利益，亦不瞭解自己對這種利益有多大的貢獻，……他只在意自己的安全；而且在經營產業使其創造最大利潤時，所想的也只是自己的收入。他在這一方面，就像在其他方面一樣，都是受著無形之手的導引，而於無心之間提昇了一個目的。這個目的不在其意念之中，並不一定對社會有害。他在追求私利的過程中，通常比他刻意要提昇社會利益時，更能增加社會利益。

　　至於「有形之手」，例如政治人物的干預，警察、司法和反托拉斯機構（anti-trust agencies）的運作等等，只有在不得已的時候才介入。史密斯相信身在市場中的個人，最瞭解什麼是最有利和最有效的做法，所以對他們外加太多的規範和限制，只有破壞市場運作的機能，致使無形之手傷殘，難以實現謀社會之最大利的目的。以雜貨店的設立而論，史密斯認為（Smith, 1993: 215）：政府根本不必約束雜貨店的數量，因為一個城鎮可銷售的雜貨量取決於該鎮及其鄰近地區的需求量，店家愈多，競爭愈激烈，貨品也會愈加低廉，同時店家們聯合哄抬價錢的機率也會跟著下降。店家之間的競爭也許會使得一些店舖倒閉，但這是當事人自己要小心的事，政府大可安心讓商家們自己來決斷開不開店的事。總之，史密斯標舉的是鮮明的自由市場觀，對自由市場的信仰極為堅定[2]。

　　在《國富論》出版二百多年以後的今天，回顧一下「無形之手」

---

[2]　史密斯雖然對自由市場有信心，但對市場中的商人，他採取的是絕對的自私論觀點。他認為（Smith, 1993: 157）商人的利益有時與公眾利益不同，甚至相反。商人念茲在茲的是擴大市場，縮小競爭，以確保利潤，而這將使一般市民承受不合理的商品價格。因此史密斯提醒我們，商人這一階級所建議的任何新商業法規，我們都應戒慎恐懼的加以審視、提防。遺憾的是，史密斯對自由市場的信心對後世的感召力雄厚，但其對商人階級的保留，我們大多不以為意，或者說我們抗拒商人的力量根本是微乎其微。

的運作，我們實在不敢對自由市場經濟抱著和史密斯一樣的樂觀態度。首先，我們發現市場經濟過度強調工具理性，需要的是以利益掛帥的單向度思考者。純以私利為考量的個人或企業，完全把勤勞、效率和創意放在利字上表現，嚴重扭曲人性，並造成對勞方的壓榨，因生產而對地球和生態的破壞，更是到了令人觸目驚心的地步。至於消費者在市場經濟系統裡，也未必產生更明智、更具反省力的消費行為。相反的，消費者時常在商業廣告的蓄意催眠下，養成「丟棄式消費」（throw-away buying）的習慣，人們透過消費而占有的事物，總在新產品不斷上市，和廣告的競相暗示下，快速成為過時、落伍、令人生厭的東西，甚至叫人產生「若不丟棄即為可恥」的心理。總而言之，市場化以後，為了商業利益競爭，而產生的過度生產、壓迫勞力和刺激盲目消費等等現象，在在說明了無形之手，難為社會福祉提供穩當的保障。

第三節　教育的市場化

事實上，市場化的經濟對於人類社會所可能產生或者已經產生的危害，人們並非不瞭解，可是它的影響力卻是有增無減，連教育活動也難逃市場導向的擺佈。的確，自一九八〇年代前後奉行新右派（New Right）經濟策略的柴契爾（M. Thacher）和雷根（R. Ragon），分別在英美主政以後，「教育市場化」（the marketization of education）即逐漸成為大家熟知的一種政策和口號。

根據柯文（Cowen, 1995）的說法，市場導向的教育體系（market-driven educational systems）有兩大特徵。一是營造教育的內、外部市場（an internal market and an external market）；二是創造某種教育的巨觀和微觀的意識型態（a macro-ideology and a micro-ideology）。首先就教育外部市場的建構而論，其核心策略在使教育機構的運作經費，必須仰賴政府以外的「顧客」（customers），例如工商企業、研究基金會、民

間社團和學生等等。經濟仰賴外給，教育機構自然要隨時調整自己，以應「顧客」的需求。台灣政府於民國八十八年二月訂頒大學校務基金條例，要求各公立大學，自籌一定比例的經費，並准許各大學在學雜費上採取彈性收費制，表面上是要促成大學的財務自主，實則在製造大學財政的不穩定感和危機感，並迫使公立大學在經濟方面尋求政府以外的奧援，以達營造大學教育之外部市場的目的[3]。我國高等教育政策會走向這個路徑，和行政院教育改革審議委員會的提倡可以說是密切相關。該會倡議：「合理分配高等教育資源，擴大民間資源投入，逐步放寬學費限制。允許對私立高等學府的捐款比照公立學校享有同等的稅賦減免。強化高等教育的市場機能，並提供私立大專學校彈性經營空間。」（行政院教育改革審議委員會，1996：30）這種以合理分配資源為名，行迫使公立大學自籌財源之實的主張，對台灣高等教育外部市場的形成頗有推波助瀾的作用。至於高等教育的內部市場，英美等國主要透過評鑑系統的建立來達成。評鑑系統建立之後，各大學依政府立定的統一評鑑規則，爭作辦學效率的競賽；政府藉評鑑結果的公布，鞭策大學，並依評鑑成績高低，給予受評鑑大學相應的賞罰。台灣教育部對各公、私立大學的評鑑活動，大致亦依著這個方向在進行；而行政院教育改革審議委員會，則同樣也是這種政策的鼓倡者，該會認為「政府可依評鑑結果，決定監督高等教育品質的措施，並公開各高等教育機構品質的相關資訊，激發進一步提昇品質的動力。」（行政院教育改革審議委員會，1996：61）。總之，就高等教育的內、外部市場的創造而言，台灣已經仿效英美逐步推動，並且有了市場化的雛形。而教育部也不諱言，要加速大學卓越化之實現，須依循之第一項規準，乃是：市場原則（教育部，2000：74）。

其次，在教育市場化的意識型態建立方面，柯文所謂的「巨觀的意識型態」，指的是強調國家在新一波劇烈的國際競爭中，正面臨前

---

[3] 參見：教育部，2000：20。

所未有的挑戰與困境，必須配合教育的市場化改革，才能使國家取得國際競爭的優勢地位。這類意識型態的提倡，不僅在歐美常見，東亞的市場經濟體系，如日本、香港、新加坡、台灣，甚至是中國大陸亦復如此 *4*。至於「微觀的意識型態」，則是倡議「教育為一種市場」（education as a market place）的觀念。目前在教育的領域裡，已慣見運用市場經濟的概念，如「顧客」、「生產者」、「行銷」、「選擇權」、「多元化」、「自由競爭」等，來構思教育的運作模式（Symes, 1998）。更明白的說，市場供需原則和經濟理性，已有凌駕一切，成為指導教育活動之優先觀念的趨勢。

第四節　教育邏輯與市場邏輯

　　現在我們必須嚴肅思考的問題是「教育活動和市場經濟可以完全相容嗎？」關於這點，麥慕曲（McMurtry, 1991: 209-217）曾就目標、動機、方法和評價標準等方面，分析教育和市場經濟之間不可相互化約的理由。就「目標」而言，參與市場經濟活動的企業或個人，主要在於累積「私有」的財富；而教育則在增進與傳遞全體人類「共享」的知識。「私有」財富的累積，具有排他性，所以才成其為「私有」；知識的增進與傳遞在教育裡，並無排他性，知識愈為大眾所共享，代表教育愈為成功。市場化以後的教育，把「知識」作為競爭和累積資金的工具，造成知識市場化、私有化，與教育的終極理想大相逕庭。次就市場和教育在「動機」方面的差異而論，市場機能的有效運作，關鍵在於能否滿足顧客目前的動機或心理需求；教育活動的推展，在於發展受教者的健全認識能力，而且不論這個目標是否滿足受教者目前的心理需求，教育仍需設法推行。市場以滿足顧客慾望為前提，有

---

4 參見戴曉霞、莫家豪、謝安邦（編）（2002）。**高等教育市場化**。台北：高等教育。

錢買得起貨品的就是大爺、顧客萬歲、「顧客永遠是對的」，對於那些沒有錢、買不起貨品的人，則是不屑一顧。

相對的，教育以完成知識傳遞為理想，凡是能學、肯學的，不論其經濟條件如何，教育均有義務協助其完成願望，至於受教者與「成長」相違背的需求，教育則不僅不支持，甚至設法禁止—市場的顧客無過失主義論調，就教育而言，無異理想的放棄。

復次，就市場和教育獲取目標物的「方法」而言，市場中，有錢即可獲取欲求的物品；但在教育上，除非受教者本身付出心血，勤於思維，否則再多的財貨，也買不到知識和理解的能力。此外，商品和知識經過使用之後的「價值轉換」（value-transformation）也不同。市場商品在使用過程中耗盡或老舊；教育過程中所獲得的知識，卻是愈經使用，愈加成長，愈有價值。

教育市場化的危險之一，就是製造「教育可購買」的浮濫文化，學習者只想以輕鬆快速的方式接受知識餵食，不願艱辛的自我研究、咀嚼過程，大大壓抑主動自律的學習精神和文化本身的內在價值。

另外就市場和教育在「評價標準」上的差異而言，市場商品講求「暢銷」、「零故障」（problem-free）、「耐用」；教育所傳授的內容，則注重「客觀公正」，以及「問題洞識能力」的培養。為了「暢銷」，商品廣告無所不用其極地挑起消費者的潛在慾望，勾引其搶購衝動。亦即，商品廣告是單向的灌輸，避免觸動消費者的反省思維；而商品的販售成效，有一部分即寄託於生產者對消費者的蒙騙，是否能夠奏效而定。如今有的消費者已經醒覺到：「買得愈多，就必然被騙得愈多」（Illich, 1971: 112）。相對於商品販售的欺蒙慣性，教育重視傳授無私、客觀的知識，並鼓勵受教者對接收的資訊提出批判、反省；教育者不以傳遞的知識被發現瑕疵而憂怒，反而視學生的這種表現為一種教育成就。如果說教育活動是一種「買賣」，則其必然是一種非常特殊的買賣——它鼓勵「退貨」。

更進一步闡釋麥慕曲的觀點，我們可以說，商品行銷所強調的簡

便好用、零故障和售後服務，運用在知識教育上反而是個諷刺。例如，像「傻瓜相機」那樣的「傻瓜知識」，一定沒有學的必要；「零故障」的知識不存在；使顧客仰賴「售後服務」的教育，不如顧客「自行服務」的教育。商品的目的在製造消費者的依賴，顧客愈是依賴的商品，就市場邏輯而言就是愈成功的商品。目前世界上的人依賴微軟公司（Microsoft）的程度有多高，只要想像一下微軟的任何一項主產品出問題，全球將會陷於何種癱瘓狀態，即可了然。無疑的，微軟在市場上是極度成功的，而我們對微軟的極度依賴，則使我們顯得何等「微小」（micro），何等「軟弱」（soft）。和商品製造消費者之依賴性的企圖相反，教育的目的在於促進受教者的獨立自主，而這個特質是教育愈被市場化，愈要被大打折扣的。國內坊間的補習班是教育市場化後，傾向製造學子學習上的依賴感而非獨立性的鮮明例子。在補習班裡，知識是營利的商品，經營者想盡法子將傳授的知識內容套裝化、階梯化：不但每一套課程（知識商品）的價格有別，而且極力營造一種爬升完每一階梯的學習才是完整學習的心理；強烈暗示要學得好，只有依賴補習班才有可能。迷信補習的流風所及，使得台灣許多學子不僅童年補習，甚至碩士班入學考試、博士班入學考試、證照考試等等，無一不補，依賴補習班之深，莫此為甚。如果說補習班生意興隆的景況，即是台灣學校教育失敗的寫照，實在是一點也不為過。西方非學校化（deschooling）理論的倡導者伊力齊（I. Illich, 1926-）對現代學校體系的市場走向提出批評，撻伐現代學校不力思抵禦資本主義無限擴張之道，反而仿效資本主義社會中的商業活動，製造人不斷進行「學習消費」的心理成癮傾向。伊力齊指出（Illich, 1971: 52-64），現代的學校教育，不再像是自來水公司或郵政系統等滿足人類必要需求、增進自主行動力的「互惠型制度」（convivial institutions），而是設法誘使人不斷回校園進行教育消費的「操控型制度」（manipulative institutions）。學校不鼓勵、不熱衷於獨立學習精神與能力的培養，反而暗示學習者要學習勢必得受教於他人的依賴念頭。伊力齊發現（Illich,

1971: 55）：操控型制度有許多心力和開支，都是用在說服消費者「若是沒有這個制度所提供的產品和照顧，他們將無法生存」。伊力齊斷言在這種氣氛底下教育出來的人，過的絕不是信仰自己、熱情主動的「行動型生活」（life of action），而是期待他人照護、依賴制度哺乳的「消費型生活」（life of consumption）。換言之，市場邏輯宰制教育活動之後，社會培養出自律個體的機會更形渺茫。

歸結上述有關市場邏輯與教育邏輯的討論，茲以下表呈現兩者之主要差異如下：

表一：市場邏輯與教育邏輯的比較

活動＼場域	市場	教育
目　　標	私有財貨	共享知識
動　　機	迎合顧客需求	充實學生能力
方　　法	促成買賣	引發思維
評價標準	增強顧客依賴程度	提昇學生自律水準

第五節　教育市場化的「文化成本」

主張教育應當引進市場經營邏輯的人可能認為，處於經濟競爭白熱化的時代裡，國家不積極應戰，就只有坐以待斃（fight or die）。而教育作為國力之一環，亦不得不在提昇國家經濟競爭力方面，肩負起關鍵任務。他們主張：教育一方面以培養符合市場競爭優勢的人力（manpower）為目標[5]；另方面則引進自由市場的經營原則，以使辦學

---

[5] 符合市場競爭優勢的「人力」並不一定有優質的「人性」（manhood），教育的大本應在人性而非人力。

更具效率。這種經濟決定論（economic determinism）所沒有說明的是，教育會不會、值不值得為了經濟而放棄或改變自己的理想，也未探究是不是經濟目標滿足了，就可以定義人之所以為人，或者教育之所以為教育？再者，引進自由市場經營原則的教育，如果會變得更有效率，究竟是在哪一方面變得更有「效率」，也值得一問（McLaughlin, 1994: 153）。為了市場式的效率，而使教育商品化（the commodification of education）是幸或不幸？當人們以為市場經濟的自由競爭原則可以拯救教育缺乏效率的弊端時，是否料到市場的自由邏輯宣布勝利的那一剎那，很可能也是學術和文化宣告沒落的開始。受市場思維主控的教育，也許可以培養出經濟上的自由人，但這種經濟自由人，卻可能成為新一代的文化野人（a new barbarian）：看重個人所得高低，輕忽社群生活及文化深度。對於教育市場化以後可能要付出的種種文化成本，我們可以完全不考慮嗎？

☾★一、大學科系的職業導向化

教育一旦走向市場化，政府在擬定教育政策時，往往市場的考慮先於社群考慮；經濟優先，文化其次。後續效應是教育在文化陶冶和社群整合方面的功能被壓低，大學生的文、史、哲等科系，逐步面臨凍結、縮編，甚至裁撤的命運[6]。續存的人文科系，紛紛改走「應用」

---

[6] 哈伯瑪斯（J. Habermas）在《知識與人類旨趣》（*Knowledge and human interest*, 1968）一書中，將人類的知識分為三類（Habermas, 1972: 308-311）。一是「經驗分析的科學」（empirical-analytic sciences）；二是「歷史解釋的科學」（historical-hermeneutic sciences）；三是「批判的科學」（critical sciences）。哈伯瑪斯指出，人類的知識發展與生活旨趣息息相關。依據其主張，經驗分析的科學是人類「技術認知旨趣」（technical cognitive interest）的實踐與結果。這方面的知識最主要的構成元素是自然科學和科技。人類為了瞭解、預測和控制大自然界，必須對萬事萬物的因果法則作透徹的研究，這種研究的結果建立起一些在經驗界中可以證驗的普遍法則，而把這些法則應用在物理世界的操控，即是所謂的科技。其次哈伯瑪斯認為，歷史解釋的科

路線，然而即便如此，所得之於國家的研究支助，與理工、科技學系相比，仍是九牛一毛，少得可憐。這種現象在我國甚為明顯，而執教育市場化之牛耳的美國，更不在話下（Kennedy, 1997: 157-158）。文、史、哲等科系幾乎面臨凍結之同時，一批批新興的「科技」校、院、系卻接踵成立。試看我國教育部九十三年核准新設之大學系組如表二所示。

　　在表二中，四十五個新設系組中，人文類的只有七個，而且其中許多仍然以「應用」為導向，由此可見我國大學及政府如何受市場邏輯主導的景況。學生們在此浪潮的席捲之下，大多重視技術、應用等職業導向課程，視基礎思維課程為投資浪費。他們講究選讀某一科系、科目在經濟上是否「值得」（value for money），追逐能提供「最高經濟效益」（best values）的學校。這種心態下的學生只是「顧客」，不一定是喜歡或勤於思維的主體（Readings, 1996: 27-29）；大學教育裡的師生「熱衷

學導源於人類的「實踐認知旨趣」（practical cognitive interest）。人類作為一社會性的存在，為了維繫社會的穩定與發展，必須確保其成員之間存有高度的相互理解，這個目的之達成、維持和擴展，有賴社會行動主體透視自身的歷史及傳統文化脈絡，並與別人藉由對話、辯證與溝通，取得對社會活動之意義的「互為主體性」（intersubjectivity）或共識。這個領域牽涉社會行動科學，其內涵包括如經濟學、政治學、社會學和史學等等研究範疇，雖然這些研究也和經驗分析科學一樣有建立「法則化知識」（nomological knowledge）的企圖，但其不似經驗分析科學那樣完全倚賴觀察，其目標在於人我行動意義的理解及共識的達成，對文本、文化和傳統的解釋和認識特別重視。最後，哈伯瑪斯所謂的「批判的科學」，強調主體透過自省（self-reflection），對個人的意識或社會的集體意識型態進行分析和批判，以求達到自我的理解和解放。總之，批判的科學是一種人文價值的關懷，受人類自我救贖的「解放認知旨趣」（emancipatory cognitive interest）的催化。在人類歷史的發展過程中，哈伯瑪斯所描述的三種認知活動幾乎都是同時存在的，不過都有倚重倚輕之別。而我們的時代則因為市場利潤的動機主控一切，認知旨趣無限向「技術認知旨趣」中的科技靠攏，其餘旨趣幾乎僅剩裝飾作用。

表二：民國九十三年大學新增系組

大學	新增系組
交通	人文社會、光電工程、傳播科技、資訊與財金管理
台師大	機電科技
台北大	資工
高雄大	資工
高師大	生物科技
中師院	台灣語文、資訊科學
國北師	造形設計
台東大	英美語文
南師院	生物科技、資工、數位學習科技
聯合	台灣語文與傳播、能源與資源、資工
大葉	生物資源、歐洲語文
中原	生物環境工程、景觀
中華	休閒遊憩規劃與管理、通訊工程
玄奘	應用數學
長庚	醫學影像暨放射科學
南華	財金、資工、外文
高醫大	呼吸照護
逢甲	光電
慈濟	英美語文
義守	健康管理、營養學
實踐	休閒產業管理、行銷管理、金融營運、家庭研究與兒童發展、國企、資訊科技與通訊、資訊模擬與設計、餐飲管理
輔仁	職能治療
靜宜	資工、資訊傳播工程

資料來源：大學考試入學中心 2004.2.5.

生財」（love of earning）的風氣，代替了「愛好學習」（love of learning）的精神（Welch, 1998: 165）。

☾★二、知識本質價值的失落

　　知識的內在邏輯處於資本主義的浪潮中，已難保持自身的獨立性；而學校作為大社會之下的小系統，根本無力捍衛知識的本質價值，使其免受市場邏輯的左右。李歐塔（J. Lyotard, 1924-）即指出（Lyotard, 1984: 41-47），當代知識的正當性（the legitimation of knowledge）有一大部分取決於「運作效能原則」（the performativity principle），特別是商品生產和利潤創造等兩方面的運作效能。在這種原則之下，科技知識自然比基礎科學更加受到青睞（因為科技轉化為利潤和產品的可能性較為切近）。李歐塔說（Lyotard, 1984: 45）：「科技改善運作效能和製造成品的迫切感，大多源自對財富的渴望，而非對知識的企求。」他又指出（Lyotard, 1984: 44），科技的運作效能所關注的並不是真理、正義或美感，而是如何才能以最小輸入（指資訊或耗費）得到最大輸出（指成果或利潤）。整個社會對運作效能的強調，使得高等教育標榜、捍衛知識本質價值的高牆逐漸傾斜、倒塌；目前校園內外的界線之間可以說是空前模糊。持平而論，大學的預算掌握在當權者手裡，當主政者和社會大眾不再以知識（包含與真、善、美相關的內涵）為內在目的時[7]，大學裡的教師和學生，如何能保持純為知識而知識的傳統，而不逆轉向職業訓練？李歐塔指出（Lyotard, 1984: 51）：

　　現在那些以職業為尚的學生、政府或高等教育機構（明白的或暗地裡）問的問題，已經不再是：「這是真理嗎？」而是：「這有什麼用處？」在知識商業化的架構下，這問題即等於：「這賣相如何？」

　　李歐塔的說法點出高等教育的知識傳遞活動被商業邏輯殖民化的

---

[7] 按照李歐塔的說法（Lyotard, 1984：50）以知識為內在目的的高等教育，即是以「理念」（Idea）的實現和全人的開展為志的教育。

處境。大學裡的教師們目前討論得最熱烈的議題，往往無關乎知識或真理，而是生意經；剎時之間校園裡的一切幾乎都有被化為生意（business）之一部分的可能，文化和知識社群的理想看來就要成了高等教育的明日黃花。坦白說，合不合教育理想少有人在意，如何在教育的商場上勝利，才是「大學企業」的「經營者」認可的生存大法所寄；在此環境下，大學裡的「教育者」恐怕愈見難尋。

☾★三、大學教師的知識勞動異化

引進市場運作邏輯的大學教育，還有幾項值得審視的發展。首先是大學教師的專業處境。由於政府和社會對大學進行的外部評鑑側重在研究成果上，而非教學成果（研究成果對社會的回饋是立即的、明確的，教學成果的回饋則是間接的、不明的，因此政府和社會大眾強調大學教師的研究成果，實在是市場短線操作性格的十足表露）。大學教師依循求生法則（亦即作為一種生物存在體最不可抗拒的定律），自然而然地將精力集中在研究上；當優異的教學不再能轉換成大學市場裡的「貨幣」時，愈來愈少有人肯為「抽象」的教育良心冒著斷炊的危險，也就不足為奇了。前史丹佛大學校長甘迺迪（D. Kennedy）即指出（Kennedy, 1997: 62），美國大學新任教師最常從系主任或善意的資深教師那裡得到的忠告是：「在取得長期聘任之前，將心力集中在研究上，其餘什麼也別管。」而那些研究成果優異或是已經升為教授的大學教師們（亦即那些不必擔負太多被評鑑、解僱或降職風險的人），如果「突然」發現大學的教學使命不該被遺忘，而要在自己的單位大力提倡教學時，對於資淺、發表文章量不足的同僚們，正好形成一種製造「人格分裂」的氛圍—外部評鑑強調研究，而內部評鑑卻要求研究、教學並重，使得無數大學教師時時掙扎在「致力研究，心愧教學」或「致力教學，憂心研究」的兩難漩渦中。值得注意的是，大多數老師即使感到辛苦、焦慮、緊張，仍然會臣服於高等教育新引進的市場優勝劣敗邏輯，少有人敢於對抗這種結構暴力。因為如果有人覺

得壓力太大、不勝負荷，而抗爭或不願就範，總有「一大群被工作不穩定及長期失業威脅所馴化的後備勞動力」，隨時等著接替這些被認為是「不知滿足」或是「應該被淘汰下來」的人（孫智綺譯，2002：161）。

現實的市場裡只有進場和退場兩種可能。進場的人就要面對競爭，否則就是退場一途。進場的公司、企業，無法（或不願）擔負公司裡有任何閒置的人力，時刻都在算計每一個人的貢獻有多少？還能再貢獻什麼？大學自願或被迫著依循這種市場邏輯而大力推行研究競賽，在研究的質、量上進行無止盡的較量，以求爭奪國家機器課征效能的「棍子」底下那幾根乾扁的「蘿蔔」。大學的教師被要求兼顧研究的質與量；但質量兼顧在效能競賽裡是一個不折不扣的神話。質佳的研究，必含「創造」成分；要求人快速的創造，就像要求人快速的「欣賞」一樣，都是水中撈月。大學裡研究競賽的性質在運作效能的壓力下，重點逐漸傾向所謂量的「客觀」比較，研究活動也逐步從新知的「創造」，降格為重組和複製「已知」的「生產」。大學教師在知識量化生產的「標準化工作線」上，面臨生命在知識生產的勞動過程中被快速異化的危險。我國經濟學者吳忠吉觀察到知識工作者的當代處境（吳忠吉，2001：265）：

> ……研發工作不僅需要留心市場價值的存在；更需循著市場價值異化的挑戰，不斷接受外界挑戰與選擇，力求自我的突破。每一個知識工作者，必須時時突破自己的過去，才能維持自身的工作價值。人生的價值幾乎完全取決於市場的價值；而市場價值也可能隨消費者偏好的變異而起落……生活的風險也就很高。

吳忠吉似乎只從正面的角度來詮釋知識工作者的價值取決於市場的事實，所以他說知識工作者「若要降低生命的風險，便需時時吸收新知」（吳忠吉，2001：265）。吳忠吉並沒有注意到這種時時擔心過時、不夠資格的心理傾向，如何加深知識工作者的焦慮，並成為其生

命品質的殺手。從物質生活的角度上來說,大學裡的教師也許已由求生存、求安全而進入了舒適的階段,但其精神狀態絕大多數時間卻是停留在求生存的緊張中。這種狀態使得大學裡符合退休條件的教師,逐漸興起提前退休的熱潮;實際上,這與商場上愈來愈多受僱者隨時盤算著「賺夠了,就走人」,並沒有太大的差別──兩者都是工作與幸福不能結合在一起的結果。市場邏輯中無止境的競爭,少有人能以其為幸福的寄託地。所以,當我們把大學市場化之後,大學教師不以大學為福地便是個極自然的事,但這是大學之福嗎?放大脈絡來看,如果我們生活的各個面向都被市場邏輯殖民了,即使我們的社會因此而更有效率、更富有,但誰將會有充裕的時間和健康的身心來享受這一切?我們是不是愈來愈像一個只有工蟻而沒有蟻后的社會?

☪ 四、必修科目的揚棄

大學接受市場邏輯之後的另一個衝擊是課程設計上的改變。市場經濟認定買賣自由為不可侵犯的原則,而接受這套意識型態的高等教育,最為明顯的轉變之一,就是大幅刪減必修科目,把必修當成一種落伍的象徵。吊詭的是,一個學生對課程完全不認識或認識不足的情況下,如何作出明智的課程選擇或規劃?其實,即使學生在資訊充足的情況下,也不一定以課程品質為選課的優先考慮因素(Dill, 1998: 366)。教育機構屈從於市場邏輯,不斷刪減必修科目的做法,許多都是放棄理想、討好「顧客」的行為。要求大學設置必修課程,不代表文化菁英論,而是一種專業責任的堅守。勉強學生修習必修課程或接受某種型式的教育,不像市場的勉強那樣必然與顧客的自由相違背;教育裡的若干強制措施,表面上雖有損於學生當下的自由,實質上卻有助其未來之自由的實現[8](White, 1973)。

---

[8] 每項自由皆需若干相應的能力方有應用及享受之可能,因此只談自由而不談能力之培養的教育是不切實際的;而教育為了培養學生的能力,有時便有限制學生暫時之自由的必要。

☾⭐五、教育權的侵害

　　就整個教育體系（非僅止於大學）而論，把學校市場化、把知識變為商品，還存在著一個道德上的潛在危險－加深社會階層化，並侵害教育權（Wringe,1994; Readings, 1996）。而這種危險的觸媒則主要來自財力、智力和社經能力的不均衡現象。首先學生在市場化以後的教育商場中進行「商品」選擇時，須以「付款能力」（ability to pay）為前提，而非學習的能力或興趣。只有高經濟背景出身的學生，才有可能選擇高品質的、全人的教育；而這些人只是社會之中的少數，多數人只能接受以職業為導向的、狹窄的、便宜的教育。因此，由經濟差異所造成的不同的教育選擇，表面上是一種自由意志的施展，其實潛隱的卻是社會正義的挫敗。更進一步說，高價值的教育，如果必須用「買」的才能享有，使高價值的教育等於高價位的教育，無異支持社會的進一步階層化。事實上，「買」稀有的教育機會就如同「買」高官，兩者在道德上的缺陷，是沒有太大差別的（Wringe, 1994: 112）。邇來台灣許多知名大專學府所設立的在職碩士專班，儘以一些高職位、高收入者為優先招生對象，可說是教育市場化中買、賣教育的一大寫照。放棄或失去高品質的教育，使人的思想貧血，進而喪失有效的選擇能力及最好的工作機會，亦無充分能力參與文化或社群活動，生活品質下降，個人自律、自主的理想也將因此落空。如果我們同意這些是得不到良好教育的代價，那麼教育應該是所有國民的福利權（welfare rights），正如同醫療保健是國民的福利權一樣。當我們不可能「選擇」放棄良好的教育，而國家卻把教育變成商品，讓人們在財力不支的情況下，不得不放棄，這時國家所犯的錯誤，恰如把醫療商品化，讓病重而窮困的人，傾家蕩產仍負擔不起醫藥費用一般。當人民所需要的是生命的必需品時，該事物就不應成為聽任市場機能控制的商品；它應該是一種福利，必須低價供給，甚或大方地贈與所有需要它的人。

　　其次，市場化以後的學校，為了增加競爭力，勢必以高智力的學生為主要招生對象，以便打造高學習成績，提昇學校的排名。智力較為低落的學生，成了學校經營者的純粹負擔，不僅不受重視，更有被排斥、鄙視的危險。而智力高、學習成就優良的學生，其處境亦屬不堪。因為整個學校教育的過程，並不是以學生個人的需求和才能為著眼點，而是以學生在測驗中或競賽裡能為學校爭取到的表現為核心（Apple, 2001: 101）。只有好的學科成就表現，才能為學校在教育市場中創造實質利基。換句話說，不論智力高低，學生在市場化的教育之中，受教權都會遭受某種形式的剝削。

　　最後，教育市場化之後，公權力從教育的主動調控立場退下（而消極的運用評鑑及經費補助來管制），使得教育選擇權的享有和入學制度的適應，愈來愈需要面對一些非正式的程序（如人際溝通、自我行銷和情境轉換的調適力等）。而研究證明中產階級的家長，累積著雄厚的社經能力（這種能力包含文化、知識、經濟及人際網絡的元素），可以在政府干預力退場之際，更為稱心如意地為自己的子女取得優勢教育資源[9]。換句話說，以市場化、自由化為名對教育進行的「鬆綁」措施，鬆的是以往對社經能力高者的「綁」，綁的是社經能力低落者的受教福利。

第六節　結　語

　　如前言所述，今日市場經濟可說已經跨越文化、國家和種族的界線，統一全世界。在這樣的一個世界中，學校、軍隊、醫院、工廠和

---

[9] 詳細論述請參閱：Gewirtz, S., Ball, S. J., & Bowe, R. (1995). *Markets, choice and equality in education.* Buckingham: Open University Press. (pp.181-184)；Apple, M. (2001). Curriculum, teaching, and the politics of educational reform. 課程與教學季刊。4 (1), 95-114。

監獄裡的管理型態，基本並沒有太大的差異，奉行的都是市場導向的效率原則。作為一個社會寄託理想之所在的學校體系（特別是這個體系之中的大學），不假思索地接受這股風潮，將會帶來許多危機。各類學校必須反省，教育如果只是一種企業，只重商利，是不是會使學校的走向，受控於校園外的工商企業（Neave, 1998: 19）？而不斷「降低成本」和「本少利多」（Do more with less）的策略，是不是注定要使知識教育的品質降格？商場上成者為王、敗者為寇的風氣，運用到校園裡，會不會敗壞蘇格拉底式的求真精神，使學校淪為求利者的天堂？政府以效率之名，和學校自治為誘餌，進行的教育市場化工程（在我國這工程顯然以高等教育為起點），背後時常隱藏著抑制教育投資和降低補助額度的心理；以市場機制為控管學校的替代制度（the surrogate control over universities），則是政府一種放任主義（laissez-faire policy）的惡劣官僚作風[10]。效率既不等於私有化，亦不等於市場經濟，更不等於理性。市場經濟式的效率，支持社會達爾文主義，受害的多半是弱勢者；而這些在政治上和經濟上的邊緣人，卻又是最需要幫助的人（McGrew, 1992: 81）。教育市場化以後，最難擺脫的道德問題之一，便是強化社會不公平，使社經背景優勢者，得以透過教育市場更加鞏固其地位。當然，學校接受一些經濟壓力，可以促進或迫使其在管理上作出一些變革，但究竟這些變革是否以教育的理想和使命為念？或者只是為了符合外部市場控管的要求？這問題的答案，將對包括大學在內的一切學校產生決定性的影響（O'Brien, 1998: 215）。我們可以預見的是，各類學校照單全收地接受市場經濟的管理原則，將不屬於商品的（如教育及知識）也商品化，將不適用於市場契約關係的（如師生關係）也轉化為市場契約關係，帶來的將是危機多於契機，

---

[10] 有的論者認為政府在教育中引進市場力量，表面上不管事，實則運用經費控管學校，這一種控管力較諸以往並未減弱，反而增強（Jonathan, 1997: 27; Bridges & Jonathan, 2003: 129）。

同時，這種危機恐怕只有將學校教育的品質逐步推向破產之路。

　　若要節制教育過度市場化之後，所可能產生的弊端，我們進行教育政策的擬定時，思考重心應該是生命的幸福，而非市場的利潤，以及由其衍生出的科技（或學術）競賽上的勝負。我們要想一想，社會愈富有，我們就愈幸福嗎？我們在國際上科技（或學術）排名上升，是不是生命質感必然隨之上揚？我們的生產力和知識的累增速度加快之後，休閒是不是更多？比較不需要加班了嗎？如果這些問題的答案都是否定的，我們在生活領域中（特別是在教育裡）無限推行市場化的作為，就不一定是明智的。羅素（B. Russell, 1872-1970）說（Russell, 1935: 29）：

> 世上一切德行之中，善良是最為需要的，而善良乃是悠閒和安全的結果，無法在艱苦爭鬥的生活中孕育而出。

　　如果我們同意市場是艱苦爭鬥的場所，則我們要將教育市場化，就難免於將教育化歸為爭鬥的版圖。我們願意付出這樣的代價嗎？付出這代價之後，我們的幸福"還剩什麼？

" 不論這時我們對幸福的定義為何，其核心必然不含悠閒與善良。

第二篇

德育規準

第五章

德育的美感規準

第一節　前　言

　　道德是社會的產物；社會的狀況不同，俗世道德強調的重點就有別。當一個社會由鄉村農業型態，轉形為城市工商業型態之後，人際關係亦由濃烈的社群感、互助互親的緊密結合，變成人情淡薄，雖群聚而居，卻互不往來，形成寂寞的群眾。先起農業社會的主流道德學說的最高理想是「美德倫理」（virtue ethics），重視人格修養及社群使命；後起的工商社會的主流道德學說則為「植基於權利的道德」（right-based moralities，以下簡稱「權利倫理」），強調基本行為義務的遵守，以及個人自由和平等的保障[1]。前一種社會的德育核心在品德的涵養；後一種社會的德育要旨則在人權觀念的落實。以美德倫理為主要引導思想的德育，在實踐上（而非邏輯上）較容易使個性或個人自由受到壓抑；以權利倫理為主要引導思想的德育，在實踐上容易使個人失落道德理想、動力及人生意義。

　　本章要討論的是，植基於美德倫理的德育可能對個性造成壓抑的問題；植基於權利倫理的德育可能使道德理想、動力及人生意義失落的問題則留待下兩章，再作深入論述。可是，如果我們的社會已經由美德倫理的農業社會進入了以權利倫理為主的工商社會，為何還要再在這裡討論以美德倫理為主的德育所可能產生的問題？原因有二。首先，美德倫理因其本身蘊含的價值，並未被重視權利倫理的多數現代人全然拋棄，但因其推行或運用方式錯誤，製造了一些德育和人際上的問題。其次，我國雖然已經進入以工商為主的社會，但自國民政府遷臺以後，大力推動中華文化復興運動，在教育上特別重視儒家美德倫理的傳承[2]。這個特色在目前的國民教育中雖見減弱（民國八十九

---

[1] 這當然不是說兩者是不可並立甚或是對立的，而只是說社會的道德體系重心會隨著社會條件的變遷而有所轉移。

[2] 但昭偉認為台灣社會的「日常生活道德體系」其實就是儒家體系，並為這個斷言提出論證（詳見但昭偉，2002：139-148）。

年以來，政府推行的九年一貫課程中，明列人權教育為六大議題，顯然以人權為德育之核心），卻也透過課程中一些中心德目或德行的提倡，試圖保留儒家美德倫理的優點³。換言之，儒家的美德倫理觀依舊在我們的社會中，負有某種程度的德育任務。這種現象潛藏一個極為值得探索的議題：對現代國民施行儒家式的美德倫理教化，如何避免實行美德倫理的傳統社會中壓抑個性及阻撓個人自由的問題？西方著名哲學家泰勒（C. Taylor, 1919-）對傳統文化中的個人所面臨的存在困境提出一個看法，他說：在絕大多數傳統文化中，個人的焦慮來自一個不能動搖、無可逃避的社會架構，在這個架構裡，個人時常擔心的是無法達成該架構的理想和要求，並且因此而時時有被貶抑、被排斥和感到自卑的焦慮；泰勒認為即使在當代，仍然有許多人面臨著這樣的恐懼（Taylor, 1989: 18-19）。美德倫理的提倡會不會成為泰勒所謂「無可逃避的社會架構」的一部分呢？民初作家魯迅在其小說《狂人日記》裡所諷喻和試圖表達的，似乎正是這樣的一種可能性。魯迅筆下的狂人說：

> 古來時常吃人，我也還記得，可是不甚清楚。我翻開歷史一查，這歷史沒有年代，歪歪斜斜的每頁上都寫著「仁義道德」幾個字。我橫豎睡不著，仔細看了半夜，才從字縫裏看出字來，滿本都寫著兩個字是「吃人」（魯迅，1991：10）！

魯迅說的當然不是歷史上吃人肉的慘事，他暗示的是傳統以來中國社會強調的那一套仁義道德的德行觀，對個人的壓制，幾可說到了「吃人」的地步。「仁義道德」在魯迅的眼裡，是概括化的他人，也是社會拿來壓榨個人的工具。魯迅講得聳動；而和魯迅同時代的，則

---

³ 例如國民中學九年一貫課程中社會學習領域的「分段能力指標」第 4-3-4 節即明定：「反省自己所珍視的德行與道德信念。」

有許多人把這個壓迫人的帳記到儒家倫理的頭上，是否公允，引起許多爭論。姑且不論這種指控合理與否，參諸文獻，若干論者發現（MacIntyre, 1985: 255; Crips & Slote, 1997: 24），西方文化傳統中的美德倫理，帶有反民主、反自由主義的傾向，與當代民主政治的根本秩序呈現若干背道而馳的狀態。倘若如此，我們以儒家的美德觀來教育下一代，是否也會陷入反民主、反自由的危險呢？

本文將從美感的角度出發，首先分析魯迅那一代的人面對傳統儒家美德教化，所以會感受壓抑的理由，藉以指出美德的涵泳，在超義務的道德及私德的範疇中，須重視自發性，否則將失去德育美感，形成人生的限制和一種道德壓迫。次則說明以權利倫理作為美德倫理的輔助時，一方面可以防範美德倫理推行中，可能生出對道德的恐懼心理，另方面也可保有儒家倫理理想的美感潛能，是現代社會公民道德教育應有的另一重點。復次，藉由康德的美學理論，更深入說明美德教育務須依循自發性規準的根源。最後則闡明美德倫理是一種極致道德，這樣的教育需要的是無言之教的感召，說教無益，強求只有產生反效果。

第二節　美德倫理的美感分析

☪一、「美德」與道德

儒家倫理是一種美德倫理，或者所謂「以美德為基礎的道德」（a virtue-based morality）（Lee, 1992: 241; Ihara, 1992: 194）。中西的美德倫理，有一個共同的特徵，那就是鼓勵或期許個人在修為上追求卓越與完美；品行超塵絕俗的人，言行間能令人見出「美」的意境，這也是本文將西文「virtue」一字按常識的說法譯為「美德」的緣由。事實上，virtue 的原義，就有超凡或傑出（excellence）的意思（Crips & Slote, 1997: 2-4），指一個人擁有令人讚賞的特質，此說符合阿德勒（M. J. Adler）

所謂「令人讚賞之美」（the admirable）（Adler, 1981: 118）。孔子說自己「從心所欲，不踰矩」（論語·為政），這在他個人的感受上，是一種澄澈的喜悅，是美的。他稱讚弟子顏淵，說「賢哉回也！一簞食，一瓢飲，在陋巷，人不堪其憂，回也不改其樂。賢哉回也！」（論語·雍也）這裡一個人的德行，對別人而言，是一種令人讚賞之美，對自己而言，則是一種愉悅之美。麥肯泰（A. MacIntyre, 1929-）詮釋西方的美德觀，認為美德的構成含三個條件，第一，美德的實踐活動是一種內在目的的追求，一種達於活動之傑出標準後所得的本質性愉快；第二，美德是一生幸福不可或缺的要素；第三，這裡所謂幸福，必須在不斷演進的社會傳統脈絡中去詮釋和理解（MacIntyre, 1985: 273）。這種美德觀和儒家強調倫理傳承、自得之樂、以德潤身，和「道則高矣、美矣」（孟子·盡心上）等等思想是相通的。簡要地說，中西美德倫理都是以超凡、傑出、美和幸福為終極目標。這種以追求卓越為理想的道德，原是一種美的極高境界，為什麼到頭來反被說成是「吃人」的東西？

　　美德所以會從一種美，轉化為吃人的東西，問題不在美德倫理本身，而在推行或傳授美德的「方式上」。我們先從整個道德的架構來探究，嚴格地說，具強制約束力的道德只存在於公領域，要有兩造（two parties）或兩造以上涉入一行動與否的情境，才形成所謂的「道德義務」情境（Baier, 1958: 215; MacIntyre, 1985: 258）。一個人能不能赤身裸體在街上行走，是個公共道德議題，因為他的行為發生在公領域裡。但如果他在自己的房裡裸身，竟然自問起這樣做道德與否，難免讓人懷疑他是不是道德過了頭。私領域是自由的範疇。個人在私領域裡做了些什麼，儘管和品味高低有關，卻只是與道德無涉的私人行為。美德的倫理系統如果推行不當，可能不問公私領域，一概要求人符合某種高度的理想。例如勤勞和儉樸雖是美德，卻屬私德範疇，為與不為應是個人自由。換句話說，我們只能期待自己如此，欣賞別人如此，卻不宜「要求」別人如此。當我們強制人人都要按照某個標準

來勤勞、儉約的時候，便難免侵入私領域，限制了個人自由，壓抑其作為人的獨立人格。比如說，一個人如果把賺來的第一個百萬全數拿去買車，這種做法在若干人的眼中也許不當，但這些人卻不能因此提出批評，說那買車的人浪費、豪奢。因為誰也不能肯定賺來的第一個一百萬該怎麼使用才是最有價值，更無關道德。再者，個人若沒有支配所得之自由，還有什麼尊嚴？當然，這裡的論點並不是說我們不應該教導學生或自己的孩子勤勞簡樸，而是說教導的方式必須適當。私德的價值不容否認，但如果教導私德時，讓受教的人覺得私下裡完全失去了自由，則美德所以為美的本質將同時消失。有的論者認為儒家強調「慎獨」，帶有一種泛道德主義的傾向（石元康，1998：118）。其實，慎獨不一定是泛道德主義；只有當一個人慎獨與否成為別人評定的話題時，個人的自主與自由便將消失，慎獨才會成為泛道德主義[4]。如果我們有沒有勤勞、是不是儉樸，都要別人來認定和督促，自己完全失去自主權，將使「美德」成為自由的壓制，而非理想的追求了。更明白地說，私德的陶冶應以自律能力的培養為主，出於一個人的「主動」才具美感，也才有效而持久。

☪ 二、共存與共榮

但是不是公共領域的道德行為，我們就有權要求人人達到某個高標準呢？這裡有兩個觀念可以用來分析這個問題。如果我們把公共道德領域的行為加以區分，大體上可以分為兩類，一是「共存道德」，一是「共榮道德」。這兩類道德分別對應著所謂的義務道德，和超義務道德（supererogation）。所謂共存道德牽涉人我是否能共同生存在一個環境的條件。換言之，如果大家都不守共存道德，一個團體，或一個社會就面臨了瓦解的危險。例如遵守交通規則，就可說是在履行共存道德。試想如果有一群人專門闖紅燈，我們還能否在馬路上安全通

---

[4] 實際上「慎獨」是全然的私人行為，理論上別人無從得知。

行！但是我們同時也發現，交通規則還是有行不通的時候。例如，在狹窄的巷道中，僅容一車行駛，兩車從不同的方向，在這巷子裡相遇，誰要讓呢？其中許多情況，是怎麼精通交通規則也無濟於事的。這時，誰讓了（在自由意願之下）都算是發揮了「共榮道德」。而所謂「共榮道德」指的是那些使人我的生活世界，在共存之外，加上一些人的尊嚴、和諧和超俗意味的行為。共存道德關係著人類自身及社會的存亡，所以是一種必須強制執行的「義務道德」；換句話說，他人有權要求一行為主體採取或不採取某個行動，以符合共存道德。以設有紅綠燈的路口為例，遵守紅綠燈號誌，便是一種義務。因為這類道德義務的執行至為重要，所以大多數社會都將共存道德的內容載入法律，以確保強制個人執行的能力。至於共榮道德（如捐助貧困者），只能說是人類精神文明開展後，對社會中的人，一種普遍的期望，所代表著的是一種「超義務的行為」。對於別人的超義務道德，我們只能期待，不能強求，更不能視之為人人皆應如此的普遍義務。簡言之，執行共存道德是一種義務，執行共榮道德是一種超義務；後者屬個人自由的範疇。義務可以強制；但是把別人的超義務視為義務來強求，卻容易造成怨懟和超重的道德負荷感。理想上，我們希望學生能夠兼具義務和超義務道德，但是在養成這兩種道德的方式上，應該有所區分。學生不執行義務道德，是犯實質的錯（to do positive wrong），應予糾正；不執行超義務道德是德不足或不夠好（fail to be good enough），只宜引導其精進，不能強迫。此兩者不宜混為一談（MacIntyre, 1985: 152）。就整體社會而言，前者是德育的優先重點；不分輕重，或一味強調後者，常有的結果是讓受教者認為壓力過重，並對德育產生反射性的厭惡。這和法律過於嚴苛的反效果是類似的。若以軍隊為例，我們可以說，沒有英雄的軍隊只是遜色的軍隊，沒有軍規的軍隊卻是成不了軍的烏合之眾（Urmson, 1958: 211）。要求人人執行超義務或以道德完美為目標，就像要求士兵個個作英雄一樣，不但不必要，也不可能。

教育中除了壓力的問題，把超義務視為義務的另一個危險，是拿

一個大多數人不易達到（或目前絕達不到）的標準來要求，使人產生
不必要的低等感。道德情境需要具有執行能力的主體（agent）。一個
非常「有價值」的行為（例如提供愛滋病的解藥），必須有人能執
行，該行為的執行與否才構成「道德」的問題；此亦即「應然表示能
夠」（Ought implies can.）的含意（Fotion, 1968: 107）。當科技尚未成熟，
怪罪科學家或國家不提供愛滋病的解藥「不道德」，可以說是不合邏
輯的。換句話說，拿「有價值」的目標，要求一個沒有能力執行的個
體去追求，既不理性，也不道德。可惜，這種「不道德的」要求很常
見。奇特的是，提出要求的人，不覺得不道德，而被要求的人，反而
經常因為達不到要求而自責。即使我們相信人的道德潛力無限，也該
承認人有選擇是否發展這種潛能的自由。再怎麼有價值的行為，如果
不是來自行為者自己的選擇，且在他可能做到的範圍之內，而是他人
的強制要求，都難產生美感，也很難實現。

　　再者，美德倫理含著傑出的全面性和全時性，是一種止於至善而
後已的精神境界。孔子說：「德之不修，學之不講，聞義不能徙，不
善不能改，是吾憂也。」（論語・述而）這種自我要求是全面性的；
又說「造次必於是，顛沛必於是」（論語・里仁），可見孔子認為全
時性的傑出才算成德。稍有一些方面欠缺，一些時候不夠完美，都象
徵人格的瑕疵，顯示有待努力。亞里斯多德（Aristotle, 384-322 B.C.）所
謂「一隻燕子不代表夏日的來臨」（Aristotle, 1976: 1098a），提倡的也是
這種全時全面的至善觀。這樣的理想，可以作為自我的生命抱負，和
高尚精神的動力來源，但若用它來要求別人，卻並不妥當：一則是
「反客為主」，干擾別人的立身原則；二則是將超義務行為當義務行
為來要求人，給人造成道德重負；三則使那些覺得自己達不到至善境
界的芸芸眾生，生出內心的自卑感[5]。

---

[5] 但昭偉認為，施教者以過高道德標準作為德育準則，還會產生另一個問題：
　　亦即施教者本身也無法達到標準，造成言行不一，身教破產的德育（但昭
　　偉，2002：152-160）。

　　追求道德完美者的態度，在一般人的眼中往往代表嚴肅，時時兢兢業業，同時較難用幽默的態度來接受和看待人性的弱點或極限。例如，以「生平無大志」的態度自嘲，而放棄學習的，便和美德倫理止於至善的觀念相左。常人多半以為，止於至善的理想是道德聖人才能堅持、才能做得到的事。但如果教育認定「人皆可為堯舜」，對所有人的壓力之大，便很明顯。理想的道德體系必須正視人「是」什麼，鼓勵人做「該做」且「做得到」的事，不是一定要求人做「最高的理想人」。更進一步說，道德愈高愈幸福的觀點，是不是適用於每一個人，是值得三思的。伍爾芙（S. Wolf）在她一篇廣為學界討論的文章〈道德聖人〉（Moral saints）中，開宗明義便說：

> 我不知道道德聖人存不存在，如果存在，我很慶幸自己和那些我最關愛的人，都不是這樣的人。……換句話說，我相信到達道德神聖性那樣的道德完美，並不是一個非常理性、美好、或值得追求的人生幸福模式（Wolf, 1982: 419）。

　　伍爾芙心中的道德聖人是那種莊嚴，不苟言笑，不出言譏諷，不損抑他人，捨己為公，奮力不懈、鞠躬盡瘁而後已的大好人，她認為這樣的聖賢雖然是社會之福，但如此活著，對當事人及其親友卻不見得是件好事。其實，並不是每個人心中的聖賢形象都和伍爾芙相同。例如孔子雖然讚美聖人，卻自謙地說：「若聖與人，則吾豈敢！必也學而不厭，誨人不倦，則可謂云爾已矣。」（論語・述而）他勉勵人：「志於道，據於德，依於仁」，也注重：「游於藝」（論語・述而）。游於藝則不至過於嚴肅刻板，不苟言笑。我們也可以拿現實生活中為人稱道的聖人或賢者來對照。目前台灣社會在德行上可稱聖或稱賢的，許多人會聯想到慈濟的證嚴法師。我們看證嚴，她和藹可親、風趣、有幽默感。大家都敬重證嚴，但如果要求人人都效法證嚴那樣，把一生所有時間都用來救苦救難，恐怕許多人會覺得為難；而

如果我們的親友之中有人像證嚴一樣偉大，我們一定至感驕傲，但也不免憂慮其身心負擔過重。伍爾芙說慶幸自己的至親中沒有聖人，大概就是認為聖人的狀況雖偉大，卻與一般人的距離太遠。

☾★三、內聖外王、恥感與美感

儒家重視社會使命，而其內聖外王的主張，使個人在圓成道德之上，加了一個淑世的任務；內聖的積極意義在於外王。換言之，修身的價值，一部分顯現在齊家、治國和平天下的成果上[6]。這樣的倫理觀，在後儒、主政者和教育者的不當推動下，側重追求外王，卻置內聖於不顧，使原本出於自主的個人理想，變成他律的強制目標，主張由行為的社會意義來判定其價值，以利他的動機作為一切行為的主要尺度。這造成一個人很難只是自掃門前雪，做個自了漢，而是必須力求以天下為己任[7]。這時，個人道德圓滿與否（外在指標是能不能以天下為己任），不只是自己的事，也是全社會的事，因為道德已經在無形中等同於個人服務社會的能力。於是共榮的超義務行為和共存的義務行為界線不明；「集體主義」（Collectivism）成了最鮮明的道德旗幟。關係個人生命自由、權利的「希臘道德成分」不被注意；突顯的是涉及公益的「羅馬道德元素」（Peters, 1973: 16-17）。為社會國家拋頭顱、灑熱血，和捨己救人等英雄行為，被看作和「信守合約」等基本道德同屬「強制性的道德要求」，至少也有「半強制性的」味道。這樣的環境，對多數人來說是恐怖、焦慮的經驗（Urmson, 1958: 213）。

當一個政策或制度以強制方式來推展美德倫理的精神時，想跳脫「超義務」道德，來實現個人夢想的人，或多或少要被認為自私自

---

[6] 嚴格地說，內聖外王並非先後階段的承接關係，而是並進之一體兩面。內愈聖，外王的能力愈強，且動機也愈純正（當然外王的過程也有助內聖的修為）。換言之，內聖的人自然有助人的念頭、能力和行動；只是助人與否如果不能自主，而是社會的強迫，味道就完全不同了。

[7] 試想如果人人（或大多數人）都能成為自了漢，還需要人人以天下為己任嗎？

利，甚至視之為「缺乏道德義務感」，而予以責難，以至牽扯到羞恥
上，而造成道德壓力。

羞恥心就正面意義看，是個人對於自我人格或行為未臻理想的自
發反省機制；但從消極面看，也可能是社會壓制不肯從眾、不願犧牲
或犧牲不足者的工具。先就正面意義來說。論者如威廉斯（B. Williams,
1929-）以為，羞恥心（shame）比過失感（guilt）更重要。因為過失感
關心的焦點在「我對別人做了什麼」；而羞恥心則注重反省「我是一
個什麼樣的人」（Williams, 1993: 92-93）。有羞恥心的人不把錯誤行為看
作一時的、個別的過失，而是會進一步追問，過失行為是否代表個人
品德上的缺失。有了羞恥心，行為、行為後果以及品德三者，才能構
成循環互動的網絡；談道德只重過失感，而忽略羞恥心，無異把道德
生活看作是「無涉品德」（characterless）的過程（Williams, 1993: 77）。
支持這種論點的人，在道德教育上傾向於主張，教育不能僅止於教兒
童知錯，還要使他們知恥，才算克竟全功（Warnock, 1986: 181）。至於
這麼做，除了品德的考慮外，有沒有什麼實際的用處呢？這點孔子說
得很明白，他說：「道之以政，齊之以刑，民免而無恥。道之以德，
齊之以禮，有恥且格。」（論語・為政）孔子不但主張「德」與「恥」
有聯結關係；同時認為有了恥，才能真心向善，達于自律。不知恥，
對孔子來說無異是道德和自律的棄守，所以他感嘆：「已矣乎，吾未
見能見其過而內自訟者也。」（論語・公冶長）

有良知、知廉恥本是一項美德，但這美德如果被社會用來打擊那
些不肯從眾、特立獨行或未能犧牲奉獻的人，就成了一種消極、令人
窒息的「道德」武器。受這種謬誤的羞恥心制約的人，用於自省的不
再是良知良能，而是社會大眾的目光，怎麼做都要外在觀眾滿意了，
自己才能安心。個人在這種謬誤心理機制的壓抑下，逐漸沒有臉孔，
沒有個性。而其對自我行為的意義理解，往往也在自我假想的觀眾或
外在觀眾的注視下，於腦海中無限制地，不成比例地扭曲、放大。例
如聯考失敗，原是個人的事，但想到家門蒙羞，失敗感就不停擴大起

來，大到甚至可以逼人自殺的地步。項羽自刎於烏江，不也是想到江東的父老嗎！魯西迪（S. Rushdie）描寫的那位亞裔英國人，為了女兒結交異教白人男友，屢勸無效之下，竟憤而親手以利刃刺殺摯愛的獨生女，也是受了社群壓力，自感羞愧無以立足的結果（Rushdie, 1984: 115-117）。

　　恥感的產生，邏輯上預設了他人的存在——如果世界上只有我一個人，也許我能悲傷、愉快，但我絕對不懂羞恥的滋味。雖然如此，教育應該鼓勵人從外控的恥感跳脫出來；因為這種「外在觀眾」的審視，重點都在別人會怎麼看我，而不是我「自己的」感受如何。所以強調以控制個人為動機而生的羞恥心，不是自律的表現，而是他律的「面子文化」。華人社會講面子，而根據臉、面經驗發展出來的概念，既多且系統完整（Hu, 1944; Morrow, 1987; Hwang, 1987）。比如說「面子」可以買、可以賣；「臉」不能撕破，否則大家都沒「面子」；而當一個人「死不要臉」的時候，社會規範對他而言幾乎是名存實亡的——不過常人多半不會走到這種地步，因為大家不但希望「有頭」，還希望「有臉」；至於一個人有沒有臉，不是自己能決定，是要別人「賞」的！華人在自己的國家裡講面子[8]，移居到別人的國家，一樣注重臉上有多少光采（Kinkead, 1992），這就不得不讓人把它和傳統華人提倡美德倫理的不正確方式聯想起來。

☾★四、個人理想而非全民運動

　　基本上華人的「面子文化」和「集體主義」，與後世提倡儒家倫理的錯誤方式可能息息相關，換言之，此種錯誤源於教育方式或政治動機，而非儒家倫理之罪。儒家力倡的美德倫理和內聖外王觀念，如果不能保握其自律、自發的精神，而是被當作一種強制或半強制性的全民運動，得到的結果，可能是政府和社會無孔不入地向私人生活領

---

[8] 這也許不是華人的專利。

域索取監管權。索求的方式，明的是法律制度的訂定，暗的便是謬誤羞恥心的強調。新加坡政府的領導人認為儒家價值體系是該國所以能克服萬難，屹立不搖的主因；又說信持儒家傳統價值使新加坡成為一個獨特的社會（The Strait Times, 1994.10.8: 24）。這裡所謂的「獨特」，主要是針對西方社會而言的。新加坡的媒體也很樂於比較東西價值的不同。一九九四年，美國一位青少年費依（Michael Fay）在新加坡搗毀十八部汽車，結果被星島法院判處四個月的徒刑，外加鞭笞六次。費依的家人對判決非常不滿，四處抗爭。與費依同時，另一名華裔新加坡青年許紀浩（音譯名，報載原名為 Shiu Chi Ho），犯了類似的過失，被判了類似的刑罰，但許氏的家人卻平靜地接受了法院的判決。兩個家庭對判決的雙極反應，新加坡的《海峽時報》（The Strait Times, 1994.08.27: 4）有這樣的解讀：

> 費依的父母狂暴而不知羞恥。他們四處上電台、電視和 CNN 的討論節目，埋怨所有人的不是，卻一點也不責怪自己。相對的，許氏的父母深覺痛苦，避免大肆張揚，而且因為自感羞愧，甚至考慮離開新加坡，移民他國。在儒家的社會裡，孩子一犯錯，馬上感到為整個家庭帶來了恥辱。在美國，犯了錯卻可能因此立即成為媒體寵兒。傳統亞洲父母對下一代的要求，和美國父母放縱兒童的作風，真是天壤之別。

　　費依的父母上電台、電視抗議，不等於不知恥，更不等於不知錯。他們可能承認孩子犯了錯，而且也引以為恥，只是覺得沒有必要按星島法院的判決來處罰。把對公權力或公意的抗爭，通通解釋成不知恥，顯示恥感會被誤用，而成為一種社會控制工具。

　　以上，說明了美德倫理在何種提倡方式之下會失去美感；並指出儒家的美德倫理，所謂的「外王」乃是內聖修為的可能延伸，但這一特色也使得未深明儒家精神者在推動價值教育時，強調「外王」而不

以「內聖」為本，以致崇尚民主社會，卻又在教育過程中強調傳統儒家美德倫理的我們，感覺受到「束縛」，而不得「自由」。這是不能不深思的。再者，以儒家的方式來修身，遇到和社會習尚衝突時，在個人權利和社會趨向中，很難平衡，而「犧牲小我，完成大我」的做法，如果本於自願，是社會和諧之福，但終究不易徹底實現。總之，老要個人犧牲，而不做倫理觀的適度調整，將會失去使人信服的力量。比如一個社會的交通紊亂，駕駛人不知禮讓是原因之一，但大家根本不守基本規則，恐怕才是關鍵所在。如果大家都守基本規則，禮讓就在其中。不過，談規則的遵守，需先具備一套共認為明確、合理、可行而公平的制度和準則；就道德向度而言，這類準則的建立，在於以「權利」作為倫理的基礎，以使人我互動得到一套可以明確依循、合理解決紛爭及保障個人基本權益的系統，這個系統可稱之為「權利倫理」。以下我們將說明「權利倫理」為何可以在美感上作為美德倫理之輔助。

第三節　權利倫理的美感分析

☾ 一、權利倫理的消極美感

本文所謂「權利倫理」即是論者所謂「植基於權利的道德」（rightbased moralities），是為了避免個人遭受他人或道德集體主義之攻擊，而設計出來的一套規範人我互動方式的系統。這個系統依人與人和平共存的基本規範而訂定，使人權得到穩定的保護（Mackie, 1978: 357-359）；個人也因人權的保障而有了基本的道德地位（moral status），在此地位上，享受個人生命的尊嚴，並以獨立而非依賴的面貌與人互敬、互助（Gewirth, 1985: 743）。基本上自由主義論者（liberalist），如羅爾斯（J. Rawls, 1921-2002）、德沃肯（R. Dworkin, 1931-），和諾錫克（R. Nozick, 1938-）等人的政治思想，都是以權利倫理為其基礎（Mackie,1978: 350）。

這些思想家的一個共通的特色是主張：一個人基於公正而具有的若干權利，是任何社會團體或別人不能以任何名義予以剝奪的。對於人生，他們重視的是建構一個可以使人人自由而平等的生命基礎體系，這個體系對於什麼是完全開展的人生或是幸福，保持中立態度，不加界定，也不認為應該界定。自由主義的思想家主張價值多元且不可共量，強調追求個人價值之自由對人性尊嚴的重要，所以他們反對就幸福或價值做任何大一統的定義或解答，認為解答者應該是個人，至於每一個人的解答是不是相同，正確與否，乃是另一回事（Magee, 1982: 219）。馬基（J. L. Mackie）論證權利在倫理系統中應有的地位時也指出，人生之中有價值的目標無限，而且人們選擇的目標往往非常不同。再者，一般人不可能在一時之間就把人生目標都確立下來，人生的目標或方向是在不斷的修正和選擇的過程中逐漸形成的。因此，如果幸福的追求是倫理道德的終極目標，則賦予人不斷選擇、調整其生活理想的權利，必是倫理系統的根柢。馬基不僅認為奠基於權利的道德是合理可行的，甚至主張不以權利為基礎的道德理論絕對難以令人接受（Mackie, 1978: 355）。

權利倫理在直覺上，有一種「消極的美感」，即基本幸福不被侵犯的安全和愉快。但是這種以人權為基點而建立起的系統，被若干論者批評為狹隘、不完整。因為它只問權利義務，不是一種生活藝術，不能教導人如何活出成功、有意義且又多采多姿的人生（Raz, 1986: 213）。換言之，權利倫理只考慮如何規範人與人的基本互動模式，是一種「行動道德」（morality of doing），而不是關心或指導理想生存型式的「存在道德」（morality of being）（Hudson, 1981:198-200）。「行動道德」與彌爾（J. S. Mill, 1806-1873）所謂「正義道德」（morality of justice）（Mill, 1962: 305-306），或者麥肯泰所謂「法律道德」（morality of law）相近（MacIntyre, 1985: 151），強調共存的義務道德，不問共榮的超義務道德。

就解釋人類道德行為的完整性而言，權利倫理顯然不足。它不能

說明人類共榮的超義務行為，也不能涵蓋私人自由範疇裡，高品味的行為模式。因此所謂各種道德概念皆源於人權觀的說法（Gewirth, 1985: 743），顯然是有問題的。相較之下，美德倫理比較能夠統攝各式道德和有價值的行為。任何傑出的道德風格，任何理想存在型式的堅守，都可以找到一個相應的美德名稱（Frankena, 1963: 53）。

☪ 二、權利倫理的積極美感

但是權利倫理的優點，正表現在它不計較超義務行為，不界定私人自由的「正確」運用方式。不規定超義務行為，所以沒有強制人必作道德聖人的壓力，不會泛道德，不把道德至善的考慮作為最優先，讓想過道德以外的生活的人，有一個喘息的機會。其次，不規定或不提倡超義務行為，並不等於反對或壓抑這類行為的發展，而只是把執行與否的自由交給個人。正因為如此，個人才有「選擇」作超凡或傑出道德人的機會，由此保有道德生活的積極美感能量。道德體系如果不跟自發性的「選擇」相聯，等於斷喪了自律和美感的可能性。權利倫理在這方面的態度，正反映了自由主義崇尚自發秩序，反對命令式秩序的精神。命令式的秩序預設一全知全能的個人或團體，這一個人或團體可以為我們的社會和生活提供最佳的指南。自發秩序並不信任這樣的生命代理制度；只相信每個人通常是最瞭解自己感覺、需求和才能的人。沒有發號施令者的干預，個人一方面保有自律的尊嚴，另方面也較能適性愉快而有效率地發揮才能（石元康，1995：59-66）。

在東亞的社會中，大多數的執政者或社會氣氛，傾向於信仰命令式的秩序。文明進步如日本亦難免於這樣的現象。於是，有的論者發現：

> 對日本女人而言，最困難的一件事是視自己為獨立的個體，有自我，是「我—你」（I-Thou）平等關係的成員，可以自作主張，選自己的路，立定自己的目標。就某種程度而言，這個說法，也適用

於日本的男人（Grosjean, 1988:181）。

　　自由主義論者對自發式秩序的強調，就是希望每個人都能走自己想走的路，並且能理解、尊重他人也和自己一樣需要廣闊的生活選擇空間。他們重視自省、支持改變、強調實驗，鼓勵創造一個富動態感的進取人生。這樣的一群人所建構而成的社會與其說是「抽象的社會」（不規定實質生活形式的社會），不如說是對自由、正義和人性尊嚴有著高度共識的社會，一種依此共識而發展出高度社群感的可能性是存在的。所以社群主義論者（Communitarian）沈岱爾（M. Sandel, 1953-）認為自由主義所強調的正義，只能用於區分人我，不能用於結合彼此的說法，顯然是有問題的（Macedo, 1990: 260-270）。更進一步說，自由主義者所提倡的正義觀和權利倫理，與社群並不是呈對立的狀態；相反的，他們甚至認為個人權利和群體或集體福利之間，在深層關係上是統一的（石元康，1995：55）。

☪ 三、美德發展的沃土

　　命令式秩序通常與集體主義密不可分；而權利倫理和自發秩序的強調，則偏好個體主義。以個體主義為基礎的權利倫理，最令人擔心的問題之一，是陷入契約論者（Contractarian）的道德困境。在契約式的道德中，預設的是勢均力敵（至少是力量相差不遠）的兩方，為了和平共存而自願或不得不訂下道德的基本權利和義務。可是，在現實的生活世界中，人我財勢的強弱與地位高低，常常是非常不均衡的；有些人如果得不到強者立定的「合約」之外的慈善支援，根本無法享受生之尊嚴，甚至難以生存[9]。

　　我們的社會在西風東漸的影響下，出現一些亂象，許多人想當然耳地把這種結果解釋成是講人權，重個體主義所致。但我們該追問的

---

[9] 有關這個問題我們將在下一張做較深入的討論。

是，重人權，維護個體基本自由與權利系統真的是社會動亂的來源嗎？或者是人們有了人權的觀念，卻又眼睜睜地看著自己的人權被踐踏，才出現各式各樣的騷動？另一方面，我們也有必要實際去檢證，權利倫理會不會使社會走入契約論的自私邏輯，使造成弘揚人性光輝的道德行為，無從滋長？根據黃光國的研究，愈尊重人權，愈強調形式（或程序）理性的企業，其員工愈有可能發展出儒家所強調的美德，如忠、誠以及和諧等等（Hwang, 1990: 614-615）。如果黃光國的研究結論成立，則美德發展的沃土可以在以權利倫理作為人我互動基礎的系統中得到。這一點，從心理層面觀察，似乎是言之成理的。因為，個人在自我的尊嚴能夠確立和受到尊重，有了充分的安全感之後，才更有可能跨出一步去關懷別人和社會，才能伸展出愛人的根苗。一開始就要求人「先天下之憂而憂，後天下之樂而樂」，對一般人而言無異是高調，往往造成言過其實的後果。

　　總之，德育應以權利倫理作基礎，以避免人權因美德的提倡方式不當而受創，同時也應於適當時機以美德倫理提示生命崇高的境界，為道德的開展提供完整的視野和想像；權利倫理和美德倫理互濟、相得益彰，可為德行的發展提供最健康的境地。下面將從美學的角度，更進一步析論德育中保全美德倫理及權利倫理之美感的要點。

第四節　道德教學的美感要領

　　在前面幾節的討論中，對於「美感」一詞的使用，在涵義上並沒有加以界定，所以文中論及某種型式的道德或道德教學合或不合美感時，純粹只是一種直覺的陳述。本節將借用康德（I. Kant, 1724-1804）的美學理論，進一步說明「美德倫理」和「權利倫理」的美感價值如何才能得到保存。

　　康德從四個方向來分析人類的美感判斷：第一，就質的方面而言，美感判斷是一種不計較利害的有感反應；第二，就量的方面而

言，審美是一種單稱判斷，並無規則可循；第三，就方式而言，美感
判斷是一種不必透過概念思維，就必然能由美的對象，直接得到愉快
感受的能力；第四，就關係的方面而言，美感判斷不與任何實際的目
的相連，是一種純粹的美，自由的美，具有一種「無目的的合目的
性」。綜合言之，康德美學理論中的美感判斷力，有四個主要的特
徵：包括「有感反應」（felt-response）、「無規則性」（the absence of
rules）、「愉快感覺」（a feeling of pleasure）和「忘我無私」（disinter-
estedness）（Gardner, 1995:587-589）。以下逐一分析這些特徵，並申論其
對道德教學的美感意義。

☪ 一、有感反應

康德基本上同意經驗主義論者休謨（D. Hume, 1711-1776）的看法，
認為美是一種個人「品味」（taste）的反應，是主體與客體相遇後，
所產生的一種「真實」感受。當我說一物美時，你同意與否的根據是
你的感受，當你沒有真實感受到該物的美時，你若表示同意我的看
法，你也知道你是在作假。康德說：

> 如果我們想分辨一物是否為美，我們不是依理解作用的方式，把一
> 意象和客體作對比，以得到一些認知；而是依想像力（也許加上一
> 些理解力）的作用，把一意象呈顯給主體，由主體的愉快或不快的
> 感受來判定。（Kant, 1928: §1）

所以在美的判斷中，不是我去遷就外在的世界，而是外在的世界
遷就我。我關心的不是外在對象是否像我認識的那樣；而是那事物是
否引起我美的感受。如果我對一物沒有美的感受，它的美，對我而言
便是不存在的（即使該物存在）；相反的，一意象只要能引起我美的
感受，它的美便是存在的、真實的。所以美的先決條件是，能引起主
體的有感反應。道德自律所強調的「真摯感」（authenticity），也是一

種有感反應。如果一主體不能真正感受一行為模式的美好，要求他在這方面能夠自律，在表面行為上或者可能，在心理上卻不能成立。

　　一般而言，美德倫理所要求（或期許）於人的行為模式，不如權利倫理所規定的行為模式那麼容易使人感受到必要性或迫切性。比如說，一般人大致同意不能欺壓人，但卻不一定同意必須以德報怨。以德報怨是一項超義務的美德，不是行為義務，但當這種美德，從被歌頌、讚賞、提倡，進而被要求時，便漸漸從美德轉成準義務行為，對那些不覺得以德報怨值得的人，產生半強迫的，與美感的「有感反應」原則相違背的作用。其他一切美德，大概也都依著這種脈絡，從可能的美，轉變成實質的醜。

☪ 二、無規則性

　　當我們認識到美感是一種有感反應，便知道所有的美，都只是一種指引，一種邀約，絕不能強迫（Eaton, 1988: 121）；沒有人能強迫人覺得一物的美，正如我們無法強迫人去愛一對象。美與愛，都必須有感而發。正因為個人保有判別一物美或不美的絕對權利，所以任何美的規則，對個人的美感判斷來說，都沒有強制的效力，甚至可以說美的規則不存在。我們無法找出美的公式，例如：「凡符合甲條件的事物，便是美」。因為一方面承認某對象具有甲的客觀條件，另方面卻又不承認他的美，在常識之中，是被接受的。康德說：

> 沒有任何規則可以強迫人認可一物的美。不論這個美的事物是一件衣裳，一棟房屋，或者一朵花，我們都拒絕承認自己對它的判斷受到任何原理原則的支配。我們希望親眼觀照一客體，好像我們的樂趣有賴感官知覺似的。當我們這麼做，而且稱觀照的對象為美時，我們相信自己是在表達一種普遍的心聲，認為每一個人都會心有同感，雖然如此，居於決定地位的，不是內在的感官知覺，而是觀照者本身和「他的」喜愛之情（Kant, 1928: §8）。

康德一方面承認人的美感有共通性、普遍性，另方面卻體認到美不是客觀認知的對象，沒有概念或邏輯的必然性，倚賴觀照者主觀的喜愛。所以康德認為美只有「主觀的普遍性」（subjective universality），沒有客觀的必然性，不可能談建立規則的問題。因此，當兩個人對一物有美感的歧見時，任何一方，都無法援引規則，透過說理，迫使對方認錯。我們可以說美無對錯，只有同感與否，脫離不了主觀的價值投射。就美的普遍性而言，康德認為這種普遍性或必然性，是範例的（exemplary），而非理論的或實踐的（Kant, 1928: §18）。所謂範例，就是典型。典型的美可以在感受層次上，贏得絕大多數人的共鳴。

美德倫理所重視的美德，也會遭遇到如同美的無規則性的問題。換言之，怎麼才算道德或者有德行之美，人我之間存在著不可避免的差異判斷（Mendus, 1998: 41-50），而這種差異性的消弭和美感歧見的消解一樣，不能以強迫的方式進行，只能透過指引和邀約，期待德行的典型，能得到對方的共鳴。以美德倫理為基礎的道德教學，經常犯的錯誤，是以美德為客觀認知對象，並且在實踐上強制推行，例如我國所謂青年守則的推行方式便是一例。要求學生背青年守則，甚至拿它們來做考題，使美德成了在認知上和道德上的對錯的問題，而不是同感與否的問題，行動召喚的重要和關鍵性也因此被忽略了。至於權利倫理系統裡所規定的權利、義務，也不是完全沒有爭議，例如言論和行動自由的尺度，工作權和財產權的保障等等，在時移世異中，仍不斷有新的爭論出現。就此來說，道德教學的關鍵任務之一，仍在釐清論辯的焦點是理論的、實踐的，或者是範例的。凡是範例的，都必須先進入人的心，感動了人，才能發揮影響作用，不能盲目的強制推行。

☾三、愉快感覺

康德所謂的美，不僅要能引起觀照者的有感反應，最重要的是，這種感覺，必須是愉快的（Kant, 1928: §6, §18）。愉快的感覺，是美感判斷的必要條件。而美的愉快，是一個人在觀照一個形式時，想像力

和理解力的作用達到和諧自由的結果（Kant, 1928: §9）。因此當我們說一物美時，不僅代表我們心領神會了該物的形式，同時認定該形式有引人愉快的能力。說一物美，又認為它的美是痛苦的來源，在邏輯上是說不通的。

以美德倫理為主的道德教學模式，經常遭遇二種與愉快元素有關的美感考驗。一是美德的客觀形式難辨；二是實踐美德的過程，並無愉快的必然性。前一個問題，蘇格拉底（Socrates, 469-399 B.C.）曾經遭遇過。他說：「……我不知道什麼是正義，因此難以瞭解它是不是一種卓越的表現，也無從判別它會帶來愉快或不愉快。」（Plato, 1987: 354b）除了正義之外，其餘的美德，也都有形式難辨的問題。我們的經驗之中，雖有所謂朦朧美，但一物形式難辨時，基本上仍然是一種美感阻礙，該物美或不美，有待當事人自我揣摩、體驗，絕對強迫不得。另一種觀點是，對於若干人而言，美德的履行或追求，代表自我的犧牲，是一種苦，而不是樂。所謂「止於至善」，猶如道德的無期徒刑，真箇是「任重道遠，死而後已」；而「犧牲享受，享受犧牲」、「吃得苦中苦，方為人上人」等等說辭，只有把痛苦當享受的人才做得到。當然對於見得到德行之美的人，可能覺得這種看法失之偏頗，但對一些不能享受犧牲的人，是不是應該這樣看，即是容許他們依循權利倫理即可，而把美德倫理作為一種個人自由選擇？平心而論，一般人不想追求道德完美或做道德聖人，不一定是做不到，可能只是缺乏動機，而甘於平凡。現在的問題就在於美德倫理的系統中，聖人是不想做凡人，凡人也沒有做聖人的意願；我們似乎應當為一般人保存這種不做聖人的自由，美德的美他們是否看得見，留給他們自己去決定。

權利倫理的設計，為個人的人生理想營造一個基本的保障，但不規定最高理想的方向。你可以是藝術家、科學家或者任何你想發展成的人－只要你不侵害別人的生命發展權。在這樣的社會裡，沒有人會質問你：「為什麼你只是藝術家，而不是道德家？」，或者「為什麼

你只沈迷於研究，而不負起平天下的社會責任？」沒有這種社會期望，自由和生命握在自己手裡的感覺，是一種自在，一種愉快，一種美。對於這種美的感受，常常在社會強索超義務行為時消失。聯合報副刊有段活動介紹文字，「表現」了這種期望過著、泛道德主義和破壞美感的氣氛：

> 「知識份子的社會參與」講座，共舉行十二場。自今年六月十三日起，至明年四月十日止，邀請十二位文化界領袖探究知識份子的歷史、角色、精神。講題涵蓋美學、宗教、商業、政治、傳播⋯⋯各體系，逼問知識份子的良知、責任及終極關懷 [10]（聯合報，1998.9.16）。

「良知、責任及終極關懷」的內容中，有義務道德也有超義務道德，不能一概用「逼問」的方式來進行，否則便會落入泛道德主義的窠臼，形成「吃人」的結果。正因為對於泛道德主義排擠非道德生活的潛在危險性有著深刻的體驗，所以伍爾芙（Wolf, 1982: 435-436）說，從道德的立場而言，我們有理由支持人過不以道德為終極目標的生活；而且相信「道德不完美但卻有精采表現的人是可能存在的」（a person may be perfectly wonderful without being perfectly moral）。

☪ 四、忘我無私

美感必然含著快感；但快感不一定是美感的結果。康德認為，美感判斷中所體驗的愉快，與利害無關（Kant, 1928: §2）。它不是功利滿足的後效。例如我們覺得一片田野很美，並不是想到那一片地肥沃多產；肥沃多產的田地，不一定讓人覺得美。美也不是對一個客體的概念認知，它關心的是對象的形式所引發的想像樂趣。所以美感，是物

---

[10] 底線乃本書作者附加。

我兩忘，超離利害計較的一種無限自由的愉快（Kant, 1928: §5, §14, §15, §16）。美所蘊含的這種自發脫俗的特徵，正是康德認為「美是道德的象徵」的主要理由。美的自發性，和道德理性不為欲求所役的自由，同時象徵著人類的超越與尊嚴，也因此同時代表著人類高度的精神愉快（Kant, 1928: §59; Guyer, 1993: 106-107）。

美德倫理所強調的美德，如果要讓更多人接受，就不能忘了美德之所以為美，乃在於它所象徵的自由與愉快。美德不能被當作一種強制的人生義務；相反的，它應被詮釋成人類帶領自我攀升的樂趣之源，一種精神昂揚的超拔。直言之，美德較不易在「必修」的環境中繁榮，而應與權利倫理結合，等而上之，作為一種生命的「超拔」，以樂趣的面貌出現，和別的趣味並列，邀約同感的人一起追求，才是正途。

第五節　道德的極致與底線

以上透過審美的視野，探討道德教育以美德倫理和權利倫理為基礎，各自代表的美感蘊義，並指出，以美德倫理為基礎的道德教育，提倡人在道德上追求卓越、完美，不能以強迫的方式為之，否則將造成個人在公、私領域都要受高度行為標準的檢視，極易形成一種壓迫感。其實，一個人只要具備基本的道德（如權利倫理）即足立身，追求道德至善與否，在於自己。因為「至善」只是「理想」，很難「指實」，無法勉強。總之，我們都必須遵循一些基本的道德規範，這些規範才是我們可以要求於一般人去學習或遵行的。權利倫理的主張，就在為道德底線尋一輪廓，接近懷特（J. White, 1990）所謂的「底線論道德」（minimalist morality），允許一般人在基本道德義務完成之後，自由追求其他人生目標。美德倫理則類似懷特所謂的「極致論道德」（maximalist morality），如前所述，這種倫理的提倡必須認識到，道德修為有階段性和個別差異，不能以最高道德標準為標準，以最高標準

要求每個人，並不合理，且無美感。依懷特的觀察，英國社會中，底線論道德似乎比極致論道德占優勢。這一點在強調自由主義的英國社會是可以理解的。在自由主義盛行的社會中，個人幸福不一定寄存於崇高道德的實踐；而我們也不可能要求人人都把道德議題，如動物權的爭取、女性的解放或者和平運動的推展等，視為人生的最優先目標。人生之中各種目標的追求，常不免於互相排擠的作用。因此，如果我們同意「善」之外，還有「真」與「美」等等其他許多同樣值得追求的事物，那麼德育似乎只應以傾向「極致論道德」的美德倫理作為「理想」，而以傾向「底線論道德」的權利倫理作為「實踐」，如此方能容納多元的價值與不同的人生計畫（包括至善的追求）。

這種寬闊而自由的發展空間的重要性，透過美感的角度，看得格外清晰。美感的發生，是在不帶勉強，超越利害，忘我欣賞範例時，激盪出的怡然神往。康德認為美的自由無礙與至善的境界融通，兩者都不能勉強，有了勉強，便不是至善，便失去美。席勒（F. Schiller, 1759-1805）承繼康德的思想，更進一步指出，美使人免於道德教訓主義（moralistic didacticism），故能對人類的道德和自由作出最大貢獻。一事物在不受限時才能展露最美的形象，也因此能對道德的提昇產生最積極的作用，而這裡所謂不受限，包括不受道德動機的限制。席勒說：

> 假如我們認為一個對象承載著某種道德含意，這對象的形式便取決於實踐理性，而非其自身，〔同時〕也就落入他律的處境。因此一件藝術作品或者一個行為的道德目的，對美的貢獻極微，最好加以隱藏。當這事物的形象完全自由而不受強迫地自在顯現時，美就不會佚失。（引自 Guyer，1993：120）

一物的美會因為我們過度強調其道德意義而佚失，美德的「美」和「德」的本質，也會在說教和強制的氣氛中消失。大道無言，天何

言哉？提倡美德的人，最好以行動展示，而非用言語要求或命令。席勒說：「美引導感性的人接近形式和思維；美帶領理性的人回歸質料和感性的世界」（Schiller, 1965: 87）這種看法，包含深遠的認識論意旨。確切地說，美感通理性與感性，使人的可能性完全開展，進而兼顧物之形式與質料，認識其全貌。如果以美德的教導為例來解說席勒的觀點，可以說學生在見到美德的典範時，將同時感受到理性和感性的召喚—原本就誠心向善者，可在美德典範中見到行德的方法；原來只是理智上認同而無充實行善動力者，在與美德典範的互動中可以得到真實的感動，激發行善熱情。所以典範的提供在德育中可說是重要的關鍵。

第六節　結　論

總之，美德雖是道德發展的極致，也是道德教育的理想，然而其需要在不受強制的，安全和自由的氣氛下，方能成為滋養人生幸福的美好事物。值得再一提的是，美德倫理與權利倫理並無衝突，只是層次有別；有的論者甚至認為，儒家的美德倫理系統對個人的尊重，較諸西方今日的人權觀念並不遜色（陳立勝譯，2003：170）。然而不能否認的是，美德倫理若以「強制」的方式推行，不但有侵犯個體人權的可能，而且失去美德的美感。認識權利倫理的必要性，對美德倫理的教育模式，才會注重美感和自願性，培育「美」德的苦心也才能開花結果。提倡美德學習的人，不能忘記孔子所談的德行修為是一種「為己之學」（見論語・憲問），亦即是為了個人生命的幸福而有的學習，既然是「為己」，就在自發自動，用強迫的方式來使別人為他們自己好，豈不怪謬！另一方面，美德倫理的推行雖然不能沒有權利倫理的輔助，權利倫理的推行，也不能忽略美德倫理的價值，否則權利倫理所倡議的人權尊重，也難完整落實。有關這一論點，將留待下章深入探討。

第六章

人權教育的道德形上基礎

第一節　前　言

「人權」在九年一貫課程中列為「六大議題」之一，顯見其在課程制定者的心中，乃是現代國民應該具備的核心素養。

人權當然是現代社會公民教育的核心議題，但是人權教育如果只重自由、人權，而不講道德，似乎會面臨一些限制和難解的問題。例如各類人權（如工作權、受教權、財產權等等）在提倡者或主張者的心目中，往往都是以「絕對」權的形態出現，但各種權之間，實際上有互相牽涉之處，若只強調其一而忽略其他，便難免有彼此衝突的可能；即使是同一權利（如受教權）的不同主張者之間，相持不下的爭執畫面也屢見不鮮。

面對權利衝突的現象，常見的訴求中含著兩種心態：一是比誰的權「絕對」；另一是比誰「弱勢」。以「比絕對」的策略而論，舉例來說，一工廠如果排放「有毒」廢氣，且長期無法改善，可能遭受工廠附近居民的抗爭，當衝突無法妥協時，則該工廠附近居民免受毒害的「生命權」，就比該工廠員工生計所賴的「工作權」來得絕對，換句話說，工作權的主張便必須退讓，工廠應該關閉。只是這種比絕對的方式，並非無往不利。因為在許多衝突中，爭執雙方往往各自覺得自己的權是絕對的，最後弄得只有法院見，甚至申請大法官釋憲，但最後結果是否能夠客觀公正，恐怕法官本身也難以保證。

「比弱勢」的策略，在當代講究多元、平權的正義觀中，也常被用於衝突的解決或資源分配時的訴求。例如一般公民都有「參政權」或「受教權」，但若干個人或群體，因為各式各樣的因素而處於劣勢，無法在「表面」平等的規則上真正平等享有其「參政權」或「受教權」時，要求政府給予特別的保障、優待或自由。這種策略也常見於「多數」和「少數」的分野上。換言之，少數群體往往自比為弱勢，而主張應受特別待遇或應得採取不同生活形式之權。這種權利衝

突或資源分配的解決方式，一樣不是萬靈丹；因為「少數」並不等於「弱勢」，「弱勢」也不能以其為「弱」的理由來當「正理」。舉例來說，吸毒者或是援交者，都可能宣稱自己屬於社會的少數群體，是弱勢，受到多數的欺壓和歧視，而不能過自己選擇的生命形式，自由和「權利」都受到侵犯，並且認為「正義」的社會應該停止這種壓迫，返還他們生活的「自主權」、「實驗權」、「探索權」或「創造權」。也許，並不是每一個人都能同意吸毒者或援交者是社會的弱勢，即使同意他們是社會上的弱勢，也不一定同意他們應該保有，甚或提倡自己的生活形式。這類不確定，正是在人權路上學步的我們，不斷要面臨的社會衝突引爆點。

至於比弱勢和比絕對都（暫時）贏不了自己的「權」的群體，除了明的抗爭之外，暗地裡仍是我行我素的不在少數。站在教育的立場上，如果我們不支持某些「弱勢者」（如吸毒者、援交者）的「權利」主張，將怎樣呢？告訴他們，他們的行為是犯法的嗎？這只說明了他們「目前」無權那麼作，很難說他們一定「不對」'。而當他們被禁止享有那些行為自由或權利時，便被逼入地下，仍然我行我素！人權教育可以教會他們不僅僅懂得自己在法律上無權那樣，在行為上也不那般嗎？如果不追溯道德本源，而純由「法權」的概念和自由的角度來思考，將做不到這點。不以道德為基礎的人權主張之間的衝突，勢必陷入赤裸的權利對決，而勝者也只能予人強權壓抑弱勢、灌輸主流價值的口實。

為了更進一步證成前述斷言，本文將以中央大學「性／別研究室」在九十二年四月間爆發的動物戀網路超連結事件為例，分析衝突的引爆點，並說明論「權」而不言「德」，既失焦亦無助衝突的解決。

' 法律「禁止」吸毒，是基於保障人民健康而定的，社會「不贊成」援交，因其違反傳統所承認的善良風俗。但如果吸毒者「不愛健康」，援交者「不在乎善良」，他們恐怕就很難不違法。

第二節 異類性「權」的論爭

中央大學「性／別研究室」主持人何春蕤指出，她為了學術研究及回應社會對「浩瀚」性社會文化的「迫切知識需求」，設立了「性解放」網站，在網站上對「當代的性多元和性偏差現象」，進行資料及理論的整理，希望大眾透過此網站可以「建立對性的多樣面貌的基本認知」（何春蕤，2003c）。該網站蒐集的資料中，提供展示人獸性交圖片的網站連結，在網站連結存在三年多之後的九十二年四月，善牧基金會和終止童妓協會等婦運團體，以連結網站所展示的圖片「太噁心」、「戕害兒童心靈」為由，向教育部提出檢舉。一時輿論譁然，大學網站提供「人獸交」網站連結是否合宜，成為多方關注的焦點。

何主持人在自己的專業判斷和教學適任性受到強烈質疑的情形下，提出六點聲明（何春蕤，2003a）。在其聲明中，最引人注意的是，她不僅只是站在「容忍」的立場，支持人們該有動物戀的自由；從其提供所謂「完全獸交手冊」，認同人獸交是一種快樂的追尋、一種愛，並斥責對「動物戀的理念與實踐完全沒有興趣」的人「無知」來看，她顯然是「提倡」動物戀的正當性，並鼓勵大家去嘗試的。她認為自己的所作所為乃是「真正倡導人獸性平等的作法」，而檢舉、反對她的人，則是犯了「道德恐慌」、「閉鎖心態」和刻意對她「醜化抹黑」等等錯誤。她還指出，如果有人推動立法，要求政府禁絕動物戀的說法和做法，便是在「懲罰和自己不一樣的實踐」（何春蕤，2003c）。關於何春蕤的說法，以下分兩項批駁：

☪ 一、用權使人噁心

何主持人受到反對的理由，當然不只是她提倡了「不一樣」的實踐而已。她提倡的實踐引起大眾的噁心、義憤，才會遭致激烈譴責。這裡眾人對何主持人的譴責是否得當，可從兩個來層次來看。首先，

何主持人有沒有「義務」不讓大眾覺得噁心？這顯然是沒有的。其次，何主持人的「噁心」是否有害我們，或者我們所關心的人或物？這個免於傷害原則是多數自由主義的鼓倡者都接受的自由權底限。可是什麼叫「傷害」？為什麼人獸交圖片會造成傷害？傷害了誰？這些是更深層次的問題，較為複雜難解。

　　有些論者支持何主持人的立場，但把辯護的焦點放在第一層次上，也就是說明我們無權因為別人讓我們覺得噁心，就打擊、壓制別人。到了第二層次上，卻含糊以對。例如，許佑生引據說明人獸交媾不僅古代神話有所描寫，即連二十世紀的美國，根據金賽博士的調查，與動物有性接觸的，男性之中有八％，女性則有三％。言下之意，似乎認為人獸交媾不足為奇，也無錯誤；而這正是典型「凡存在者，必有價值」的心態。許氏又說，唯有對各種「奇形怪狀」的性行為「摒除個人的主觀好惡，才能表現專業的中立態度。」（許佑生，2003）許氏在這裡所說的「專業」指的是性學研究。

　　許氏顯然希望社會大眾把性學研究的專業中立態度也用於日常生活態度之中，因為若不放棄好惡的價值判斷，相信我們會陷入打壓異己的蠻橫行徑。他說中央大學動物戀網頁事件，顯示我們的社會似乎仍存在著「霸權的情慾地基」，無條件擁護「我類性行為」，而對「異類性行為」則非理性地趕盡殺絕，表現出毫無性權概念的文化來。

　　許氏的基本立場是認為動物戀乃古往今來一直存在的現象，所以大家實在沒有必要表現出驚異的態度，更不應以己之好惡來壓迫某些人的「異類性權」。在論述中，許氏同時用到了「比絕對」和「比弱勢」的策略，忽略的是「對錯判斷」的道德問題。儼然主張性活動無對錯可言，在人的自由主張及行動的範疇中；換個角度說，他認為個人的性權比他人的好惡更絕對，凡是有文化的社會，就不應該以多數人的好惡為準，撻伐那些喜好異類性行為的少數和弱勢群體。

　　何主持人在對抗群眾嫌惡態度這一層次上，論述取徑和許氏沒有太大差異，也是以否定性偏好有對錯，來達到證明性問題的解決若涉

入價值觀，乃是一種霸權的反映以及漠視性是一種人權的不人道做法（何春蕤，2003c：2-3）。許氏則更鮮明地指稱，色情與否之爭，充滿權力對決，「往往不是真理的爭辯」，並引史卓社（Nadine Strosse）的說法，指出一般人常以己之興奮為情色，人之興奮為色情（許佑生，2003）。直言之，在他的看法中，指責別人的性偏好為色情或噁心，根本是霸權心態作祟。他並對「操弄存廢大權的諸公」提出忠告，提醒他們討論色情問題時，心念那些性資源上的弱勢群體（如殘障及無力成家者），別「閹割」他們的「性權力」。

☪二、無權傷害別人

當性偏好在何、許等氏的心中被確立為無道德上的對錯時，性權力在他們看來是一種他人無可過問的絕對權力，也就不足為奇了。只是性偏好沒有道德上的對錯嗎？當代自由主義的提倡者如德沃肯（R. Dworkin）和羅爾斯（J. Rawls），雖然強調社會應該建立一套中立架構，以提供多元價值共存的基本條件，但同時也堅持自由或權利的使用應以不傷害別人為前提的道德底限。這裡所謂傷害有兩個可能向度，一是軀體的，一是尊嚴的。一個人的性偏好有沒有可能傷害別人的軀體或尊嚴呢？這種可能性無疑是存在的。動物戀的支持者如何面對這個層次的問題呢？

許多動物戀的支持者對於這個問題，避重就輕，含糊以對[2]。舉例而言，一位筆名「淫姐三代」的東海大學研究生說（淫姐三代，2003）：我們生活在「施暴／受害者」之分辨標準崩解的「正義的曖昧」年代，在這個年代中，援交的大學生、網路上的自拍女王，並不是什麼受害者，也沒有人壓榨她們，她們要的不是保護，而是「不受檢警與

---

[2]　錢永祥（2003）。動物不怕遇上性，他怕遇上人：回覆卡維波。原載破報（4/25-5/4）。檢索日期年2003/7月，取自 http:sex.ncu.edu.tw/animal-love/animal_love23.htm.

婦女團體迫害」的行為自由，對她們來說，「救援／保護意識」顯得「荒唐可笑」，那些以為分辨標準存在的保護團體和「真理政權」所表現的，不過是「撲殺曖昧」的狂熱威權主義。按照這種說法，成人如果以保護兒童之名禁止兒童進行動物戀或瀏覽動物戀網站，也是荒誕不經、食古不化的。關於兒童的部分，將留待下節討論。在這裡我所要指出的是，動物戀的支持者完全忽視動物戀中的「動物」，只說「人」有動物戀的異類性權，不問動物是不是要這種異類性權。如果有自然選擇餘地，而又能夠使人知道的話，動物要的恐怕還是「同類」性權。換句話說，在動物戀中，動物完全是人的愛慾工具，受人操控的玩物。何主持人認為（何春蕤，2003a：2），動物戀的活動，是「人獸平等」觀的踐行，此說顯然一廂情願。在動物戀中，動物是明白的受剝削者，「施暴／受害者」的區分至為明顯，並沒有「淫姐三代」所說的曖昧餘地。

　　動物戀中的動物被工具化以及可能被虐待的事實，何主持人（何春蕤，2003a）在六點聲明文中的反應是：比起人類大規模將動物豢養在惡劣生存環境，動物戀實在不算惡劣，只要對動物的生理有認識，時時反省，還是可以在動物戀中「善待」、「愛」動物，不一定會有粗暴的虐待或強制手法。的確如何春蕤所說，比起人類大規模關、殺、吃動物的事實，動物戀（即使是「強暴」動物）也只是小巫見大巫。可是，「不以惡小而為之」，不也是我們該有的基本態度嗎？重點是，何主持人似乎認為不惡待動物的動物戀是可能的，果真如此，不惡待動物的動物戀便不該被譴責或干涉。

　　何主持人的考慮顯然停留在生理方面，而未計及尊嚴上和靈性上的問題。即使動物戀者非常瞭解動物的生理，而能避免對動物的生理傷害，仍不能否認動物戀是人為了己身的慾念，而誘引或強迫對方滿足自己的不尊嚴作為。也就是動物戀不能符合行為者雙方都具有自由意願的尊嚴律要求。動物戀的鼓吹者卡維波否定尊嚴律可以適用於動物。他認為（卡維波，2003b：3），要求動物在人獸性行為中行使契約

論式同意權，是一種「範疇錯置」，因為動物根本沒有同意或不同意的可能。他說（卡維波，2003b：1）：反對獸交者經常指出，獸交和誘姦甚或強姦兒童沒有太大差異，因為動物無法「同意」和人的性行為，「其實這個論證乃是出自人類中心主義的觀點與謬誤」。所以卡氏不僅認為拿人際互動的規範（自由意願）來看待人獸關係是範疇失誤，也是人類中心主義的自以為是。卡氏似乎並未慮及，因為自己「愛戀」的對方，沒有行使同意權的能力（如年幼無知者、智能不足者、精神疾病者或是動物），自己再怎麼渴望，也絕不應該哄誘對方進行自己覺得爽快的事，乃是對其尊嚴，以及自我之尊嚴的一種崇敬。卡氏如果認為「同意」條件或尊嚴律的要求不適合動物，至少應該接受「順應自然」的準則。試想，有哪一隻「自然」的狗會捨狗而就人？動物也該有「選擇」性對象的「權利」吧[3]（參見康寧馨，2003）！卡氏（卡維波，2003b：2）似乎覺察到動物戀的「不自然」，所以只能抱怨人們為什麼自相矛盾地主張：「哄狗進去狗籠子睡覺，是可以的，但是哄狗跟你上床睡覺，是不可以的。」這種說詞，不僅是「比爛心理」的投射和道德問題的逃避，更說明了談「權」而不談「德」的限制和問題所在。

第三節　保護權和保護主義

動物戀除了是對動物的生理或尊嚴的一種傷害，兒童如果模仿成人如此，會不會對其身心造成惡質影響？如果會，那麼父母反對何主持人，便是合法行使保護兒童之權，而非殺伐異議者。然若動物戀對兒童並不造成傷害，而父母仍然以保護兒童之名反對動物戀，便是濫權的保護主義，是以保護之名，行禁錮兒童心靈及生命之實。

---

[3] 康寧馨（2003）。動物解放與性解放一樣重要。原載破報255號（4/18-4/27）。檢索日期年2003/7月，取自 http:sex.ncu.edu.tw/animal-love/animal_love24.htm.

☪ 一、道德的科學遁詞

我想絕大多數瞭解這個事件，而又對何主持人的作為表現出憤怒的人，都是真誠的。也就是真心以為提倡動物戀將對社會，特別是會對我們的下一代產生極惡質的影響和傷害，同時也有對動物的一種不忍之情。但在何主持人的眼中，激烈反對她的人，似乎只是無知、閉塞而又好醜化他人的一類。

何主持人春蕤說（何春蕤，2003b），她不只一次被「熱切」地問到：「難道妳不擔心兒童看了這些色情圖片會受傷害嗎？」她認同這是一個很重要的根本問題，但指責反對她的人從未深究這個問題，「而總是想當然耳的用某些成人的階級道德品味來取代真實生活中兒童的理解……。」換句話說，不是大人覺得兒童會受傷害，兒童真的就會如此。她指出，那些成人們認定為會「受害的兒童」，其實是「想像的兒童」；因為連科學實證研究都不能證實色情圖片有害兒童，不做科學研究的大人們如何能肯定？不能肯定兒童會受色情圖片傷害，就禁止他們瀏覽，在她的看法中，是表現出大家長式的保護主義，也是「另一種傷害」（何春蕤，2003b：2）。何主持人這裡所指的「另一種傷害」包括：「剝奪兒童和青少年自主成長的空間、篩選控制個人資訊的取得、弱化兒童和青少年的心靈、限制兒童和青少年的情慾發展等等。」

任何教育的過程中（包括何主持人本身在大學裡開設的一切課程），施教者對受教者接收的資訊，都有一定程度的篩選或管制，這不僅是無可避免，也是必要。更確切地說，施教者為受教者選取最有益的並排除有害的學習材料，既是教育邏輯的必然，也是施教者不可怠忽的職責。因此父母親或成人作為兒童及青少年的教育者，篩選及控制其資料的取得，並不能說是一種傷害，更不是剝奪其自主成長的空間。鼓勵吸毒的影片如果被禁播，有誰會批評這是惡意篩選控制兒童資訊的取得，或影響其自主成長空間？所以關鍵不在篩選及控制兒

童資料之取得，而在被篩選掉的資料為何？何主持人顯然認為被法律或父母篩選掉的色情圖片（含其網站所連結之人獸交媾圖）是不該被篩選掉的，因為她覺得這些圖片有利兒童的情慾發展，也因此對其心靈的強化及自主成長是有益的。令人不解的是，情慾的發展一定得用色情圖片嗎？如果兒童和青少年在成年以前不接觸色情圖片，情慾發展就會不完整或不健全嗎？在這兩個問題上，即使何主持人召來其所信奉的科學實證研究，恐怕也難建立其所稱的「毫無疑義的因果定論」。無論如何，何主持人認為那些可以發展兒童情慾的色情圖片，不見得能被證明是有害的。在得不到這個證明之前，她大概只會認定那些反對兒童觀看色情圖片的人，是犯了性恐慌症的「否性主義者」。

依據何主持人的主張，只有科學實證研究才能判定色情圖片和動物戀的提倡是否對兒童有傷害。「道德」傷害似乎不在她的意識之中。如果她有道德傷害的意識，就不會拿科學研究無法確定動物戀有害兒童來作為自圓其說的藉口。動物戀的提倡對兒童會有道德傷害嗎？向兒童（不論有意或無意）提供敗德的材料必然會傷害他們嗎？提供人獸交媾圖片敗德嗎？動物戀敗德嗎？這些問題恐怕是何主持人刻意迴避或未曾深思的。

☾ 二、傲慢與自溺

前述問題中，「動物戀敗德嗎？」是最關鍵的一個。這個問題在前節中已稍有論述，本節將進一步探討，並說明其教育意含。前節指出，提倡動物戀形同提倡對動物的侵犯，也是提倡人作為一種沒有尊嚴的存在體。動物戀是對動物的侵犯，因為動物在自然狀態下，不會「選擇」或「同意」與人發生性行為。換句話說，動物戀中的性行為，完全是人一手操控的結果，只有人「戀」獸，沒有獸「戀」人，涉入其中的人，單方面為了滿足自己的情慾，而把動物徹底地工具化。所以動物戀雖不一定有對動物身體造成傷害的虐待行為，卻必然包含對動物的身體及尊嚴的侵犯。

　　如前節所述，動物戀的支持者卡維波認為，動物根本沒有同意或選擇能力，因此以動物的同意作為動物戀的前提，顯然頭腦不清。可是我們可不可以和缺乏同意能力的幼童發展「戀童關係」呢？卡維波（卡維波，2003b：4）說，戀童不行，戀獸可以，因為「兒童終究會具有同意的能力；但動物則不然」。這是擺明了欺負動物的低能。腦死的植物人（或死人）無法行使同意權，但如果有人的癖好特殊，「愛戀」上某個植物人或死人，可以因為自己情慾高漲，就和心儀的植物人（或死人）親熱起來嗎？如果這是不行的，為何可以如此對待動物？這不是欺負動物，侮辱弱小嗎？總結地說，向兒童宣揚動物戀，就是在鼓勵兒童侵犯、欺負動物。這若不是敗德，是什麼？這若不是傷害，什麼才叫傷害？

　　更進一步說，動物戀中的成人（或兒童），不僅傷害了動物，也傷害了自己。當我們對另一個體的親暱性行為未曾取得其同意（不論何種因素造成其無法同意），而我們卻執意進行，此時，即便我們以「愛戀」為名，仍無可逃脫惡待另一個體之實。而這種惡待不僅損及另一個體的尊嚴，也有負我們作為一種有靈生物的自尊。換句話說，那些告訴兒童們可以這樣做的人（不論其訴說的方式為何），無異是在麻醉兒童的良知，誤導他們拋棄作為「人權」不離口的人該有的基本尊嚴─「欺負」對方沒有說不的可能，而在對方身上任性放縱一己慾望的人，何來尊嚴之有？卡維波（卡維波，2003b，5）反擊說：「在目前台灣社會的脈絡下，動物權有正當性，性權沒有。」他似乎不認為人獸交是在惡待動物，所以動物戀者的「性權」無法在大眾間取得正當性，就被他看做是台灣社會「未開化」的、「猙獰」的象徵了。

　　被何主持人等奉為哲學大師與理論指導人的新格（Peter Singer, 1946- ）說（Singer, 2001）：人類長期對動物戀表現出強烈敵視態度的一個主因在於，人類渴望在每一方面都和動物有所區隔。卡維波（卡維波，2003a，2）沿著類似的想法，更進一步說，大眾懷有「人類高貴，動物低賤」的種屬不平等心理，才會對動物戀者百般歧視和壓迫。關於這

個論點，可由幾個方面來評述。首先，人類在許多方面的確與動物有所不同而且更加優異。自覺自己不同於且優於另一類（或另一個體），並不等於採取不平等主義。相不相同是一種事實─不可否認的事實；平不平等是一種待遇─可以不斷修正追求的理想。瞭解自己優於對方、可以控制對方，而又願意竭力為對方設想，使對方得以享有和自己一樣的待遇，是為正義的核心精神，也是有靈者顯現其優越與尊嚴的方式。我們不願見戀童行為，因為我們知道這是在利用自己的優勢，去占一個身心發展尚未成熟者的便宜，而不是我們看不起兒童，覺得他們低於自己。同樣的，我們不作動物戀，是因為我們清楚瞭解，那是仗著動物永遠無法說不、告不了我們的狀、也逃不出我們手掌心的一種惡性欺凌行為，而不是因為我們瞧不起動物。換句話說，我們的自我期許和尊嚴感，使我們難以昧著良心欺侮弱小、占弱小的便宜。所以，我們反對人動物戀，是為動物抱不平；反對向兒童提倡動物戀，是保護身心尚未成熟的兒童的良心不被遮蔽；我們嫌惡自己有動物戀的念頭或行為，因為那是拋棄自尊，狠心欺侮弱者以逞私慾的敗德之行。我們很難想像有多少人，可以舒坦而不自欺的和辛格一樣承認「我們都是大猩猩」（Singer, 2001: 8），更別說是和大猩猩談起「戀愛」來了。然而，如果有人真是如此，其中牽涉的，將不只是動物戀的鼓吹者所說的「技術」問題而已，尊嚴問題也在其中。

　　保護兒童不受敗行（包括動物戀）的影響，是身為父母或教育者應盡的天職，如果這叫何主持人所說的「大家長心態的保護主義」和「歷史的大倒車」（何春蕤，2003b），父母們實在可以快樂領受這兩個「污名」。

第四節　無知之幕與蓋吉氏魔戒

　　回到一個更為根本的問題，我們（包括那些動物戀的鼓吹者和我們的下一代）不欺負、不傷害無力反撲的弱者，同時還能愛護、敬重

他們的力量從何而來？這問題涉及人權教育的核心，分兩項探討如下：

☾ 一、人權的道德核心

人權教育的主要目的之一，乃在教導人們尊重別人的權利，然而這種尊重的力量從何而來？這個問題的答案顯然是人權教育能否成功的關鍵所在。從力量的角度來看，在自然狀態下，我們所面對的人相較於我們，大致可以分為三種。一為強者；一為勢均力敵者；一為弱者。尊重強者的人權，不只是一種應然，且是一種自然。因為不尊重的結果，往往為我們帶來慘痛的災難或傷害。換句話說，尊重強者的人權，是一種接受事實的「自然法則」。對於勢均力敵者的人權，我們也有不得不尊重的理由，因為不尊重，換來的是全體混戰，誰也討不到便宜。為了避免兩敗俱傷，勢均力敵者經協商或立法行為，明定承認彼此人權的規則，這裡我們採取的是「慎思法則」。至於弱者，特別是再怎樣也傷不了我們的對象，我們還自願尊重其權利，甚至敬重他們，此時，召喚我們的，明顯不是弱肉強食的自然法則，亦非妥協現實的慎思法則，而是展露靈性（甚或神性）的「道德法則」。一個社會的道德水準，主要表現在我們與第三類對象的互動方式，換句話說，愈能將尊重弱者權利的偶然行為，轉化為自然且必然行為的社會，愈是理想的社會。值得注意的是，不論我們採取何種方法將這種偶然化為必然，其核心動力必是濟弱扶傾的道德靈性，因此，不同時涵化這種道德靈性的人權教育，其成效必將大受限制。即便是提倡人人皆有「自然」人權的思想家，相信也認識到，就生物弱肉強食的法則而言，人類對於弱者人權的尊重，乃是一點也不「自然」的事。更明白的說，尊重弱者的人權，象徵著我們能擺脫生物法則，展現人類特有的「優越品質」，而成為有靈的自由王國的一員。

羅爾斯有一段話可以說是前述道德理想的明確表述，他說（Rawls, 1973: 28）：

依據正義，或者所謂的自然權利，社會中的每個人都具有其他人無可凌駕的不可侵犯性。正義反對為了某些人的較大利益而剝奪另一些人的自由，不允許把所有人當作只是一個人似地來計算得與失。因此，在正義的社會中，基本自由被視為當然，而正義所維護的權利，斷不屈從於政治協商或社會利益的算計。

羅爾斯和其他以正義為理想的思想家們，所面臨的一個共同難題在於，將別人（不論其力量大小）視為平等，並捍衛其權利的動力從何而來？羅爾斯偏向從慎思法則來考量這個問題。他認為（Rawls, 1973: 136-142），民主社會中的每個人之所以願意承認人人皆有不可侵犯的權利，乃在我們全體一同簽訂政治契約的時候，都被一層「無知之幕」（veil of ignorance）遮蔽。在無知之幕的遮蓋下，所有立約者對於自己的地位、能力、興趣、性格、認同的文化及政經結構等等，一概不知。簡言之，我們對於自己的現在或者未來，與他人相較而言究竟是弱者、勢均力敵者、或是強者，完全沒有線索。在這種情況下，簽訂人人平權的政治契約，不僅合乎理性，也與道德感中的正義要求不相扦格。很明白的，羅爾斯的無知之幕只是個假定，目的在用於構想從事正義原則的選擇時，該有的「理想情境」。

☾ 二、靈性的發掘

可惜的是，我們進行與正義問題相關的真實抉擇行動時，羅爾斯的理想情境從未存在過；即使無知之幕存在，我們之中的那些賭徒們也不一定會選擇羅爾斯的正義原則，他們寧可冒險牟利，也不願平凡度日，換句話說，只有那些保守份子才會採取羅爾斯所說的立場（Dworkin, 1977: 150）。更進一步說，有時我們對於自己的處境極為瞭解；而別人對於我們則受到無知之幕的迷障。此時，我們會不會像是戴上了「蓋吉氏魔戒」（the ring of Gyges）的人？依柏拉圖（Plato, 1987: 359b-360d）《理想國》（The Republic）中的人物葛樂康（Glaucon）的描

述，牧羊人蓋吉氏因為戴上了地獄魔戒，而有隱形的能力，並從此為非作歹，不僅誘拐皇后，更刺殺國王，沐猴而冠，自立為王。葛樂康講述這個故事的目的，乃在請教蘇格拉底，一般人要是戴上魔戒，還會堅守正義嗎？葛樂康認為絕不可能，在他的看法裡，一般人守正義的原因是因為怕受罰、擔心受報復，一旦知道不義只有好處，沒有壞處，且無人知曉，則正義的遵守對一般人而言便無必要，亦無可能。葛樂康（Plato, 1987: 359c）說：假使正義和不義的人都被賦予為所欲為的自由和能力，我們將發現，他們同樣會在私利的誘引之下，幹著相同的勾當，滿手血腥。葛樂康深信，人們所以選擇正義，乃是法律強制下的不得不然。換句話說，在葛樂康的看法中，我們對弱者的尊重仍是要在「強者」（國家、法律）的壓制下，才會有的一種「自然」，無強制力，這種自然不會存在；其可以在非強制的情況下發生，實在是一種幻想。

　　正如前節所言，面對許多對象時（如幼童、動物），我們占盡優勢，彷彿戴上了蓋吉氏魔戒，根本無人制裁，如何能夠不對弱者為所欲為？對於弱者的保護，法律的強制，力有未逮時，其窮處，便是強者戴上魔戒的界域。此時，除非強者不想、不齒，否則弱者成為俎上肉似乎勢所難免。而人我之間因為這種力量上的極度不對稱性，造成的種種不正義問題，實在是政治可以減緩而無法完全根除的；根除的希望似乎在於我們都是不想、不齒於強凌弱的「人」，不在我們有不准強凌弱的「法」。更明白地說，即使我們戴上魔戒，仍有一個人看得見、制裁得了我們—我們自身。但我們是能制裁自己的「人」嗎？如何才能成為這樣一位有「靈」的「人」？

第五節　「人」的教育與「權」的教育

　　討論到此，有一點應是明白的了，那就是人權教育的重心是「人」的教育而非「權」的教育，至少可以說「權」的教育植基於人的教

育。就邏輯而言，我們必須先是尊重所有生命（包括動物）的「人」，才會有踐行尊重一切生命之「權」的徹底作為。問題是我們是如何才能成為這樣的「人」的呢？或者說我們的靈性從何而來呢？有關這個問題，分兩項論述如下：

☾ 一、德行即生活形式

維根斯坦（L. Wittgenstein, 1889-1951）認為（Wittgenstein, 1980: 81）：我們先要教人過倫理生活，而後才能教其倫理學說。申言之，若一個人不是道德人，道德勸說或道德理論的成效將極為有限。而道德人是在實踐道德的生活中養成的。對維根斯坦來說，德行和語言一樣，都是人類的生活形式，需要在一個實踐的社會脈絡中，才能理解並習得。就此而論，維根斯坦和亞里斯多德（Aristotle, 384-322 B. C.）的思想相近。亞里斯多德說（Aristotle, 1976: 92）：行動造就性格。又說（Aristotle, 1976: 91）：所有學而後能的事，都需要透過實踐的過程來完成；德行在實踐中成熟，這點和各種藝能的學習並無不同。由這個基本立場出發，亞里斯多德在德育上特別重視習慣的養成。他指出：「年幼時期各種習慣的培養並非無關緊要，它不但非常重要，甚至可以說是一切的核心。」強調從小就以特定模式培養兒童樂所當樂，苦所當苦的中庸之道，他相信這種苦樂習慣自年幼時期開始熟悉，而後逐漸定型，並成為人的性格的一部分。如此詮釋之下的道德，似乎有被窄化成習慣式的機械反應或僵化意志訓練的危險，實則亞里斯多德也非常重視道德之中的理性和情意的部分。如果道德之中也有所謂熟能生巧，則「熟」和「巧」都是亞氏強調的重點。熟雖有助於巧，然巧的部分須要智慧的發揮方有可能圓滿，且從巧的達成中得其樂，享受情意上的滿足。總之，亞里斯多德的德行論可說是兼顧了理性、情意和實踐貫徹等三者。這一點也可由他對德行的定義中窺出（Aristotle, 1976: 97）：行為者在行動時必須滿足若干條件才能成就正義或節制的德行：首先，行為者必須確實瞭解自己的作為；其次，這些作為必須是自由抉

擇的結果，且這種選擇是為了行為本身的內在價值，不是為了其他目的；最後，他的行為必須源自其堅定不移的性格。

可見，在亞里斯多德的觀念中，德行不僅為生活的慣性形式而已，更有內在善的體會此一元素，而這一元素正是德行由外塑規範轉化為內在良知的重要關鍵。

☾★二、良知本源與「人」的創生

前述亞里斯多德的說法如果加以擴大、深化，似可主張：一個人一旦成為有德者，便無法忍受不義之行，正如同巨匠無法接受粗糙的作品一般。事實上，柏拉圖（Plato, 1987: 359c）便有與此相近的論點。他說：我們自小便恍若生活於洞穴中的囚徒，無緣見到洞外世界，終日所見，僅為火光映射在囚室牆上的影像。若是有人幸運脫逃，來到洞外，在「太陽」（即「善」的隱喻）的光照下認識了世界的真貌後，則無論如何苦痛，也絕不願意再回到洞穴中去過著那種鎮日與幻影為伍的生活。麥肯泰（A. MacIntyre, 1929-）從另一個角度來解釋有德者不落入惡行的理由。他指出（MacIntyre, 1985: 187-191）：對於傑出行為標準的堅持，乃是有德者的特色之一，而在標準的達成中，有德者感受到的內在喜悅，則是其篤行不懈的動力來源；這與棋手只為棋藝、不為利益而下棋的心境，有其相通之處。麥肯泰的說法實則延承亞里斯多德以來的德行論傳統，其德行觀可說涉及若干重要概念，包括：實踐、卓越、美、內在價值、愛。就德行的養成來說，「實踐」的目的，不僅在將德行內化為堅定性格的一部分，使人不慣、不喜於無德之行，更著重於實踐中領略「卓越」，並從卓越的實現中，加深對德行之「美」和「內在價值」的「愛」。而我認為，良知本源與「人」的尊嚴感的創生，就在德行的內在價值或本質美與個體的心靈相感通的那一刹那間。從那一刻起，德行的觀念在心中植根，「理想我」甦醒，並成為「現實我」永恆的對話者與制裁者。人權教育的執行若欲徹底，便需協助個人尋得這個無所不在、令人無所遁形的諍友

一「理想我」。我們必須認清,人權的尊重,不僅是人與人之關係的
一種教育,也是人與自己之關係的一種教育。此所謂人與自己的關
係,即現在(實)的我和理想(卓越)的我之間的關係。我們的「自
我」,不僅瞭解「現實我」,對於「理想我」也心嚮往之。換言之,
「自我」有不斷從現實我向理想我推進、蛻化的驅力。任何成功趨近
理想我的成就,都伴隨著一種無可取代的喜悅;任何遠離、違逆理想
我的做法,則無可避免地帶來自責、悲哀與焦慮。有了理想我這個形
而上的「實在」(reality),我們對弱者的愛護與敬重,便也是對自己
的一種愛護與敬重,到了這個境界,人權教育內發而穩固的基礎可說
正式確立。

誠然,理想我永遠無法完全實現,因為理想我隨著現實我的蛻
化、成長,也愈形高遠,正所謂「瞻之在前,忽焉在後」,而這或許
會帶給人一種齊克果(S. A. Kierkegaard, 1813-1855)所謂的「絕望」(des-
pair)。齊克果說(Kierkegaard, 1989: 43):「人是有限與無限、短暫與
永恆、自由與必然的綜合。」安於有限,則人將與動物無異,然而以
有限望無限,有時不免感到絕望。不過,齊克果並不把絕望當作一種
惡,反而視之為一種恩賜。他說(Kierkegaard, 1989: 45):「絕望的能
力,乃是人的無限優勢」。因為有絕望感的試煉,才使人產生從現況
躍昇至更高境界的行動,而這種行動正是人之所以為人的指標。齊克
果認為個人永遠無法完全達成自我的期許,除非其視野短淺。他指出
(Kierkegaard, 1989, 71):「要瞭解自我和上帝,一個人的想像力必須揚
昇,凌駕那短淺可能性的陰濕空氣。」有想像力的人,雖然無法成就
自我視見可及的一切理想,或者說成不了上帝,卻有著不懈的努力
(這種能量來自貼近理想我以及與上帝感通的快樂),和無比的謙
遜。英國哲學家莫德荷(I. Murdoch, 1919-1999)則認為(Murdoch, 1991:
90-92, 103-104):在引人向「善」(Good)的路徑上,齊克果式的「謙
遜」(humility),要比時下較為流行的「自由」及「勇氣」等概念來
得好。因為自由的強調極易使人自欺、自溺,忽略德行與實在(reality)

之間的緊密關係。相對的，謙遜的人較易洞悉外在人、事、物的真實面貌，以及德行的「無意義性」（pointlessness）、獨特價值和無盡鞭策。在莫德荷的看法中，謙遜代表著「對實在的無私敬重」（Murdoch, 1991: 95）；因其無私所以能澄澈，並得以接近、攝收萬象的真實顏色。謙遜者所以能感受到德行的無意義性、獨特價值和無盡鞭策，則是起於「善」、「死劫」（Death）和「無常」（Chance）之間的緊密關係（Murdoch, 1991: 99）。無常使人謙遜，謙遜者深刻認識無常。在無常中，我們雖然瞭解到一己之德行的渺小與「無意義性」，但也同時認識俗世逸樂、榮耀、權勢等等有如夢幻泡影，進而更加專注於深刻的生命任務。這任務可以德行或「善」名之；而莫德荷認為（Murdoch, 1991: 99）我們的脆弱與有限性，雖然使我們難以盡窺「善」之堂奧，但「善」對人類的鞭策力卻是無法拘限和預想的。偉大的藝術創作者和謙遜的人在體會「善」的遙遠時，同時產生反璞歸真的渴望和力量。所以莫德荷說（Murdoch, 1991: 99）：

德行真實顯露之處幾希：唯偉大之藝術及謙遜服務他人者而已。

動物戀的鼓吹者心中所持的人物典範，顯然奉「自由」為莫上圭臬，他們是否因此而看不清或不願承認動物戀中的動物，有著受人擺弄的悲涼與苦痛？而如果動物戀者的核心德行是謙遜，也許可以看清應該放棄動物戀的根本理由。

第六節　結　論

時人重視人權、講究自由，而我國在潮流的影響下，也以自由和人權為神聖不可侵犯之價值，並明定法令保障、制定課程施教。然而，人權與人權間的爭執不斷；駭人聽聞的侵權行為非但不絕如縷，甚至可說是有增無減；而世人「自由，自由，多少罪惡假汝之名以

行」的感慨亦從未間歇。本文藉由中央大學動物戀網頁事件的剖析，說明動物戀的爭議，不僅顯示自由與人權已淪為動物戀鼓吹者的一種自溺工具，更代表其低度的自我道德期許。本文且進一步指出：人權教育的目標雖為人之自由的張揚，但人權的尊重，乃眾生之尊嚴的愛惜，是一種「人」的教育，而不只是「權」的教育，須在個體領略「卓越」及「善」之美、之好，而在心中根植道德形上理想，並成為一個自尊、尊人、惜物的謙遜者後，始能得到較為紮實的根基。

第七章

非道德化社會的德育處境

第一節　前　言

　　若干西方學者（Vandenberg, 1990: 17；Phillips, 1997: xxx；Mendus, 1998: 41-43）認為英美社會正走向「非道德化」（de-moralizing）的過程，同時這個過程對社會和教育帶來強烈的衝擊。所謂「非道德化」，就是逐步解除道德限制和判斷的過程，在這過程中許多原本人們認為有明確是非準則的事物，如吸毒、賭博、墮胎、未婚生子，及拍攝、出版或閱讀色情刊物等等，被視為個人喜好，無所謂對錯，純由個人自由抉擇，社會不能也不應在這些事物上強制當事人採取特定的態度或行為，也不宜對其決定持批判態度。對這些行為的譴責原是理所當然，如今卻被認為是「濫用批判」（judgmentalism）。這種非道德化或解除道德限制的過程，對支持傳統價值的人，無異是一種反道德和道德敗壞的象徵；但對於支持這種發展的人，卻以為解放、自由才是他們心目中真正的道德。

　　走向非道德化的社會所面臨的一個難題是解除道德或道德限制以後，德育是否仍有存在的價值和實施的可能？根據布魯姆（A. Bloom）和斐力浦（M. Phillips）的說法（Bloom, 1987: 15-43；Phillips, 1997: 219-232），相對主義（relativism）和自由主義（liberalism）乃是社會道德解構現象背後的兩大促進因素或關鍵意識型態。本文的目的就在探討相對主義和自由主義與新世紀社會走向非道德化之間的關係，並闡明兩者對道德的價值和德育的實施各帶來何種影響。最後，並將分析德育在非道德化的社會中如何重新立定腳跟。

第二節　相對主義與非道德化

　　斐力浦在《通通有獎》（*All must have prizes*）一書中指出：當代社會非道德化的過程，象徵著人類智能的頹敗，而其帶來的道德分歧狀

態，不僅威脅著文化的生存，也使教育貶值。斐力浦指責社會及教師荒廢道德價值教育，造成年輕一代只問個人好惡，不知是非，並引用陶伯特（M. Talbot）的說法，指陳：

> 許多年輕人所接受的教育告訴他們，自己的意見並不比任何人的意見高明，世上沒有真理，只有個人真理（truth for me）。這是我時常遇到的極端的相對主義。教育教導年輕人……絕不能說別人的意見是錯的，只能說別人有不同的意見；說別人的意見是錯誤，輕者是一種魯莽，重者是一種不道德；「對自己犯錯的可能永保警覺」的正確觀念，如今變成「絕不能傲慢地自以為是」的錯誤想法。（大括號乃是本書作者附加）（Phillips, 1997: 221）。

　　這段引文明白指出現代的教育者，面對道德衝突或歧見時，失去立場和信心，以致落入極端相對主義的窘境。當然相對主義並不是現代才有的產物，希臘哲人普洛塔哥拉斯（Protagoras, 490-420 B. C.）所謂「人為萬物尺度」，意指任何一個人所相信的事物，對這個人本身而言就是真的或對的。這種主張即是一種典型的相對主義。而根據黑本恩（R. W. Hepburn）的說法，當代道德價值上盛行的相對主義，乃是主張道德評價所依據的準則受限於時空、文化及族群等等因素，加以不同的族群所處的背景不同，因此不可能建立一套絕對而普遍的標準來衡量、比較各個族群分別持有的道德價值優劣如何（Hepburn, 1995: 758）。這種觀點的支持者引述人類學家柏雅士（Franz Boas）及其門徒班耐蒂克（Ruth Benedict）和米德（Margaret Mead）等人的研究結果作為論據，使得道德的相對主義蔚為風潮（Gowans, 2000: 6-10）。

　　布魯姆（Alan Bloom）對於相對主義風潮所造成的教育衝擊，在《美國人心靈封閉的過程》（The closing of the American mind）一書中，有深入的觀察。他指出：

有一件事是任何大學教授都可以絕對確定的：幾乎每一位大學新鮮
人都相信（或說自己相信）真理是相對的。如果有人對此信念提出
質疑，學生們勢必會感到不可置信。否定這個信念的自明性令他們
吃驚，因為這就像是懷疑二加二等於四。……對他們而言，真理的
相對性不是個理論，而是個道德要求，也是自由社會成立的前提要
件……相對主義是開放性的必要條件，而開放性的美德，乃是美國
超過五十年來，各主要教育活動持續致力於培養的唯一德行
（Bloom, 1987: 25-26）。

　　為什麼大眾堅信相對主義是自由社會和開放性的必要條件呢？布
魯姆認為這顯然是誤認為相對主義以外的唯一選擇乃是絕對主義（ab-
solutism）的結果。絕對主義者認為道德對錯有超越時空、確切不移的
標準，這種立場在心理上容易導致虛假的優越感和本族中心主義（ethno-
centrism）的傾向，在行動上則有排除、壓迫異己的可能；而不容異己
的行為，正是自由社會最憂慮的現象，也是認為真理有單一絕對標準
的一個潛在危險。民主社會採多數決，但「多數決」並不等於正確的
決定，它事實上只是無法取得共識的妥協作法。如果主流意見忽視己
方只代表多數，反而認定己見即是真理，則少數族群即便在民主的社
會中，也不能得到真正的自由和尊重。美國憲法雖然規定人人皆有平
等的人權，但人權的賦予並不等於少數族群（如黑人）被多數族群接
受，更不能保障弱勢免遭強勢的鄙視。這也是美國黑人公民權利運
動，從早期倚賴開國人權宣言，爭取作為一個真正公民應有的人權，
到後期轉而強調種族自尊，拒絕為讓白人接受而搖尾乞憐。他們信仰
力量更甚於人權；要求黑種人的身份認同，而不只是普遍的人權。換
言之，他們不只要求被當作一個平等的「人」，更要求別人尊重他們
是「黑種人」。這種強調差異性和特殊性之價值的政治氛圍，使得美
國社會的價值教育重心由普遍人權的宣導，轉移到開放性（openness）
的提倡。開放性成為美國民主的一個核心代名詞。申言之，普遍人權

強調的是全體人類的共通性，類似於泰勒（C. Taylor）所謂的「平等尊嚴的政治」（politics of equal dignity），在於提供人人基本而平等的政治地位；開放性的提倡則注重人我差異性的接納與尊重，類似於泰勒所謂的「差異政治」（politics of difference）在於確保族群或族群對於自我文化的特色和價值的認同（Taylor, 1992: 25-73）。

布魯姆對於美國社會提倡開放性的方式頗多批評，認為美國式的開放是一種不辨是非的開放（the openness of indifference），代表的是「盲目性」（indiscriminateness）和「封閉性」（closedness），而非刺激知識及合理解答之追索的「真正的開放」（true openness）（Bloom, 1987: 39-41）。布魯姆所以有這樣的斷言，是因為他觀察到美國社會的開放性訴求，普遍採取了相對主義的立場，亦即認定一切觀點和價值沒有對錯、好壞的標準和分別；而一旦有了這樣的認定，則一個人或一個民族又有什麼向別人或他族學習的必要呢？布魯姆指出包裹著相對主義的美國式開放盛行後，在教育上的結果，正是產生一種盲目的開放主義，造成學生的求知慾低落。因為對信仰相對主義的學生而言，再沒有事物是特別的或重要的，對其他文化的瞭解不再殷切，生命方向的歸趨也失去意義，最後落入「盲從主義」（conformism），和安於現狀的封閉心態。簡言之，以相對主義理論基礎的開放訴求，最後得到的是完全封閉的心靈。學生們對真理不再渴望，放棄是非分辨的可能，並因此失去了接受教育和主動學習的動機。這種結果可能是那些宣傳價值及文化相對主義的人所始料未及的。而布魯姆在這裡所描述的心靈封閉過程，似乎不是美國社會才有的現象，例如斐力浦就表達了對英國社會相類似現象的憂慮（Phillips, 1997: 187-218）。而更危險的是，沒有是非信念以後的為所欲為，並且把別人的干涉視為一種霸權，一種「人權」的剝奪。以日本人捕鯨為例，有些日本人堅持捕鯨，認為不許日本人捕鯨，就像不准英國人喝下午茶一樣；又說美國政府阻饒日本人捕鯨，無異否定日本人的文化認同，同時也是一種飲食帝國主義的表現。捕鯨和喝下午茶在意義上沒有兩樣嗎？不論一個

人（或族群）採取什麼行為，他人（族、國）都無反對的權利嗎？對於這兩個問題，相對主義的答案似乎都是肯定的，而這種立場的代價，就是一切的非道德化。

布魯姆從人性的立場出發，批判相對主義意識型態影響下的盲目開放違反自然。布魯姆認為作一個完整的人（to be fully human）的特徵，乃在不安於現狀，加上開放的美德，使其得以「運用理性」，不斷追求更理想境界。如果把開放性詮釋成向一切開放，無異是在否定理性的作用，也使開放性的追求變得毫無意義。相對主義者所根據的歷史的演進和文化多元的現象，並未證明文化和價值是相對的。換言之，不同時空存在著不同的善惡觀點的事實，並不代表這些善惡觀之間毫無真假優劣之別。再者，人類面對各種不同甚或衝突的意見時，其「自然」反應是企圖化解矛盾，並著手探索驗證最合理的看法；所以如果主張各種觀點或價值觀無對錯善惡之別，並誤以為這就是一種開放的象徵時，不但阻斷人類尋求合理解答的趣味，也否定了人的自然本性，和建立意義的可能（Bloom, 1987: 38-39）。

希臘歷史學家希羅多德（Herodotus, 484-425 B. C.）旅行各地，並記載自己觀察到的許多不同民俗習慣。例如他發現各地人民對於親人遺骸的處理方式有極大差異，有的採行土葬，有的慣行火葬，有的奉行「食葬」（食用亡者遺體）。這類差異的發現，帶給希羅多德很大的價值衝擊，而近代人類學家以希羅多德的模式，進行文化比較研究，並將這種比較法稱為「希羅多德法」（Herodotage）。以這種方法所蒐集到的資料，固有文化比較的價值 ，但如果因為人類學家發現文化之間存在著極大的差異或衝突，便走入布魯姆所反對的那種相對主義，除了會產生前所指出的諸多問題，也會面臨一些邏輯上和教育上的問題。

 例如米德（M. Mead）發現西南太平洋薩摩亞群島（Samoa）上的青少年，在成長過程中並沒有出現霍爾（S.G.Hall）所謂的「心理風暴」。

　　麥肯泰（A. MacIntyre）以「認知危機」（epistemological crisis）來論
證相對主義的錯誤（MacIntyre, 1988: 350-357）。他指出，認知危機可能
出現在個人、群體或是整個文化傳統的發展過程中。而所謂傳統文化
的認知危機，意指某一文化傳統中的人認識到，以原有的進步標準而
言，奉行該傳統的社會（他們的社會）已經停止進步，原本信任的方
法不再管用，而且缺點和破綻之處越來越多，無數衝突得不到合理的
解方，出路又似乎不可能在既有的文化資源中尋得，造成長久建立起
的穩定，出現了動搖不安的狀態。麥肯泰認為解除文化傳統的認知危
機，有賴發明新的概念架構或理論，同時這個概念架構必須達到三個
條件的要求：第一，用一貫及系統的方式解決傳統無法處理的難題；
第二，解釋傳統所以失效或崩解的原因；第三，實現前二項條件的方
式，要能顯示新的概念或理論架構與傳統之間，基本上存在著延續性
（雖然其核心部分無法由傳統思維中推得）。麥肯泰指出，當新的架
構概念來自於他種文化時，雖可滿足前兩項條件，但卻無法符合第三
項條件，換言之，它和傳統文化之間沒有任何實質的關連。這時只有
承認外來文化觀念架構的優越性，一個傳統的文化才能理性地向前推
進。而各種文化傳統常能透過文化創造或接受外來啟發而避免危機的
事實，不但說明傳統理性的存在，也證明相對主義所謂文化優劣無法
比較的說法是矛盾的。如果文化無優劣，則一文化中的人，又何必堅
持信仰自己的文化呢？

　　雖然相對主義在理論及實踐上皆有無法自圓其說的難題，但其仍
在當今英美社會持續發揮著影響力，並將社會推向非道德化的路上。
這點，可從布魯姆和斐力浦的論述中見出。泰勒對英美社會的非道德
化現象頗感憂鬱，認為它將造成意義失落、方向感模糊的存在危機而
精神抑鬱。泰勒稱這種抑鬱為「現代性的抑鬱」（the malaise of modernity），
因為它和主宰現代生活的科學和工業發展息息相關。泰勒指出，科學
及工業的發展，使機械主義（mechanism）的世界觀取代了「萬物負載
神聖旨意」（the epiphanies of being）的目的論，自然秩序與道德意義從

此隔離，自然不再是神意發展的場所，而只是一個不具道德意蘊的資源儲存庫。自然失去人的敬意之後，遭受人類恣意的破壞摧殘，而人類也同時付出文化及價值上的重大代價。因為否定神意寄寓萬物，不再敬畏自然的人們，面對的只有物性，而無精神性的世界；一切的事物只有膚淺的意義，而無深刻的象徵。泰勒認為這可說明現代作家如勞倫斯（D. H. Lawrence, 1885-1930）為何抗拒深刻意義的開掘，強調「意義的無意義性」（the meaningless of meanings），只求以直接、明晰的還原手法來表現世界。現代美術中的超現實主義（surrealism）和達達主義（Dada）更進一步建議我們放棄任何形式的控制和道德品味束縛，只作反響或錄音器，擁抱原始、非精神性的自然，並接受其本原的面目。只是這類方向，是否能夠彌補人類意義破碎後的空虛，泰勒深感懷疑（Taylor, 1989: 456-493）。麥肯泰也指出「道德的三重結構」（the threefold structure of morality），包括第一層—「未陶養的天性」（untutored human-nature-as-it-happens-to-be），第三層—「實現天命的人性」（human-nature-as-it-could-be-if-it-realized-its-teleos），以及第一層賴以提昇至第三層的中介層「理性倫理信條」（precepts of rational ethics）；這三重結構的穩固關係自啟蒙以後被逐漸拆解，因為啟蒙所崇尚的科學理性否定了第三層道德的存在，視天命為幻影。放棄天命目的，人類在思索道德規範時，理性成為最高指導，但啟蒙的科學理性運用於道德上的結果則判定了道德價值缺乏客觀性和有效性，造成中介層道德出現巨大紛亂，倫理信條快速崩解（MacIntyre, 1981: 51-61）。到了所謂後現代，思想家如傅科（M. Foucault, 1926-1984）、德希達（J. Derrida, 1930-）和李歐塔（J. Lyotard, 1924-）等人，則以各自的方式，同時攻擊了科學知識和道德價值的理性基礎，他們將知識和價值的主張化約為權力的爭鬥或偏好的象徵，反對任何價值和知識宣稱的絕對的有效性。泰勒認為這類有破而無立的作法，陷人於有自由而無目標的窘境，也是一種「精神自宮」，漠視人類心靈之中存在著最深層和最有力的精神理想。對泰勒而言，目前人類最迫切的是建立一個「共認的意義參照秩

序」（a publicly established order of references），此即人類的道德及精神力量之源的追尋，也是對於「真實存在人類心中之物」（what is really there）的承認與發掘（Taylor, 1989: 495-521）。但是這一切，對相對主義者而言，都像是在和影子捉迷藏的遊戲。

第三節　自由主義與非道德化

柏林（I. Berlin）認為人類的生活形式、目的和道德原則雖有不同，但總不離人性，這使人與人、文化與文化之間，有了相互理解的基礎點，若這個基礎點存在，則泰勒所謂「共認的意義參照秩序」的建構似乎就有了希望，因為共通的人性就是這個秩序的建構基礎。只是這個秩序運作的形式及影響的範圍各如何，是柏林非常關心的重點。柏林指出柏拉圖式的理想，是一種極危險的意義參照秩序。因為柏拉圖式的理想有幾個特色，第一，認為所有真實的問題必有（而且只有）一個真正的解答，其餘的解答都是虛假錯誤的。第二，有可靠的路徑通往真理的殿堂。第三，各種問題的正確解答之間必定是相容的（真理與真理不可能相互矛盾），而且構成一和諧整體，這個和諧的真理系統可解開一切宇宙之謎。據此而言，道德理論可為人類的完美生活形式找到最終的答案（Berlin, 2000: 195）。柏林不認為這樣一套和諧的真理系統存在，至少在價值上，我們時常發現人們持有非常不同的價值，這些價值有時相互衝突，但衝突的存在，不等於價值間必有高低真假之分。相反的，這些相互衝突的價值可能都是合理的、值得追求的；人們（或文化）雖然追求不同甚至相互衝突的價值，但如果他們認識「價值衝突乃是存在的本質」、「人性曲折的材質，從未造就出筆直的事物」（Out of the crooked timber of humanity no straight thing was ever made.），則他們之間仍有相互理解的可能（Berlin, 2000: 199, 203）。例如，追求藝術成就和照顧家人生活，同樣是有價值的目標，但有時這兩者之間卻是互相衝突的。如果有兩個藝術家同時面臨這樣的抉擇，

一個選擇藝術，一個選擇家人，是不是代表其中一人必然做了錯誤的選擇呢？柏林特別說明，主張存在多元、不可並立但皆合理的價值，是一種「多元主義」（pluralism）而非「相對主義」。他（Berlin, 2000: 198）說：

> 我愛咖啡，妳愛香檳，我們喜好不同，無法溝通」這叫相對主義。但……多元主義是指一種觀念，這種觀念認為人們追求的目的，可能有許多，而且互不相同，儘管如此，彼此仍都保有完全的理性和人性，可以相互理解、同情，並從對方那兒得到啟示，這正如我們可以從柏拉圖和中古時期的日本小說等等，與我們時空相隔遙遠的世界和觀點中得到光照一般。

在柏林的觀念中，多元主義承認人我的生命目的可能不同，但彼此仍可以溝通，並互相認定價值；而相對主義則排除這種相互理解、認同的可能。另外，有一點必須特別澄清－相信人們可以互相理解，並不等於主張人生價值或目的有一套共通的準則。基本上，柏林認為價值是不可共量的。他指出，相信有一套準則可以用來化解一切價值衝突或決定人類命運歸趨是個危險的幻想；人們一旦認定這個理想狀態，往往不計代價去追求，就像為了蛋捲，打破再多雞蛋也以為值得。這種人常自認：

> 既然我知道社會問題終極解答，人類的馬車該駛往何方，便在我的掌握之中；你缺乏我的識見，所以絕不能有任何選擇自由，以免妨礙目標達成。你說某一政策會讓你更幸福、更自由或有更多呼吸的空間；但我知道你是錯的，我知道你的需求和全人類的需求；如果有人無知或惡劣到抗拒我，這種抗拒應予摧毀；為了多數人永恆的幸福，犧牲少數有時是難免的。對於掌握真理的我們而言，除了犧牲這些人，還有別的路可以走嗎（Berlin, 2000: 201）？

歷史證明，懷抱上述想法的國家領導人或群眾，往往養成越來越大的破壞癮頭，打破無數雞蛋，但卻從未製造出任何真正的蛋捲。

一勞永逸的解決方法和善眾諧和一體的想法，在柏林看來不僅不切實際，也自相矛盾。若干重大的價值（the Great Goods），例如自由和平等，注定有些不可避免的衝突。在不可避免的價值衝突中，我們必須抉擇，而此時的抉擇代表著某種損失。另外，資源、時間及能力等等因素的限制，也使得魚與熊掌不可兼得成為人類存在常見的困境，這時妥協（trade-offs）將無可避免。而妥協的目標在尋取一個各類價值的「動態平衡」（precarious equilibrium）。柏林認為這種平衡的建立，是良好的社會（a decent society）的首要條件；而我們賴以追求此平衡狀態的憑藉，則是共通的人性，和不完美的認知條件（Berlin, 2000: 202-203）。共通的人性使我們保有理解、同情別人的可能，認識到人類理性認知能力的侷限，則可使人謙遜，增加妥協和容忍的能力。

羅爾斯（J. Rawls）在《政治自由主義》（*Political liberalism*）一書中以不同的詞彙表達了與柏林相類似的觀點。羅爾斯的政治自由主義也在尋找柏林所謂良好社會的存在基本條件。羅爾斯（Rawls, 1993: 36-38）指出要建立一個「良序社會」（a well-ordered society）必須考量民主社會的三個基本特徵或事實：首先，當代民主社會中所展現的多元而合理的各類整全性宗教、哲學和道德信條，並非一時的現象，而是內蘊於民主文化的永恆特徵。更進一步說，羅爾斯認為，自由平等的政治社會條件，必然會出現一些相互衝突，無法調和但彼此都合理的整全性信條。羅爾斯特別強調這是一種「合理性的多元主義」（a reasonable pluralism）而非盲目的「多元主義」，因為這些不同的整合性信條，並非狹隘自我或黨派思維的產物，相反的，它們是在自由的制度架構下，依理性思維得出的必然結果。其次，除非國家運用暴力壓制手段，否則其國民不可能長久共同接受一套單一的整全性價值。最後，一個民主政權若要長治久安，其政治正義觀勢必要取得多元、相互衝突且均合理的各式整全性信條的持有者的廣泛認同；這種廣泛的

認同，也就是羅爾斯所謂的「交疊共識」（an overlapping consensus）。羅爾斯（Rawls, 1993: 10, 97）認為這個政治正義觀要達到交疊共識的基本條件之一，乃是其內容必須是「政治的」（political，不偏向任一整全性信條的中立架構）而非「形而上的」（metaphysical，含特定整全性信條的思想）。據此原則，羅爾斯推論各方意見在經反覆推敲達成「反思平衡」（reflective equilibrium）後的正義觀，應包含兩個原則：

一、政治架構應使每個人皆享有充分而平等的基本人權和自由；同時這套架構只保障政治自由的平等價值。

二、社會和經濟的不平等必須符合兩個條件：第一，這些不平等是因職位和工作而造成的，而且這些職位和工作向所有人平等開放；其次，這些不平等必須對社會上最不利的成員最有利（Rawls, 1993: 5-6）[2]。

這兩個原則的主要目標乃在建立一個各種不同哲學、宗教和道德傳統均能接受的價值中立架構。羅爾斯在價值問題上採取「迴避法則」（method of avoidance）的基本理由，乃是建立在「判斷的重負」（the burdens of judgment）此一事實上。因為判斷的重負超出人類理性所能承載，所以才會有「合理性的多元主義」或「合理性的歧見」（reasonable disagreement）。

羅爾斯（Rawls, 1993: 54-58）解釋「判斷的重負」是如何形成的，並指出六個重要因素，闡述如下：

一、與任一個案相關的經驗和科學證據常有矛盾、複雜不堪的現象，難以衡量或評價是與非。

二、即使各方對適當的考慮因素取得共識，對各因素該占多少份量的看法也難一致，所以最後我們彼此之間有歧異的判斷乃是自然的現象。

三、我們的一切概念（不僅僅是道德和政治上的概念），都有含糊不確定之處，而且總會遇到一些解不開的難題。這種不確定性，代

---

[2] 另參見 Rawls, J. (1973). *A theory of justice.* Oxford: Oxford University Press, p.60.

表我們在某些難以確定的事情上需要倚賴判斷和詮釋，而即使是理性的人，對這類事情的判斷和詮釋也可能會出現某種程度的差異。

四、我們判斷證據和衡量道德或政治價值時受整體生命經驗的影響；而每個人的生命經驗必然是不同的。因此就當代社會分工及族群多元等情況而論，判斷的紛歧似乎是難免的。

五、問題的正反雙方所提出的各式具不同說服力的「規範性考量因素」（normative considerations），難以全面評估而得出肯定的結論。

六、任何社會空間可容許的價值有限，故需有所選擇，而在排定價值的優先順序時，我們常會面臨無明確答案的困境。

羅爾斯認為，承認上述種種形成判斷重負的因素，就能接受理性的人所認同的整合性信條並不一定是相同的，並由此體認容忍、思想自由以及提倡對話的公共理性（public reason）的重要。總而言之，羅爾斯主張在自由環境中，運用理性的必然結果，是產生「合理性的多元主義」，這個結果，不是個災難，而是個選擇機會：一種針對各式有價值事物的取捨，而非善與惡、對與錯之間的抉擇。這樣的社會雖然不一定能在整合性信條方面取得共識，但卻是個政治穩定的社會。羅爾斯由此解答了一個自己最關心的問題：「一個由自由和平等的公民所組成的正義而穩定的社會，若其成員在宗教、哲學和道德上所持信條嚴重分歧，如何能長久維繫下去？」（Rawls, 1993: 4）

因為羅爾斯以政治穩定性為最優先考慮，對道德教育的態度，自然避免在實質價值問題上採取立場，他認為提倡任何一套實質的價值觀，都是一種立場的傾斜，也是交疊共識及政治穩定性的拋棄。他說：

> 「公平式正義」（justice as fairness）不刻意培養自律和個性等等自由主義的獨特道德和價值，或者其他任何影響個人整體價值觀的信條……我們只試圖在政治認知架構下，來解答兒童教育的問題。社會對於兒童的教育，關注的重點在於他們如何扮演未來公民的角色，以及如何獲取理解公共文化和參與各種制度運作的各式主要能

力（Rawls, 1993: 199）。

於是在羅爾斯的政治認知架構下的兒童教育，只剩公民知能的培養，放棄道德理想的陶冶。如此透過政治化把教育非道德化，這樣的教育不求創造萬眾一志、價值同一的社群，只問如何在價值深刻歧異的現實政治社會環境中，謀取和平共存的中立架構。

第四節　非道德化處境與德育

曼德思（S. Mendus）在〈非道德化教育〉（demoralizing education）一文中指出（Mendus, 1998: 46），羅爾斯的《政治自由主義》一書，闡明了現代英美世界的四項事實：

一、道德和宗教信念在當代許多人的生命中扮演著重要的角色。

二、我們的社會中，人們所持有的道德和宗教信念彼此間時有衝突。

三、這些相互衝突的信念，往往各有其合理性。

四、這類衝突，在我們的社會型態中是不可能消除的。

曼德思認為，這四項特徵加上人類理性不完美的事實，使得道德教育在現代社會中顯得非常迫切，但又不可能執行。道德教育非常迫切的理由在於價值多元的環境中，個人的道德意義失去定錨點，造成一種「存在」（existential）的不安與焦灼；道德教育不可能執行的理由在於，推行任何一套實質的價值觀（例如支持或反對同性戀），都可能因為立場的傾斜而引起抗爭，破壞政治的穩定性；而事實上，我們也無法在多元衝突的各種價值信條中，客觀地裁定何者是最值得傳遞的。曼德思為這種道德教育的困境提出解方，首先他認為，價值多元且不相容的事實，不代表選擇什麼都無所謂，或者人類的道德會落入「超市式選擇」（supermarket choice）：純依個人偏好而定。相反的，不相容價值間的抉擇，象徵著人類的悲劇處境，因為不論如何決定，

都必然要付出某種代價，損失某種價值，這時選擇付出何種代價，雖然很困難，但絕非兒戲一場³。面對這種處境的人，將可能瞭解道德抉擇的自由，是種責任的賦予，而不是無負擔的解放。再者，承認人類理性不完美或「判斷重負」的存在，並不意味著走入相對主義或懷疑主義（Skepticism）。曼德思以為，承認人類理性不足以掌握道德真理，不一定是否定道德真理的存在，也可能是肯定了它的存在可被認知，以及人類必須全力以赴地去探求（Mendus, 1998: 54）。

但是如果人類理性不足以理解何者為道德真理，又在自由民主的環境中必然存在多元、互為衝突且均合理的價值，則即便教師願意承擔道德教育重任，也無著力點。曼德思認為在如此德育處境中，教師不應再採取「柏拉圖主義」（Platonism）的真理觀。柏拉圖主張善有唯一的「理（想典）型」（Form），透過誘發式的「產婆法」（midwife method）或「蘇格拉底法」（Socratic method），即可將根植在受教者心中的善的真理發掘出來。曼德思反對這種觀點，因為現代世界多元並存的價值信仰中，似乎找不出和諧一致的善的真理體系，也看不出對善的理型，可以得出任何共識的趨勢。堅持善有唯一理型，並自認為掌握了善的這個理型的教師，容易走入高壓式的道德灌輸。在這一點上，曼德思和柏林的看法是接近的。所以曼德思一方面不願陷入懷疑主義和相對主義的虛無狀態，因此接受道德和價值真理存在的立場；但另一方面又不主張道德真理是唯一的，採取多元主義的價值觀，以避免柏拉圖的單一真理觀所可能產生的「價值零和」或「有我無他」的鬥爭。不過柏拉圖的另一個主張，卻是曼德思所接受的。柏拉圖反對熱衷政治的人執政，因為他認為這種人的目標在權力的掌握而非政治的提昇；曼德思支持這個論點，並將之運用於德育上，主張汲汲於德育的人，往往一心傳播教條，無意於協助學生開啟價值實現的無限可能之門。曼德思反對刻意傳遞某種價值觀的原因，「不僅因為社會

---

³ 哈姆雷特（Halmet）在謀殺叔父和不報父仇之間的抉擇就是一例。

中存在多元衝突的道德價值，也因為道德責任的最終承載者是個人。」
（Mendus, 1998: 57）換言之，道德必須透過「自己的」選擇，方有其植
根之地。總之，曼德思認為今日道德教育的兩大重點工作：一是幫助
學生瞭解現代性（modernity）的處境，並使他們對複雜難解的道德和
價值衝突，有一深入認識；其次則是闡明道德及價值多元衝突的事
實，並未免除個人進行道德抉擇的意義和責任。一個教師基於這種認
識而採取的道德教育，也許仍然不能免於向學生說明自己的道德觀
點，以及持有這種觀點的理據，但是在說明的過程中，必須牢記自己
向學生「傳遞的是一種道德責任，而非一種知識。忽視這個事實，從
許多角度而言，都是將教育非道德化（demoralize education）。」（Mendus,
1998: 58）質言之，道德教育的深層核心，在於傳遞道德責任感⁴，這個
責任感的根源，來自於當事人體悟道德抉擇的不可逃避和重要意義，
也因此，任何破壞這種體悟或認識的德育（例如灌輸單一的道德觀，
或否定道德選擇的意義），都是使教育不再可能具有道德價值的「教
育非道德化」過程。

第五節 實施厚實德育的可能性

　　曼德思「只傳遞責任，不傳遞知識」的德育觀，可說是一種「單
薄的德育理論」（a thin theory of moral education），因為它不涉及任何實
質道德價值觀的傳承，這種立場等於完全接受羅爾斯的看法，認定任
何實質價值觀的傳授必然是一種強迫，也是一種政治穩定性的致命威
脅。其實人類的道德共識，並不像曼德思或羅爾斯所想像的那樣貧
乏，而且也不是所有的價值必然會引發衝突。有些道德信念不僅不會
引來衝突，反而是社會生存發展的基礎與共識。這些信念包括人我和
諧互動的「程序性原則」（procedural principles），例如：誠實、正直、

---

⁴ 有關道德責任感之培養可從存在主義教育哲學得到許多啟發（詳參邱兆偉，
　1996）。

敬人、關心別人利益、以及平等和自由等等；還有依經驗條件可以證明為任何理性社會的人們必然會接受的基本規則（basic rules），如不傷人和信守契約等等（Peters, 1973: 11）。這些信條乃是理性的產物，而非隨性任意的規定。更進一步說，傳授這些信條，不僅是一種「責任」的傳遞，也是「知識」的教育⁵。如果大家普遍缺乏這些知識（也許更精確地說是「常識」）人類生命難免陷入霍布斯（T. Hobbes, 1588-1679）所謂「卑鄙、殘酷和短命」（nasty, brutish and short）的悲慘處境。

除了前述道德範疇之外，有許多道德理想或典型跨越族群、文化，立基於人性，而為人人所共認。例如，泰瑞莎修女（Mother Teresa）生命的崇高性，應是瞭解其一生志業的人，都會有的共鳴。而日常的例子，如年邁的母親，日復一日，年復一年，甘之如飴地為家人付出；快樂的垃圾工人，接過市民的垃圾時，總是爽朗地道謝；小女孩抱著被車子輾傷的流浪犬，傷心地哭泣。這些圖像也都有觸發「靈性」（spirituality）和揭示崇高的可能。用生命來灌溉崇高靈性的人可以在無言間，具美感地傳遞出珍貴的意義和價值。這種具美感的德育模式，沒有強迫，更不會威脅社會或政治的穩定，是具體傳遞實質道德價值觀，而又能培養學生道德責任感的「厚實的德育理論」（a thick theory of moral education）所提倡的。至於其成敗的關鍵，繫於教育者的生命內容，更甚於理性的論證說服。

---

5 有關道德知識存在的可能性，歐陽教先生曾有專論探究（歐陽教，1987：9-58）歐陽先生指出，不僅物理界有「事實」，人際互動也有「事實」。換句話說，道德雖是人類「價值觀」的反應，但也是人際互動必須認識的「事實」，而既然有道德事實，當然就可說有道德知識的教與學。舉例而言，人們不僅說「殺害無辜不應該」，也說「殺害無辜是錯的」，前句的「應該」表達人類痛惡殺害無辜的「價值立場」，後句的「是」表達殺害無辜的作為違反「人理」的「事實」。自然界有「物理」，人際間有「人理」，物理有普遍性、客觀性、人理亦然（試想有哪一個「正常」的「人」會認為「殺害無辜」是對的！）

　　更明白地說，在德育上，父母、師長的生命內容是不是展現出人性的尊嚴、高貴和善良，要比他們能不能高明地說理重要的多；德育的真實環境是由社會整體教育者的具體行為構成的，缺乏高貴德行實踐的社會，即是缺乏德育的世界—兒童的性靈需在德行典範所展示的靈性中，才能得到光照、茁壯。德育者不必太擔心自己說不出大道理來，而是要擔心自己實踐地不徹底。其實真有「德」了，說出來的，雖不中，亦不遠矣；而這正是孔子所謂「有德者，必有言」的觀念。

第六節　結　語

　　相對主義的盲目開放，和科學主義及若干後現代主義者對價值有效性的全面否定，加深人類社會非道德化的趨勢，並有使生命步向空洞化的危險。政治自由主義者如羅爾斯，主張採取只有考慮政治穩定性，而不涉及實質道德價值傳授的教育，則是在將教育政治化的過程中，產生非道德化教育的結果。本文認為，道德教育除了傳遞曼德思所謂的道德責任感之外，仍應以道德崇高美的典型誘發學生共鳴，方能跳脫道德貧血的非道德化教育困境。

　　歐陽教說：「德育呈現危機並不可怕，可怕的是心死與絕望。」（歐陽教，1986：379）本章所指出的危機—道德價值崩解的非道德化現象，是一個同時會叫人對德育心死、絕望的危機，所以其絕對是可怕的危機，而化解此一危機最有力的方式是樹立典範、榜樣，典範和榜樣不刻意對人說之以「理」，也不把重心放在構思如何對人動之以「情」；他們只是認同自己的生命形式，真心地實踐，就能同時產生理智的說服和情意的感召。人們以為沒有可以說服人的道德真理的原因之一，大概是因為在我們的世界裡，道德典範愈來愈難得一見。如果尼斯湖（Loch Ness）裡從來沒出現過湖怪（Nessie）的蹤影，人們漸漸就會當湖怪是個神話；如果世界再也沒有道德典範，人們逐漸把道德當個神話，以致死心、絕望，也就不足為奇了。幸運的是，我們的

社會在各個領域都還存在著典範，只是數量不足，在不強求的前提下，我們希望見到更多的典範。

第八章

亞特力士的抉擇：

蘭德與賈馥茗的道德對話

古希臘神話中，亞特力士（Atlas）帶領泰坦巨人（Titians）向宙斯（Zeus）所領導的奧林匹亞諸神（Olympians）開戰，落敗後，遭宙斯罰以扛起天頂的重負，永世不得解脫。

　　艾恩·蘭德（Ayn Rand, 1905-1982）這位俄裔美籍小說家兼哲學家，一生以思考生命價值為其終極關懷，她的名著《卸下重負的亞特力士》（*Atlas Shrugged*, 1957）一書，在「美國國會圖書館」（the Library of Congress）於一九九一年所舉辦的一項讀者票選活動中，獲選為聖經之外，影響生命觀最為深遠的著作（Wikipedia, 2009）。據調查，《卸下重負的亞特力士》在出版半個世紀之後的二〇〇七年，仍然熱銷近二十萬冊，到該年為止，已有百分之八的美國人讀過該書（Wikipedia, 2009），可見其受一般大眾歡迎的程度。

　　《卸下重負的亞特力士》裡的主人翁並不是希臘神話中的人物，而是現代版的亞特力士，而正因為如此，才能引起許多人的共鳴；在閱讀中，讀者自覺或不自覺地認同了小說裡的「現代亞特力士」，同時相信作為現代亞特力士，應該卸下那個有若希臘神話裡永世不得拋除的擎天重負。然而現代亞特力士是誰？他的擎天重負又是什麼？艾恩·蘭德在小說裡創造了約翰·葛爾特（John Galt）這個角色，用來回答前述第一個問題。約翰·葛爾特是一位發明家，在感受社會和官僚體制一再無情地壓榨生產者、企業家之後，決心起而罷工，並號召一批最有創發力的知識份子和企業家隱遁到科羅拉多（Colorado）山區一個秘密世界，重新打造理想社會，過著重視個人獨立、自由及人權的生活；而被知識份子和企業家遺棄的世界，則陷入停滯、崩潰的邊緣。

　　小說裡的葛爾特要反抗的，不只是社會和官僚體系對人權的無情侵犯，還有支持及合理化這種侵犯的那些傳統道德規範。葛爾特向眾人演說指出：長久以來，道德規範帶給人們無數災難，但人們卻以為災難是破壞道德規範的結果，並認定脆弱和自私使得人類無法為道德而拋頭顱、灑熱血。人們從不質疑道德規範，一心認為這些規範崇高

無上，只是人類生性「不良」，所以才無法實踐道德。其實，人們該問的是：什麼是「善良」或「道德」？標準何在？總之，人們如果要生存下去、生存得幸福，所需要的，絕不是回歸既有道德規範，而是要去「發現」真正的道德。由葛爾特這段話，可以初步明白艾恩‧蘭德心中的「現代亞特力士」所承擔的「重負」究竟為何。

一九六一年，艾恩‧蘭德出版《自私的美德》（*The virtue of selfishness*）一書，改以學術論證的方式，提出所謂「客觀主義倫理學」（the objectivist ethics），用以取代她所批判的傳統道德學說。本文的目的，即在運用賈馥茗先生在《教育美學》一書中「道德之美」的思想，分析「現代亞特力士」做了蘭德這樣的道德抉擇——亦即採取客觀主義倫理學，是否就能過著幸福美好的生活？蘭德與賈馥茗的對話，將是「倫理利己主義」（ethical egoism）與「倫理利他主義」（ethical altruism）的深刻辯證。以下，試先檢視蘭德所批評的倫理學說。

第一節　亞特力士的重負

蘭德指出倫理學上的「神秘主義」、「社會主義」和「主觀主義」要為現代社會的困境負責，因為這三種理論無論在內容上或方法上都是「反生命」（anti-life）。

首先，「倫理神秘主義」（mythic theory of ethics）將一切生命價值之衡量標準完全歸諸於超自然的來世，這些由超自然的假想而發展出的倫理標準，根本不適用於人生，因為其出發點乃是否定塵世、貶抑今生的。結果是，人們即便終其一生都生活在自我壓抑、自我否定的災難中，仍然無法滿足那些不可能實踐的、由奇想而發展出的超自然規範，最後落得還要為「不夠善良」而請求上帝或上帝的代言機構（教會）給予贖罪的機會。蘭德認為，神秘主義無法與精神健康或自尊共存，其理由有五。第一，為了維持生存和自尊，人需要全面運用其理智思維能力，但神秘主義所提倡的信仰，卻鼓勵人放棄理性。蘭

德（Rand, 1964/1961: 41）說：「信仰就是全心接納毫不依賴感官事實或理性證據的信念」。因此在蘭德的觀念中，信仰不但反理智，也反生存。第二，人的自尊來自對現實生活的控制和預測能力，神秘主義所提倡的信仰卻鼓勵人相信超自然、神鬼以及不可知的決定力量，如此，神秘主義將使人失去對現實的控制感，並跟著失去自信。第三，生存和尊嚴要求人把意識關注對象放在現實世界，但神秘主義卻教導人鄙視今生、塵世和可感知的物質世界，歌頌一種「不同的」、「更高的」、「理性無法參透」、「語言難以表達」的虛無世界，叫人落入恐懼、內疚和自我譴責的無底深淵。第四，人的自尊要求人以擁有思考及生活能力而驕傲；但神秘主義卻教訓人們驕傲是罪惡，謙卑才是美德。然則，驕傲是努力和成功的獎賞，如果努力和成功後，還要人維持卑下、渺小和無力的自覺，只會使人陷入精神病態。第五，人的生存和自尊要求人忠於自己的心智判斷和價值，但神秘主義卻要求人為某個更高的超自然權威而放棄自我。總之，倫理神秘主義造成人類生命的扭曲、卑微，其見證則是中世紀的黑暗時代。

其次，「倫理社會主義」（the social theory of ethics）雖然將關注的焦點放在塵世，但只是用「社會」來代替「上帝」，用「社會利益」來取代「上帝意旨」，是為「新神秘主義」（neomystics）（Rand, 1964/1961: 15），其關注點仍然不是助長活生生的個體，而是服務抽象的存在——「集體」（the collective）。蘭德指出，這裡所謂的「集體」，包括除了當事人之外的所有人；而集體主義的道德就表現在行動者如何服從「所有人」的意志、命令或需求，要馴服地為群體做個無聲無息、無私無我、無權無力的「奴隸」（slave），才是集體主義的「有德者」。集體主義者慣用的伎倆是編造出一些令人嚮往的理想國度，例如提出「征服宇宙」、「福利社會」、「強大祖國」等等遙遠夢想，再以實現這些夢想來激發人們集體化的靈魂，進而達到要求個人作出無盡犧牲的目的，此時「人命不過是實現公共計畫的糧秣、燃料或工具」（Rand, 1964/1961: 96）。在蘭德的觀念中，任何公共計畫

（例如科學研究或醫療福利）的價值，「……唯有顯現在其能增加、豐富及保護人的生命，脫離這個目的，它就不再具有價值；任何不能對這個目的產生貢獻的事物，都沒有意義。而這裡所謂的『人的生命』，乃是單一、特定而無可取代的個別的人。」（Rand, 1964/1961: 97）蘭德強調（1964/1961: 103），存在的只有活生生的個人，並不存在所謂的「公眾」（the public）。所以每當有人以「公眾利益」之名，要求活生生的個人作出犧牲時，我們必須知道因為這個犧牲而獲利的永遠是某些具體的「有心人」，而非「公眾」。由於「公眾」的概念具有催眠及壓迫作用，許多想要在名、利、權之上不勞而獲的政客，總喜歡拿它來向人們提出「勒索」，而這時的「公眾」，實際上都可以翻譯成「我」。有時「公眾」改以「社會」之名出現，例如在集體主義當道的國家裡，「社會」一詞便象徵著是某種「超自然的存在」（the supernatural entity），其重要性甚至凌駕所有個別成員的總集合（Rand, 1964/1961: 120）。「社會」所欲求的一切皆被認定為「善」，「社會」可以為所欲為（Rand, 1964/1961: 15）。結果是，「人吃人」（dog eat dog）的殘酷景象，並不出現在競爭激烈、「無情的」資本主義社會中，反而常見於聲稱為所有大眾、全體社會而著想的集體主義國度裡，其代表為納粹德國和共產蘇聯。

　　第三種要為社會敗壞而負責的是「倫理主觀主義」（the subjectivist theory of ethics）。倫理主觀主義否定包括人在內的「一切」存在的客觀性，主張「赫拉克立圖式」（Heraclitean）的流動、彈性和不確定性，才是萬事萬物的主要特徵，並因此否定客觀行為準則的存在。這種立場形同授予人們一張空白的道德支票，從此可以隨意判定一個行為的善惡，關鍵在避開行為責任，只要能躲避責任，沒有什麼是不可以的。蘭德認為這種主義所造成的混亂，可由當代世界看出端倪。蘭德同時指出另一種倫理思想，這種思想雖然和主觀主義不同，但造成世界道德破產的效果則一致。這種思想「崇尚灰色道德」（the cult of moral grayness），主張在道德上「沒有黑白，只有灰色」（Rand, 1964/1961:

87）。只是，在道德上以自己的立場「只是」灰色來自欺，將會造成「黑色」的結果（Rand, 1964/1961: 87）；每當有人宣稱：「沒有黑白」，就是向人透露：「我不願做個百分之百的好人」（Rand, 1964/1961: 90）。蘭德深信：「道德是明辨黑白的規範，每當人們想在這黑白之間作出妥協，何者將因此受害，何者會得利，乃是至為明顯的事」（Rand, 1964/1961: 92）。

　　蘭德認為前述幾種主義在論述方式上雖然有所差別，但在內容上都是「利他主義＇」，率皆認為：個人沒有維護自我存在的絕對權利，只有為他人服務時才能找到存在的正當性。於是在利他的主軸下，「自我犧牲」成了最高的義務、美德與價值，而其衍生出的德行也都崇尚受苦和犧牲，例如自我壓抑、馴服屈從、自我否定、自我毀滅，而實際上這些也就是利他主義的奉行者唯一能達成的。總之，以利他主義為核心的倫理體系，不僅使人類成了「獻祭的牲口」（a sacrificial animal），也為文明世界帶來毀滅的危機。在利他主義之下生活的人們，大多數是犬儒和內疚的醜陋混合體，之所以是犬儒，乃是因為他們既不實踐也不接受利他主義道德，而其內疚則來自於不敢拒絕它。如此扭曲人性的存在狀態，是蘭德決心要打破的。

第二節　亞特力士需要什麼道德？

　　如前所述，蘭德認為人類要獲得幸福，絕不能回歸利他主義的老路，而是應該去「發現」真正的道德。要做到這一點，首先必須瞭解

＇ 倫理神秘主義及倫理社會主義傾向利他主義的事實容易分辨，但倫理主觀主義何以也是利他主義的一種，並不明白，蘭德本人也未明確說明其中道理。布魯姆（A. Bloom, 1987: 39-41）認為相對主義將使人落入盲從主義（conformism）。準此，若將倫理主觀主義視為一種相對主義，而集體主義和利他主義又是盲從主義的兩種可能形式，則可解釋蘭德何以認為倫理主觀主義也是利他主義的一種。

人為什麼需要價值系統。蘭德指出「價值」乃是行動的目標，表現在行動目標的「抉擇」；只有生命體才需要抉擇，才有價值問題[2]，而生命體（包括人在內）在宇宙之間的終極抉擇乃是：生存或滅亡。絕大多數動植物，只要靠著本能的反應，就可維持生存，而人類卻需要運用高度理性，才能活下來。當然人類可以自由選擇依從非理性的衝動或甚至無意識地行動，然而，卻無法避免非理性或無意識行動所帶來的懲罰：「毀滅」。植物不必移動也能生存，但動物不能如此；動物依賴本能也可存活，但人類不能如此。「人作為人的存活」（Man's survival qua man）意味著人作為理性存在，為求生存終其一生就生活裡的各種可能選項間，作出恰當選擇，所需要的條件、方法和目標（Rand, 1964/1961: 26）。倫理學的功用，就在告訴人類這些「條件、方法和目標」。換言之，人類之所以需要倫理學，乃在它能幫助人類生存。有了這個瞭解，就可以清楚認識下述主張的荒謬：「倫理學是非理性的範疇」、「理性不能指導生活」、「價值是任性的選擇，與生存或實在無關」、「倫理學應該將目標放在來生」。要之，倫理學既非神秘幻想，亦非社會習俗，更非緊急時可以隨意改變或拋棄的主觀意識，而是人類生存的「客觀必然」（objective necessity），也因此蘭德稱其經過這一番反省，所發現的倫理學為「客觀主義倫理學[3]」（the Objectivist ethics），而「客觀主義倫理學」用以判斷行為善惡的標準乃是：是否有益於「人的生命」（man's life）或者「人作為人的存活」（Rand, 1964/1961: 25）。

這裡的「人的生命」指的是活生生的個體，而非抽象的「公眾」或「社會」，蘭德明白指出，根本不存在「社會」或「公眾」這樣的實體（1964/1961: 26, 103）。在蘭德的觀念中，強調「社會」概念，乃

---

[2] 在此蘭德認為其解答了「實然」如何與「應然」產生連結的問題，因為每一個幫助生命體存活下去所依賴的「事實」，都決定一個相應的「價值」（Rand, 1964/1961: 24）。

[3] 有關蘭德的客觀主義倫理學的大要可參酌佩克夫（L. Peikoff, 1997）的著作。

是在召喚人為「利他」的犧牲精神，也是非理性行為和思想的根源之一。蘭德（1964/1961: 30）提出客觀主義倫理學的基本社會原則：

> 正如生命體自為目的，同樣的，每位活生生的人也都自為目的，而不是其他目的或他人福祉的工具——因此，人必須為自身而活，既不為別人而犧牲自我，也不犧牲別人來服務自己。為自身目的而活代表：成就自身幸福乃是人的至高道德目的。

換言之，客觀主義倫理學提倡個人把每個人自己的生命發展視為首要倫理目標（Rand, 1964/1961: 27）。蘭德認為社會若要扶持個人達到成就自身幸福的至高道德目標，必須支持或容許個人發展三種美德，包括「合理性」（Rationality）、「創發性」（Productiveness）以及「自豪」（Pride）。

「合理性」是眾善的根源。具合理性美德的人，不讓自己陷入意識渙散、無心觀察，以及拒絕瞭解的狀態，因為那些狀態是非理性，也是反精神及反生命的自毀行為。合理性的人全心投入自己的生活，重視實在，將所有價值、信念、欲求及行動，置於謹慎、準確及合邏輯的思維檢證及指導之下，並願意承擔依此思考判斷來生活所需擔負起的責任，由此顯現「獨立」的美德；合理性的人不因為他人的觀念或期望，而盲目改變或犧牲自己的信念，由此顯現「正直」的美德；合理性的人不掩飾事實，是是非非，由此顯現「誠實」的美德；合理性的人無論在物質上或精神上，拒絕無功受祿或不勞而獲的行徑，由此顯現「公道」的美德。總之，理性的人正視因果關聯（不幻想無因之果，不逃避種因之責）、善用一切知識來做決定（不妄想自我矛盾可以僥倖避禍、不接受神秘主義）、時時刻刻遵從理智而生活（Rand, 1964/1961: 28-29）。

「創發性」是人類自食其力，運用心智改造環境，以求生存的過程和結果。創發性使人類的發展無可限量，它是同時展現若干最高等

的質素之後才有的成就，這些質素包括：創造、進取、自信、堅毅（不向重大災難低頭）、執著（依照理想改造環境）。很明顯的，創發性並非漫不經心的活動結果，而是銳意進取、將心智完全灌注在預定創造之對象的產物（Rand, 1964/1961: 29）。創發性的大敵是希冀不勞而獲的「寄生蟲」（parasites）和「掠奪者」（looters）。寄生蟲軟弱無能，倚賴別人的犧牲而活；掠奪者不事生產，藉奪取別人的創造物而生，故蘭德認為（1964/1961: 27），掠奪者也許可以短暫得逞，然最終仍要付出毀滅的代價，罪犯和獨裁者的命運可為明證。基本上，「寄生蟲」和「掠奪者」都使別人成了獻祭的牲口，當其普遍存在，社會的創造性將趨於枯竭。

蘭德主張（1964/1961: 29）「自豪」源自於「道德進取」（moral ambitiousness），此意味藉由道德完美，贏取給予自己最高重視的權利。而一個人想要達到道德完美，具備數項要領。首先，不做行不通的非理性之事，並要徹底實踐理性美德。其次，絕不接受不該有的內疚，也不做內疚的事，若是做了內疚的事，立刻更正。第三，不遷就或屈服於自己性格上的弱點。第四，不因一時的欲求或情緒而拋棄自尊。最後，也是最重要的一點是，拒絕成為獻祭的牲口，抗拒將自我犧牲視為責任或美德的一切教條。

綜合觀之，蘭德的客觀主義倫理學提倡「理性利己」（rational self-interest），此意味著每個人都把自己的生命幸福作為首要目標，並且瞭解生命裡所需要的每一樣事物，都必須自己透過理性的思考、選擇，並藉由意志力的支撐，在行動中努力去學習、發明和創造才能獲得。換言之，理性利己是一種自食其力的創發性活動，而非惡棍般的掠奪行為，或只圖慾望之滿足而不問其滿足方式的「享樂主義」；理性利己是相信幸福和善，不需要也不能透過任何人為別人的犧牲而來，只需善用自我理性和採取堅毅行動（Rand, 1964/1961: 34）。很明白的，客觀主義倫理學的「理性利己論」是以反對「利他主義」為主要目標。蘭德（1964/1961: 34）認為，一個社會如果過度強調利他，使生

活在其中的個體為了活命，而不得不放棄自主權利時，就是提倡「道德食人主義」（moral cannibalism），而這種社會對人的生命，沒有價值，只有傷害。蘭德（Rand, 1964/1961:39）控訴一切提倡利他主義思想的人，說道：

> ……你們一直利用恐懼作為武器，並且把拒絕你們、反對你們所提倡之道德的那些人，置之死地。我們對於接納我們、採行我們所提倡之道德的那些人，則是提供了生機。

第三節 亞特力士的人際網絡

如前所述，蘭德之所以反對利他主義，乃在其要求個體犧牲，這違背了客觀主義倫理學所主張的一個「客觀事實」：價值因生命而存在；價值之所以被生命體珍視，乃在於其有利於生存發展。換言之，利他主義要求個體以犧牲自我、幫助別人為首要價值，這是反生命的；而反生命，即是反道德。蘭德批評利他主義喜歡以「救生艇」（lifeboat）之類的例子來說教。他說，利他主義告訴人們，當小艇只容納得下一個人時，你作為一個道德人，應該犧牲自己，把活命的機會讓給別人（1964/1961:56）。蘭德認為，自我犧牲是寬大慈悲，卻被利他主義錯誤地認作是「責任」（1964/1961:56）。災難發生時，一個人可以在能夠自保的情況下，搶救危急的人，但這並不表示，他應當隨時尋找救人的機會，抑或將助人當作生活的首要目標；換言之，助人只是危急時的特例，不是常規。平時所見的窮苦或病弱的人，在蘭德看來並非危急，建議人們只在行有餘力時偶而給予協助，但這種協助是善意的顯露，而非道德「責任」的執行。總之，如果一個人的生命因他人的不幸而受困，並因此要無盡地為他人而犧牲，他將喪失自我。

對於陌生人，蘭德主張我們「應該依其作為人類所代表的潛在價值，而給予其應得的一般尊重與善意——除非他喪失這個價值」（1964/1961: 53）。明白地說，當一個人不能表現出人之所以為人的特質，他就失去被尊重的條件；一個人只有表現出人之所以為人的特質時，其對我或他人而言，才是有利的。易言之，自尊的人對別人的尊重，「完全是出於利己」（profoundly egoistic）（Rand, 1964/1961: 53）。蘭德（1964/1961: 34；1999/ 1957: 1022）宣稱，交易原則（the principle of trade）是唯一的理性倫理準則，其適用於一切人際往來，不論這種往來是精神的或物質的關係；而交易原則的根本就是「公道」。在物質上，理性者依靠勞動掙得所需之物質，並依獨立判斷與別人進行自由、公平交易，既不付出不應給付的，也不接受不應得的贈與；不把自己失敗的責任轉嫁別人，也不為他人失敗而抵押自己的生命。在精神上，人與人用來交換的貨幣雖然不同，但交換原則是相同的。蘭德（1964/1961: 35）說：

> 在精神方面，交易者不妄想自己的弱點或缺陷能得到別人的愛，而只透過美德來爭取愛，也不因為別人的弱點或缺陷而給予愛，只因為其美德而給予愛。

總之，我們對於別人的愛、崇拜、友誼、尊重，乃是一種精神支出，這種支出是由於別人的美德引起我們精神愉悅之後的結果。

然而對於親人，我們仍然遵守交易原則嗎？不會因為愛而無私的奉獻和犧牲嗎？蘭德（1964/1961: 51-53）指出，「無私」或「無涉利害」的愛，乃是一種矛盾；既為己之所愛，即為己之私和己之利。「為愛而犧牲」也是矛盾的，因為有愛而不付出，只有讓自己更加痛苦，所以為愛而付出，不是犧牲自己，而是成全一己之私。對於朋友也是如此。如果朋友落難，我們出手相救，並不是犧牲；相反的，如果朋友落難，我們能營救而不救，就難假裝朋友關係是存在的。整體

而言，理性利己的人將愛和友誼放在幸福生命的價值序階予以適當定位，並據以採取行動。所以在溺水的一群人當中，我一定先救深愛的親人，不會因為其他任何因素（如溺水者之中有總統或教宗）而改變。對蘭德來說，愛是價值的表現，而且只有自尊的人才有愛的能力，因為唯獨自尊的人才能毫不妥協地堅守自我價值；不能珍愛己身價值者，無法珍愛任何東西或任何人。（Rand, 1964/1961: 35）

整體言之，蘭德的客觀主義倫理學主張，愛、自由、和平及繁榮，只有在理性利己的基礎上，才有發展的可能。在理性主義倫理學中沒有犧牲的必要，也不能有犧牲（1964/1961: 35）。相對的，犧牲卻是利他主義倫理學的核心主張。蘭德（1964/1961: 49）反覆敘明，以犧牲為主軸的利他主義倫理學，使人缺乏自尊（因為它告訴人們，首先關心的應是別人而非自己）、使人困在噩夢般的心境（因為它幻想災難隨時會降臨，宣稱犧牲互助才能免於毀滅）、使人輕視他人（因為它將別人描繪成軟弱無能的存在），使人漠視倫理，行動無所適從（因為它好高騖遠，無益於現實生活）。只有客觀主義倫理學所提倡的理性利己或倫理利己主義，才能作為指導人生的有效方針。此亦即約翰・葛爾特（1999/1957: 1069）所宣示的：「我以我的生命和我對生命的熱愛發誓——我絕不為別人而活，也不要求別人為我而活。」

第四節　亞特力士頂上的天

蘭德的理性主義倫理學對照賈馥茗的「道德之美」學說，顯現出三個重大問題。首先是以生命作為最高價值的問題；其次是以利己來看待一切愛的行為的問題；最後則是否定社會存在，亦即否定亞特力士頂上的天具體存在的問題。

先論蘭德「以生命作為最高價值」的問題。誠如諾錫克（R. Nozick, 1997: 258-259）所指出的，蘭德無法從所謂「對每一生命體而言，維持生命對他自己都是有價值的」，推論到「對每一生命體而言，維持生

命對他自己都是最高價值」。換言之，蘭德把自我生命的維繫當作不可逾越的價值，是難以成立的，不能解釋人類道德的「崇高之美」或「壯美」（sublime）。在一般的情況中，人類會選擇求生，但在特殊情況下，優越的人卻選擇結束生命，藉由生物性的超越，確保不朽靈魂，這是人的鮮明標誌。賈馥茗（2009: 160）說：「義務的認定，只有人類才有這種『心靈的感受』。有了這種感受，才能『有所作為』」。「義務感」來自價值感，而人的心靈價值正表現在形而下的肉身的超越上。匈牙利詩人裴多菲（Sándor Petőfi, 1823-1849）所謂：生命誠可貴，愛情價更高，若為自由故，兩者皆可拋，已經明白指出這種「超越的價值」。賈馥茗（2009: 188）更進一步說：

> 「能自己決定」生死的時候，「生」和「死」各有其意義。所以死比生有意義的時候，寧可「捨生就死」。這就是人類的超越萬物之處，人所追求的，是「人生的意義」，是「人的生命價值」。

「死比生有意義的時候」是否存在，乃是蘭德未曾深究的；「捨生」可能「為己」，也可能「為他」，而且兩者不僅都有合乎理性的可能，更表現出卓越德行的崇高之美。

次論蘭德「以利己來看待一切愛的行為」的問題。蘭德認為為愛而付出，並非犧牲，相反的卻是幸福的必須，但是，他將愛定位為一種利己，這使人愛的對象限縮到親人和摯友，對於陌生人，蘭德只願意在危急時、不傷己的情況下助人，反對以救人或助人為人生志業。蘭德構想其倫理學時，心中預設的行動者影像是力大無窮的亞特力士[9]、是聰明、英俊、富行動力的約翰・葛爾特，這種人沒有被關愛、幫助的必要，只有付出或被要求犧牲的可能，所以蘭德只說「寄

---

[9] 在蘭德的觀念中，亞特力士的朋友也必須是亞特力士（參見Saint-Andre, 2007: 270）。

生蟲、乞丐、惡棍」對社會毫無幫助，壓根沒想到，再強大的人都有落難成「寄生蟲、乞丐甚或惡棍」的可能；當我們淪落為乞丐時，會希望別人（陌生人）怎麼待己呢？賈馥茗（2009: 177）說：「教子女『相愛』，就是要教『各自反躬』，常常『為對方設想』，想像如果『自己是他』，希望得到『怎樣的對待』」。其實這句話適用於任何對象，而不只是子女。所以賈馥茗（2009: 183）又說：

> 富裕通常是「衣食無缺」。相對的，則是貧窮的「物質匱乏」，最迫切的是「無以為食」。如果自己曾經有過「饑腸轆轆」的感覺，就會想到貧窮人家的幼兒，在「饑寒」中度日的苦況。

賈馥茗在動盪中度過青少年的絕大多數光陰，戰亂中逃難時，母親甚至到了要行乞才能幫助一家勉強維生的地步，由此深刻體驗饑寒的苦況，並在陌生人伸出援手的時刻，瞭解自己要做個什麼樣的「人」。她清晰地道出她所相信的「公理」（2009: 183）：

> ……在幼年，就要知道世界上，「有富裕」就有「貧窮」，要想像「人饑」如同「己饑」的狀況，把「自私」和「自利」暫且拋開，擴大「視野」，把別人也包容在自己之中。心中當然有我，可是還要有「很多的『他』」。

賈馥茗「有我有他的愛」，與蘭德「利己的愛」相較，不僅未在「理性」上失色，卻更顯出人性溫暖親切的善良之美。

說到底，賈馥茗和蘭德在道德思想上的差別，乃在對「利他」的人生意義見解不同。蘭德認為不站在「理性利己」的利他行為，是一種犧牲，不可成為人生常態，在此基礎之下，以「利他為人生志業」的作法，無異斷送自我人生。換言之，在蘭德的觀念中，利己者才是理性的，才有人生；利他者把自己當作獻祭的牲口，不僅非理性，也

葬送生命的意義。賈馥茗和蘭德不同，她（2009: 183）說：「關懷別人，正是『人生價值』之所在」。在賈馥茗的觀念中，關懷別人不僅利他，也能利己，而利己處，即在成就「人生價值」；而一個人，不管以什麼作為志業，能讓志業利己利人，就能開創生命價值。每個人的一生都有盡頭，嚴格地說，過了那一刻，就再也不能利己、就一切成空了，但如果對別人有貢獻，那貢獻卻可能保存、流傳、擴展開來，發展成不朽的奇蹟。可惜蘭德顯然把生後的世界當成毫無意義的空談，所以只能見到利己的現世價值。

最後論蘭德「否定社會存在，亦即否定亞特力士頂上的天具體存在」的問題。如果亞特力士肩上的天不存在，亞特力士的重負如何而來？如果社會不存在，一個人將如何界定自己？在此，蘭德的主張不僅犯了將具有人文精神意涵的社會，誤從「物理角度」判為不存在的「範疇失誤」（category mistakes）的問題（參見 Baggini & Fosl, 2003: 72-74），更有使「社會」崩解，使個人無所倚附、定位的危險。賈馥茗說得很清楚（2009: 200）：

> 一個人生命的生存，除了形體之外，更離不開所生存的環境。環境是在形體之外，可是要有形體之外的「背景」，才能「顯示」出這個人，這個人才有一個「完形」。於是教一個人時，只教一個人絕不完備。坦白地說，就是還要瞭解和這個人「有關」的一切。因為沒有一個人能夠「絕世而獨立」，而是生活在「群體」之中。

賈馥茗這裡所說的「環境」、「背景」和「群體」都是「社會」的代名詞。社會由定居在一個地區的人群、人文和物理等諸般條件所構成，這個「背景」好，個人才好得了；只是這個「背景」的好，由誰來創造呢？由蘭德的「理性利己」的人嗎？顯然不是，那該是誰呢？如果天存在，亞特力士不再背負天之後，會壓垮誰呢？

第五節 打造擎天之柱

　　背負天顯然是個重擔，所以亞特力士一有機會就想逃開。在希臘神話裡，亞特力士曾經得到拋棄重負的機會，那是海克力斯（Hercules）需要採集金蘋果，但因為看守金蘋果園的女神是亞特力士的女兒，為了順利獲取金蘋果，海克力斯提議暫時幫亞特力士擔負扛起天頂的任務，交換條件是亞特力士幫忙取得金蘋果。亞特力士答應了，並順利取得金蘋果，回來時，亞特力士建議代替海克力斯去送金蘋果，但海克力斯看出亞特力士有意藉機逃離，所以謊稱答應，並要求亞特力士先接手扛著天頂，好讓他整理一下披肩，亞特力士不疑有他，放下蘋果去接替海克力斯，結果海克力斯拿起金蘋果，飛也似地狂奔而去，留下永世負荷天頂的亞特力士。這個版本的亞特力士神話，自然不是什麼美好的結局。另一版本的神話裡，亞特力士幸運得多了，在這個新的版本中，海克力斯建造了兩根撐住天頂的大柱，有了擎天巨柱之後，亞特力士終於得到解放。

　　在真實生活裡，「天」也是存在的，也需要有人打造擎天巨柱，只不過現實的擎天巨柱，不但不能由某個人來代替，也不能由某個人獨力建造而成。《周易・說卦傳》說：「立人之道，曰仁與義」，賈馥茗心中兩座擎起「社會天體」的巨柱，大概就是《周易》講的人人心裡、行動之中的「仁」與「義」了。

第三篇

美育規準

第九章

教育的美感向度

第一節 前言：為什麼談美？

藝術將我們從凡塵瑣務帶入令人癡狂的美感世界。此時，我們與功利隔絕；期待與回憶停歇；心靈躍昇，跳離流俗（轉引自 Townsend, 1996: 332）。

貝爾（C. Bell, 1881-1964）在這裡所描寫的美感經驗，相信許多人曾在各種不同情境有所體驗。它是生命質感的組成要素；沒有了它，生活將黯然失色。因為如此，人有強烈的美感需求，並且透過創造和欣賞的各種形式表達了出來。美感經驗既然攸關生命品質之提昇，而生命品質又是教育關切的焦點，顯見美感陶冶應在教育過程中具有舉足輕重之地位。最起碼，教育不該成為惡劣經驗和庸俗品味的製造者。試想如果學校辦得像監獄，教室成了閻羅殿，老師活像劊子手，這樣的地方還能施行美育嗎？

一般人接受正式教育的時間，正是最富朝氣，所謂流金歲月的階段，如果人生待美化，這段生命最值得美化。可惜的是教育常是這段生命不能美化的主因。如果一個人所接受的教育美感貧乏，其未來的生活形式庸俗不堪，絕非意外。反過來說，當我們看到一個社會裡，人人奔競馳逐，汲汲鑽營；一到休閒，又只懂得刺激生物性官能的活動，這種現象多少反映了教育在美化心靈及教化人格的工作上的失敗。整體而言，教育活動不僅要合乎真理和道德的規準，還應在美感上追求卓越。而教育美學¹的任務即在協助教育活動實踐美感的要求，

---

¹ 教育的美感向度在中西的文獻中，比起知識和倫理向度的論述，真是少得令人訝異；中文文獻中認為教育有美學，並稱之為「教育美學」的，可見諸於：李澤厚（1996）。美學四講。台北：三民。但李氏對「教育美學」的內涵並未作說明；有關教育美學在台灣的發展脈絡和現況，可參閱崔光宙的介紹（崔光宙，2000：Ⅰ～Ⅳ）。

其關照面至少有兩個：一是提昇審美能力及美感創造力的美育部分；二是教育的過程、內容和環境如何美化的教學藝術部分。

　　不論談美育或教學藝術，都離不開一個根本的問題——「美是什麼？」這個問題若得不到解答，教育美學便沒有討論的基礎。所以，此處先就美的定義與內涵作一討論。

第二節　美是什麼？

☪ 一、美的多樣性

　　「什麼是美？」是一個很難一語道破的問題，困擾著蘇格拉底（Socrates, 469-399 B. C.）以來的哲學家們。蘇格拉底（參見 Plato, 1961: 1539）曾請教希比亞斯（Hippias, fifth century），說道：

> 我高貴的朋友啊！最近當我對一事物品頭論足，說它某些部分醜，某些部分美時，有人毫不客氣地質問我，讓我頓時茫然不知所措，他說：「蘇格拉底，你是怎麼知道美和醜的；來吧，如果你知道，請告訴我美是什麼？」我能力不夠，找不出適當的答案，一時顯得狼狽不堪——只好落慌而逃，內心裡十分氣憤，自責不已，心想一旦遇到你們這些聰明人，絕對要好好請益。

　　美所以難以捉摸、界定，基本上根源於太多事物可以激發人美的感受；而且每個人的美感又時常有差異。即便是同一個人，對同一事物，在不同的時間和心情底下，也可能有不同的美感評價。

　　以人與人之間的美感差異來講。我們的社會在美容工業的催眠下，許多人認同女性身材應當玲瓏有致才美；但不可否認的，仍有人呼應非洲某些部落的審美觀：肥胖的女性才美。對於後面這種美感判斷，不是一句「海濱有逐臭之夫」就能否定或貶抑其有效性的。換言

之，環肥也美，燕瘦也美，兩種美沒有高下，認同這兩種不同對象的
美感判斷之間，也無對錯之別。另外一個例子是，在運動競賽的賽跑
項目中（如跨欄），我們看到有人姿態優雅自然，身手矯捷，抵達終
點時，從容壓線。這種游刃有餘，揮灑自如的參賽者，常能引起觀賞
者力的震撼與美的感動。我們有時在馬拉松比賽也能看到另一種勝利
者。這種人意志力強韌，雖然體力透支，甚或身負運動傷害，不到終
點，絕不放棄。當其抵達終點時，觀眾的心情不是愉快的舒暢，而是
緊張情緒的放鬆。面對這樣的參賽者，我們能不能判定他的表現沒有
美感呢？答案似乎是否定的。也許他的姿態不美，但其無可估量的勇
氣、毅力和決心，卻撼動觀賞者的心靈，激發高度的人性共鳴，進而
將全場帶入一種高揚的精神狀態。這裡引起觀眾感動的可說是精神充
實的人格美[2]；也可說是所謂的「崇高」之美[3]（sublime）。

　　美的多樣性，在大自然和人造物中都處處可見。天地有大美，如
黑夜裡繁星點點，日落時彩霞滿天，迎風搖曳的野花，齊聲和奏的蛙
鳴蟲唧，躍過山頭，穿透林間的薄霧，天邊的彩虹和飛騰的瀑布等
等，都能美得令人心醉神馳。在人造物裡，文學、詩詞、雕刻、建
築、舞蹈、繪畫、音樂等藝術，更是以目不暇給的速度，創造各式各
樣性質不同，但同樣令人想像力飛揚、感動和讚賞不已的傑作。

　　對美的多樣性有所瞭解之後，讓我們再回到蘇格拉底的那個問
題：美是什麼？我們能從自然美和藝術美之間，得到什麼共通的美的
元素嗎？彩虹的美和蒙娜麗莎的美，相同又相通在哪裡？康德（I. Kant,
1724-1804）說：「自然之美，美在其像藝術；藝術之美，美在其像自
然。」（Kant, 1928: §45）這種說法，也許有助於說明大自然界裡的「鬼
斧神工」之美，和藝術品所表現的「栩栩如生」之美。但是，這兩種

---

[2] 有關人格美，可參閱傅佩榮（1995）。充實之美與虛靈之美。哲學雜誌，11。

[3] 康德（Kant, 1928: §59）認為，美是道德的象徵，美之中常表達一種高貴和超
　　拔的道德美。另參閱：姚一葦（1992）。美的範疇論。台北：開明。79-88。

美以及其他各種美的共通點何在，仍然沒有得到解答。

☪★二、快感與美感

也許要從人類覺得美的事物去尋找共通的客觀特質是不可能的；但如果我們就美感判斷的主體（也就是人）在體驗到美的時候，所具備或產生的心理特質加以整理，能不能找到界定美的方式呢？休謨（David Hume, 1711-1776）認為「美並非事物本身的屬性，它只是心靈領受到的一種激情或意象。」（Hume, 1969: 352）那麼什麼樣的激情或意象才是美的呢？休謨（Hume, 1969: 350）說：

> 愉快和痛苦不僅是美和醜必然的附從而已，更是美和醜的本質元素。……所謂美即是一種能製造快感的形式，所謂醜則是帶來痛苦的結構。

對休謨來說，能製造愉快感受的事物，就能使觀賞者產生美的感受。根據這種說法，不僅怡人耳目的事物有美，爽口順鼻的，也是美。例如甘醇香濃的酒，我們稱之為「美酒」。這時的美，沾染了「實用」的色彩。關於此，休謨是承認的。他說：「事實上我們所謂的美，運用於動物或其他事物的鑑賞時，有一大部分是源於功效的觀念……。」（Hume, 1969: 350）例如動物的身形，只要能強化力量和速度，就成了美的意象。再如大廈的樑柱，基座必須比頂部厚實，如此可使觀賞者產生安全的快感；如果反其道而行，會使人感覺危險，恐懼隨之而來，不可能有美感。

傳統的美學比較強調由視、聽的感知，而引發的美感經驗，不重視口鼻官能和觸覺製造或加強美感的可能性（劉昌元，1994：22）。原因之一，就在於嗅覺、味覺和觸覺等官能與身體欲望的滿足關聯性高，屬生物性的官能，很容易使美工具化；相對而言，視聽二覺，與認知及精神體驗相關度高，屬高等官能，也較能表現美的本質價值。

朱光潛曾以三個人同看一棵古松為例，生動地說明了美感態度與實用及科學態度的不同：

> 假如你是一位木商，我是一位植物家，另外一位朋友是畫家，三人同時來看這棵古松。我們三人可以說同時都「知覺」到這一棵樹，可是三人所「知覺」到的卻是三種不同的東西。……你心裡盤算它是宜於架屋或是製器，思量怎樣去買它，砍它，運它。我把它歸到某類某科裏去，注意它和其他松樹的異點，思量它何以活得這樣老。他們的朋友卻不這樣東想西想，祇在聚精會神的觀賞它的蒼翠的顏色……（朱光潛，1987：3）。

比起木商面對古松的工具操控心態和科學家的探測介入心理，畫家顯得無所為而為，他能移情欣賞，物我同一，坐忘的境界，象徵了美所能賦予人的高度精神自由與尊嚴。關於此，朱光潛（朱光潛，1987：8）的看法是：「在有所為而為的活動中，人是環境需要的奴隸；在無所為而為的活動中，人是自己心靈的主宰。」而就物來說，朱光潛認為，在實用的和科學的世界中，事物的意義取決於它和別的事物能發生什麼因果作用或關係，說不上什麼獨立、個別的意義；「但是在美感世界中它卻能孤立、絕緣，卻能在本身現出價值。」

美感經驗象徵人類精神極高度的自由；而美感所以能自由，就在其能從孤立絕緣的事物中體會出一種脫俗的美，一種本質的價值。若如休謨所說，一物因為有用所以能引起美感，這種美是器化了的，受塵俗之念的牽制，較難自由。而美感活動之所以有其獨特的價值，所倚賴的，應是不俗和自由。

朱光潛的論點顯然深受康德的影響[4]。康德把美感經驗界定為一種

---

[4] 有關康德對美的界定，我們在第六章時已有系統說明，這裡再把康德美感判斷學說的若干要點提出，以與其他論者的觀點相互比較，並求其融貫。

「純粹而無私的滿足」（pure disinterested satisfaction）。他說：

> 當我說某物很美，或者鑑賞一物時，我所關心的，顯然不是該事物
> 的存在對我有何用處，而是該事物的形象給予我何種感受。我們必
> 須知道，美感判斷若是涉入絲毫的利害，就會嚴重偏差，不再是純
> 粹的鑑賞。（Kant, 1928: §2）

　　如果我們因為一物滿足了需求而覺得它美，那麼久而久之，「滿足與否」的問題就取代了「美不美」的問題，美感判斷就不再純粹了。美感的滿足或快樂，依康德的說法，乃是美感判斷的果，而不是因。換句話說，判斷在前，快樂在後；而不是先從對象的存在取得快樂，而後判斷對象為美。一個人在接近對象時，不抱持任何目的，但對象的形象或形式卻能引人想像，使人感受到那形式中，有一種美，合乎美的目的，這就是所謂「無目的的合目的性」。康德說：「美即是對象之中所蘊含的合目的之形式，這個形式必須在無目的、不刻意的情形下去知覺才有效。」（Kant, 1928: §17）有目的，為了滿足某種快感的意念，而從事的活動，先天上就受了拘束，不自由，追求的是「受刺激病態式制約的一種滿足」（a delight pathologically conditioned by stimuli）（Kant, 1928: §5）。

　　審美是一種「超生物的需要和享受」（李澤厚，1996：91）。人因為能超越純功利性的生物性行為，所以才有高等的審美和理性思維，才能免於物化和異化。如果人只有生物的需要，那麼餓的時候，吃飽了就好，何必講究吃的儀態？性欲滿足了，何必再談愛情？見了仇敵，殺了就是，何需講究道德？人道就是生物性的超越，就是美的來源。李澤厚談美，認為美是「自然的人化」、「一種愉快的自由感」（李澤厚，1996：84-93）。超越了自然需求的美感經驗，使人的愉快加入一種自由，免於生物性需求滿足之後，心靈卻更加空虛所衍生的極度悲哀。李氏的說法，呼應了康德所謂「無私的滿足」，和朱光潛

所謂「無所為而為」的美感境界。

綜上所述，我們可以說，所謂美即是能引起觀賞者美感經驗的事物。這種美感經驗是主體忘卻利害，由事物之形象或形式激起自由想像，並從中體驗到一種精神的昂揚、喜悅或快樂。這種快樂是隨著美的感動而來的。因此美感含帶著快感；但不是所有的快感都能引起人美的感受。這點是休謨未加細究的。

不過太強調美的純粹性，不提美與目的或欲求之滿足的關係會不會有問題呢？例如「美酒」的說法，顯然指著某種酒滿足口欲，所以美。依康德的主張，這種美是不成立的，也許稱「好」酒會來得恰當些。劉昌元評康德將美界定為「無私的滿足」，認為這種定義太狹窄，「在完全排除了欲望、概念、目的等因素之後，美好像是朵生活在極稀薄空氣中的花，雖然清高純潔，但因為不食人間煙火，令人有隨時都會枯萎或消失的感覺。」（劉昌元，1994：138）其實把欲望和目的等因素加入美的定義，反而使人分不清快感和美感，美究竟為何，變成不可分辨。這麼做不能為「美的花朵」提供更充足的空氣，卻是把原本稀薄的空氣攪混了。美的事物必定合乎人的欲望和目的，但符合人之欲望和目的的（例如有人嗜好虐待他人，甚或食人），並不一定為美。

馬勒席爾（M. Mothersill）對於美的界說，頗能總結前述的討論結果，他認為（Mothersill, 1992: 46）大多數哲學家，都承認美有如下幾點特徵：

1. 美是一種好的事物，一種正向的價值。

2. 美和快感相連，我們認為美的事物，必定能引起我們愉快的感覺；反之則否，因為使我們覺得愉快的事物，並不都是我們認為美的事物。

3. 美討人喜愛，故能引發追求的動機。

4. 美的鑑賞有賴各種直接的感知過程，因此，討論一幅從未看過的畫，或者一曲從未聽過的音樂美不美，是毫無意義的。

5.美感判斷是一種獨特的經驗領域，與道德判斷或理論思維均不相同。

☪三、美的主觀性與客觀性

前文所探討的有關美感與快感的分辨，不僅關乎美的本質的認識，亦牽涉另一個非常重要的主題，即美感判斷有無客觀性的問題。阿德勒（M. J. Adler）認為美感判斷既有主觀性也有客觀性，他（Adler, 1981: 118）說：

> 事物被稱為美時，可能指其具備令人讚賞之美（as admirable），或令人愉快之美（as enjoyable），因為有這兩種截然不同的意義，所以美既有客觀性，也有主觀性。麻煩的是，這兩種向度的美並不一致。

阿德勒所謂「令人愉快之美」是指一物經沉吟、玩味或凝視（contemplating, apprehending or beholding），而能引起愉快的感覺（Adler, 1981: 108）。這種快樂雖然是不涉其他目的的無私的滿足，但因為快樂與否，屬個人感受，主觀性難免。阿德勒認為，如果一對象在實質上難稱優越和完美，但觀賞者卻能從中得到無私的美感陶醉，這種美感判斷是否有效，將視立論的出發點而定。就「令人愉快之美」的標準而言，它是成立的[5]（Adler, 1981: 118）；但就「令人讚賞之美」而論，就不成立了。當一物「本身」具有某種優越和完美的特質時，才算是具有令人讚賞的美。「令人愉快的美」，其愉悅作用是當下而立即的（immediate）；但「令人讚賞之美」可能有待思維和知識才能深入領略。換句話說，審美者必須有細膩的思維和足夠的背景知識，才能掌握某些事物之中所蘊含的優越和完美的特質，進而由此領會一種令人

---

[5] 前文所說的環肥美或者燕瘦美的爭論，據此觀點似乎可以化解。

讚賞之美。英文和詩學造詣不足的人，可能難以欣賞莎士比亞的十四行詩（Shakespear's sonnets）；但莎士比亞的詩不因為有人不能品味，就失去其美了。也就是說，莎士比亞的詩文之美有其客觀性，這個客觀性的來源，就在其蘊含的一種優越和完美的特質。

當然何謂優越和完美的特質，仍有爭論的可能。一件東西被視為高貴和完美，可能完全出於某種特殊甚或偏頗的價值觀。馬克思主義者就認為藝術和階級之間有必然的連帶關係（Marcuse, 1978: 2）。例如不同階層的人欣賞和接受的音樂常有不同。勞動大眾也許聽「通俗音樂」時怡然陶醉；聽到受中高階層認同的古典音樂時，卻感到索然無味。像這種情形，到底「通俗音樂」與貝多芬的交響曲兩者之間，何者來得比較優越和完美呢？誰來判定？判定的人能免除階級意識嗎？即使能超越階級意識，有客觀的因素作為美感判斷的準據嗎？這裡必須注意的一點是，一物美與不美，並不是審美者誠實表達即成立。換言之，不是我欣賞喜歡一物，就代表該物是美的，換言之，吾人對一物產生美感和該物美或不美並無必然關連，這時該物「美或不美」仍是個「待答問題」（open question）；而這個待答問題是否有解答，又牽涉到有無客觀的美感判斷標準，或者美有無標準的問題。

依日常經驗而言，如果美的標準或特質不存在，為什麼藝術評論家總是提醒我們注意作品中某些「優越」的特質呢？（劉昌元，1994：135）為什麼某些傑作能傳世久遠，為不同時代、不同階層的人所共同欣賞崇拜？馬庫色（Herbert Marcuse）（Marcuse, 1978: 15）指出：

> 馬克思主義論者的美學並未解答：藝術特質中，哪些能超越特定社會的內容與格式，而使藝術具有普遍性？例如，它必須說明，為何希臘的悲劇和中世紀的史詩，一為古代奴隸社會的產物，一為封建時期的作品，但至今讀之仍能令人感受其「優越」和「真摯」的特質。

　　不容否認的是，許多作品蘊含靈巧的技法、豐富的情感、驚人的天才和無邊的想像力，這些特質使它們的優越和完美能成為不同時代、不同階層和不同種族所共認的「客觀」或「普遍」事實，這種客觀性或普遍性，即是所有「令人讚賞之美」所共有的特徵。

　　其實連阿德勒所認為主觀的「令人愉快之美」，都有「客觀」或人我共通的部分。例如對多數人而言，溫柔和諧的畫面，總是比暴力衝突的場景，容易使人產生美感。如果有人遭追殺，一旁觀看的人竟然自述其從中得到一種美感的愉快，此人多半會被認為是虐待狂。再以教育為例：老師拿鞭子抽打學生，被打的學生不覺痛苦，反覺快樂；打人的老師，不以為自己行為醜陋，反而洋洋自得。這樣的師生，大概會被認作「變態組合」。康德雖然承認美感判斷不是純理性或邏輯的判斷，因此必然有主觀性。但他認為美感判斷仍有其普遍成分，這個普遍成分的來源就在人與人之間有一種先驗的共感力（sensus communis）。這種共感力使人從一「表象」（representation）所得的快樂，可以普遍和別人溝通分享[6]（universal communicability）（Kant, 1928: § 40）。因為人對美的事物有這種共通的感受力，所以康德把美界定為「一種能普遍使人感到愉快的事物[7]」（the object of a universal delight）

---

[6] 關於此，康德的說法似乎與休謨頗為相近。休謨認為儘管美感變幻難測，但終究有普遍的評價準則，這些準則只要仔細研究人類的心靈結構便可探得。依照人的心理條件，若干形式和質素自然有引人愉快或痛苦的傾向，如果這些預期效果沒有出現，必然是當事人的感官知覺出了毛病或者有缺陷（Hume, 1996: 142）。在另一處，休謨把審美判斷失誤的來源說得更加清楚，他說：美感品味的普遍原則植基於人性，故適用於所有人；如果人我在判斷上出現歧異，必定是鑑賞力的缺陷造成的，這種缺陷，有可能是來自偏見，缺乏訓練，或者不夠敏銳。總之，一定可以找出合理的依據來說明為什麼我們支持一判斷而否定另一判斷（Hume, 1996: 149）。

[7] 康德因為主張美有絕對的普遍性（strict universality），所以有的論者將之歸類為美的客觀論者（Objectivist），參見 A. Ward. (1995). Aesthetic Judgement. In D. Cooper (Ed.), *A companion to aesthetics*. Oxford: Blackwell, 246.

（Kant, 1928: §6）。

　　如果一個人認為一物很美，但別人卻一點共鳴也沒有，那麼該物的美可能涉入太濃的個人偏好與目的，不是真正或純粹的美了。康德有關這方面的論述，朱光潛有中肯的詮釋，朱氏（朱光潛，1995：169）指出：在康德的思想中，美感判斷雖然有其主觀特質，但卻和邏輯推論一樣具有普遍性和必然性。這種普遍性和必然性純粹依賴感官的共鳴，不藉助概念的理性演繹及說明。當一物使我覺得美時，我的心理機能（如想像、知解等）自發和諧地活動，從中得到一種不沾實用的愉快，同時因為人類心理機能大半相同，所以我一人覺得美的，大家都覺得美。

　　康德學說的價值，就在於指出美不僅在心，也在物。亦即美是一種心靈的創造物，但不是所有的物都能讓人覺得美，物必須在符合人類某些心理機能的條件下，才能讓人產生美的感動。再者人類心理機能的共通性，使美具備了普遍性。因為美和美感 [8] 有其普遍性，所以美感判斷才能成為一種「預測」，它「可告訴我們在何種主客觀條件下審美價值可被體會到。」（劉昌元：1994：75）

　　總括本節的討論，可知美有其多樣性，而各種美可大致劃分為「令人愉快之美」與「令人讚賞之美」，這兩類的美都能引起觀賞者的愉悅和感動。由美感而引發的愉悅和感動是一種不沾欲望或實用目的的滿足，因為美感是無私的滿足，所以人才能客觀地欣賞美的事物之中所蘊含或展現出的優越和完美的特質；而人類心理機能的共通性，則為美感判斷建立了普遍化的基礎。

---

[8] 美和美感不同，兩者不宜混淆，美感是判斷主體的「感受或感受力」；美則是指能引起美感判斷主體愉快感受的「對象」。

第三節　美可教嗎？

☾★ 一、美的普遍性與可教性

　　康德將人我心理機能的共通性，視為美感判斷的普遍化的基礎。他不說美感判斷具有客觀性，而說具有普遍性，顯然是為了說明美感的價值投射成分。雖然美感判斷有主體的價值投射成分，但是因為人類的心理機能存在共通性，所以美感判斷也就有了普遍化的基礎。這個基礎存不存在，與美育是否可行息息相關。因為如果美沒有標準，那麼美育能傳達些什麼經驗或知識呢？教育工作者如果要為學校的美育建立穩固的理論基礎，第一個待證明的，恐怕就是美及美感判斷有無普遍性的問題。赫思特（P. H. Hirst）在討論文學和藝術能不能成為一門獨特的知識領域時，曾經指出這個問題的關鍵在藝術判斷有無普遍性的問題。藝術判斷有普遍性才可能產生藝術知識（artistic knowledge），美育也才有基礎。他說：「如果藝術知識是一種命題的、有真假的、事實的知識，這將對文學和藝術在課程中的地位，產生極重要的意義。」（Hirst, 1974: 164）赫思特（Hirst, 1974: 161）又說，如果人們能夠指出在何種社會、物理（或自然）及人性的基礎下，何種作品會具有美感價值，則藝術判斷就有普遍性，藝術就可成為一門獨特的知識領域。

　　前節根據康德的說法，指出因為人與人之間有共感力為基礎，所以能預測在何種主客觀條件下，美感價值會被體驗到。這裡再就赫思特所提出的藝術判斷的社會、物理和人性基礎，對美的普遍性問題作進一步的說明。

　　社會因素中的文化傳統，顯然是影響美醜判斷一個很重要的指標。伊頓（M. M. Eaton）（Eaton, 1988: 143）就認為：

所謂美感價值是指一物的特質能引起人愉快的感受,而且這些特質
在傳統上,一直被認為是值得注意和鑑賞的對象。

　　這裡伊頓提到與美感判斷相關的二個元素:一為物理的,即事物
本身的特質;一為社會的,即文化傳統。根據伊頓的看法,這兩項都
是美感判斷普遍化的基礎。首先,因為美感的愉快是針對事物「本身
的特質」而來的,所以有客觀指涉的對象。當我們說明一物很美時,
通常會指出它的顏色、節奏、亮度、對稱與和諧等特性來。一物是否
具和諧等的特性,可以分析判斷,這是使美感判斷具普遍性的基礎之
一;而和諧在我們的文化中,如果是普遍被接受的一種美感標準,又
為事物之美感判斷,增添一份普遍化的可能。如此,假設我們知道一
個文化強調和諧的美感價值,那麼在其他條件恆定的情況下,如果一
物的結構有較高的和諧度,必定較能引起觀賞者美的感受。所以伊頓
(Eaton, 1988: 145)說:「美感價值的客觀性取決於特定的文化傳統,
深入研究傳統,就可瞭解一文化中的人,會認同哪些事物具有美感價
值。」

　　不過美感判斷的普遍性是否只局限於個別的文化傳統呢?美能不
能跨越文化界限,達到真正的普遍呢?這個問題的解答可能在於人性
的問題。前文曾經提到美是「自然的人化」;我們也可以說美是人從
動物界超昇而「成為人」(becoming man)的過程中一個很重要的指標
(Feldman, 1970)。人的優越,就在於能從對象之本質中,得到一種非
工具傾向的陶醉和愉快。試想除了人之外,還有那種動物會癡迷地凝
望彩虹、落日、夜空和晨露,歌頌高山的聳拔、大海的壯闊和天地的
無邊,或者欣賞同類的高貴、聰慧和才藝。由不同族類的人對壯麗、
優美和傑出對象的共鳴,使人不得不相信美的普遍性可以建立在人性
的共通特質上。所以人性的探索是任何研究美學和美育的人,不能免
的一個功課;而人性之中美的潛能的開展與完善,則是美育的終極目
的。

☪二、美育是一種指引、一種邀約

　　雖然說美感判斷有其普遍性，但這並不等於說每個人對每樣事物都有相同或類似的美感判斷。就因為每個人的美感判斷有差異、有陷於主觀的可能，美育才有其必要（Redfern, 1986: 66）。一般人以美感判斷具主觀色彩來否定美感判斷的普遍性和可教育性是倒果為因的作法。人與人之間的美感判斷會有差異；同一人在不同時、地、心情也可能對相同事物作不同的美感評價，但這些情形，並不是美育或藝術領域裡才有的現象。例如三角形的內角總和是一百八十度，但不是每個人都能證明這個定理；懂這定理的人，也可能因為某種特殊因素而一時無法證明。人與人，以及個人自己對相同事物，作不同美感評價的現象，並不能作為否定美感價值有其普遍性的理由；這就好像我們不能因為某些人不能證明三角形的內角之和為一百八十度，就否定這個定理的有效性一樣[9]。

　　值得注意的是，參與美感判斷之討論的人，對於討論結果只能「期待」（hope），不能「強求」（demand）（Eaton, 1988: 121）。對於我們認為令人愉快的美的事物，我們只能說出它們所以令人愉快的理由，不能以說理的方式強要人「愉快起來」（We cannot be reasoned into taking pleasure）。因此，美育除了「指引」（pointing）作用的說理分析外，還須有激發想像和聯想的「邀約」（inviting）作用。我們並不是指出某一事物有那些客觀特質，就能說服聽者有美感的共鳴，共鳴的引發往往有賴各種有別於直接說理的方式（如表演、實踐）才能完成。這整個過程包含了知覺和思維的精煉，以及想像力和品味的提昇。關於此，奧士本（H. Osborn）有類似的說法，他說：「美感鑑賞

---

[9] 對不同類事物所做的美感評價，其普遍性會有所差異；而這裡並不在說明「所有」美感判斷都和三角形內角和的證明一樣客觀，只在澄清不能因為某些人不能體會美感價值，就否定美感判斷的普遍性。

是一種智能活動，它藉由知覺能力的提昇漸漸拓展人領略玩味的格局。」（轉引自 Reid, 1986: 47）總體而言，美感教育不但可能，而且必要。

第四節 教育美感與教育者的素質

以上我們從美的領略、感受能力為生命重要意義之來源，說明美育的必要性；又從美感判斷的普遍性印證美育的可能。然後，我們將說明教學本身即是一種美育的過程，而教育者本身的風範，不僅為美育之一環，也是教育美感的來源。

教學可謂一種「表演藝術」（performing art），它一方面向「觀眾」（受教者）傳達重要的訊息或事實（藝術的指引作用）；另方面又藉著語言、姿態及表情等各種方式，來激發觀眾對訊息和事實之象徵意義作生動的想像（藝術的邀約作用 [10]）。教學的整體代表一個藝術品，可以有「令人愉快之美」，也可以有「令人讚賞之美」，當然也可能兩者皆無。因此，學校在透過各種自然和藝術之美，來提昇學生的審美能力和美感創造力的同時，絕不能忽視教學本身就是一種「美感品味的示範」。如果各種科目的教學不是呆板乏味，就是陰森恐怖，再多的美術、音樂和工藝課，只怕對美感涵育也無濟於事。也因此談美育，不能不談教學藝術。而教學藝術和美育正是教育美學的兩大主題。總而言之，如果我們承認美在人生的重要性；如果教育關切的是人生，那麼教育工作者研究教學中的美感與美感的涵泳，就是一種必然的結果。

有關教學美感的創造，及美育在課程中的地位，將分別於第十章

---

[10] 有關把教學或教育類比成表演藝術之可能，請參閱 Iredell Jenkins.(1970). Performance. In Ralph A. Smith (Ed.) *Aesthetic concepts and education.* Urbana: University of Illinois Press, 204-226。

及第十一章深入探討。這裡要以教育者本身的素質所代表的美感和教育意義，做為論述重點。

　　前已指出美是一種能激發觀賞者愉悅感受的對象，又引阿德勒的觀念，指出美依其類別，可分為「令人愉快之美」和「令人讚賞之美」。阿德勒所做的美的範疇分類，頗有助於教育者思考如何改善自我之美感和教育價值。首先，就令人愉快之美而言，阿德勒指的是一種能在直覺上帶給人愉悅感受的事物，例如優美和雅緻便是這一類美的事物的重要代表。教育者要具有這樣的美，須考慮本身的儀態和舉止是否合宜。舉止上能賞心、儀表上能悅目，是為最理想狀態，起碼不宜蓬首詬面、奇裝異服、乖戾粗俗或陰沉鬱悶。教育者的儀態行止若能溫和、端莊、親切，就能對學生產生一種自然的吸引力和安定力，這是教育的大本之一。在「令人讚賞之美」上，阿德勒強調的是：激起人崇敬、愛慕和感動的優越完美特質。教育者因熱誠及努力，而表現出的豐富學識和無比毅力，能使學生震撼和驚嘆，並產生師從之心。古往今來，許多學生甘於「程門立雪」，其動力都是來自對「師」的超凡成就和氣質的衷心嚮往。此外，師道的令人讚賞之美，還表現在德行上。「師」的純潔、真摯、善良和負責，可啟發、感動學習者，助其尋獲和諧人際互動和生之幸福的一把鑰匙；而「師」面臨逆境、險境時的大仁大勇，則可使學生見證生命之無限壯闊與神聖，並瞭解人之所以為人的尊嚴和光榮。在天下雜誌於民國九十年所舉辦的一項調查中，證嚴法師獲選為台灣最美的人；受訪者認為證嚴的美，美在其無私、善意和祥和，有人則慶幸「台灣還好有她」（洪懿妍，2001b：68-69）。可見德行之美在一般大眾心中所占的份量之高，而其教育價值亦不言可喻。

　　總之，所有的美都有吸引和誘發的雙重力量。例如，喜馬拉雅山雄奇壯麗的景色，除了令人驚奇和讚嘆，亦可誘發不凡志向；證嚴的德行，不僅近者悅，遠者來，其所感召的巨大而有效的社會實踐力，甚至比政府更有安定人心、激盪人向上的能量。在教育中，成功的師

道踐行者，其一言一行的清新與脫俗，滌淨人靈魂的污垢，啟發人純潔、高尚的願望；其驚人的才能和深遠的教學意境，則激揚了受教者的超凡意識。師道之美，使受教者在有限的學習歷程中，孕育開展生命的無限可能。因此所有從事教育工作的人都應自省：自我的生命質素中，是否有令人愉快之美？是否有令人讚賞之美？如果兩者皆付闕如，將以何教人？又何以教人？

第十章

教學的藝術特質

第一節 何謂教學藝術？

假如我們瞭解人類與藝術作品之間的重要互動關係，並透過這層瞭解來看教學活動，也許能使教學活動的特質更加清晰明白。甚至可以因此得到一些有效的指引，藉以判別何謂優越的教學（Beardsley, 1970: 8）。

　　教育活動經常被指為一種藝術，例如杜威（J. Dewey）就說：「教學就是一種藝術，真正的教師就是藝術家」（姜文閔譯，1995：388；Dewey, 1933: 288）。但是對於「教學藝術」的意義，以及如何運用「教學藝術」等等問題，卻少有文章加以探究，這是教育研究者和實際從事教學活動的人，同應注意的一個事實。

　　艾斯納（E. W. Eisner）是極少數曾經為文專論「教學藝術」這個概念的學者。艾斯納認為「教學藝術」一詞至少可代表四種含意（Eisner, 1994: 154-156）：第一、「教學藝術」可指教學活動中，教師的卓越教學技巧和優雅的誘導方法，堪稱「一種藝術表現形式」（a form of artistic expression），且師生在此教與學的過程中，都得到了「內在的心靈滿足」（intrinsic form of satisfaction）。這種極致的教學是美的體現，也是美感經驗的來源。第二，教學之所以被稱為一種藝術，乃在於教師如同畫家、舞者或演員一般，在其進行活動的過程中，須要細心觀察、瞭解逐步浮現的各種影響活動的品質，並作適當的「質性判斷」（qualitative judgment），以便及時調整作為，使活動導向「富質感的目的」（qualitative end）。第三，教學被視為藝術的另一個理由在於，它和藝術類似，都是一種「靈感性或偶發性的活動」（a heuristic or adventitious activity），並不完全依循定規。當然教學和藝術創作，都需要有發展成熟的技巧和積累深厚的學養作為後盾，才能在近乎自動化的情況下，輕鬆面對常軌內的活動，並把精力灌注在變數的應對和全

新價值的創造。艾斯納認為，正是這種「自動性和創造性之間的張力關係」（the tension between automaticity and inventiveness），使得教學和藝術活動，顯得極為複雜。無自動性則精力耗盡，降低創造的可能；但如果只是自動、反射式的操作，教學和藝術活動將淪為例行公事，毫無才氣表現的機會。第四，教學所以可被視為一種「藝術」，在於教學和藝術一樣，都在「尋找突現的目的」（seeking emergent ends）。教學和藝術所實現的目的往往是在活動中創造出來的，而非「預定」的結果。以「特定」技巧來完成「預定」目的，通常稱之為「技藝」（craft）。艾斯納引述詹森（H. W. Janson）的說法，指出：藝術家是那些玩捉迷藏而不知道自己在找些什麼的人，直到發現了合意的東西，他們才瞭解自己尋找的究竟是什麼。換句話說，藝術家對於自己的創作目的，並不是一開始就完全清楚明白，這目的往往在過程中逐漸明朗，甚至到了作品完成之後，才浮現、確定。這當然不是說，教學或藝術完全沒有預定的目標，而是說教學或藝術如果「只是」機械而有效的完成一些預定、不變的目標，將淪為工匠的「技藝」；教學如有發掘新目標的機會，才能進入「藝術」的層次。

艾斯納指出，稱呼教學為一種藝術，並不是說所有的教學都到了藝術的境界。事實上，教學也可能「呆板、機械、粗率、毫無想像力」。充滿理想的教師，對於教學成果的期待，常常不僅止於幫助學生「吸收有用的知識」而已，還講究其吸收的「方式」和「過程」。而學生們則渴望如沐春風的意境。哈夫特（G. Highet）提到優秀教師的演說能力時曾說：「這一類講演人並不單純地揭露事實，給學生吸收，而是用某種方式去提示事實，使學生不由得不為之感動、鼓勵、魅惑。」（廖運範 譯，1970：152）這種使學生「感動、鼓勵和魅惑」的過程，是一種美的創造，也是艾斯納所說的教學藝術所要達到的境界。

孔子在提示學習的不同層次時指出：「知之者不如好之者，好之者不如樂之者。」（論語・雍也）能讓學生在學習的過程中「知之」，

只算是教學藝術的第一步；帶領學生由「登堂」而「入室」，對所學既知之，又好之，甚至樂之的教學，才是教學藝術的最高化境。換言之，教學的基本是使學生習得教學內容；但如果我們承認在認知和技能的傳授之外，教學還應實現「情意」的目標，則教學是否達到「藝術」的境界，將不可免地成為判別教育活動成就高下的一個規準（Beardsley, 1970: 15-16）。達到「藝術」境界的教學，才能「感人」，才有實現情意目標的可能。

感人的教學是「教學藝術」成功運用的結果，但教學要達到怎樣的境界，才能創造美感，成為艾斯納所說的「一種藝術表現形式」？或者說教學想激發美的學習經驗，應該掌握哪些要素？傑肯斯（I. Jenkins）曾經把教學比喻成一種「表演」（performance），他對表演有如下的界定（Jenkins, 1970: 205）：

> 表演是一種過程，有其模式、進程和方向。這個過程有兩個重要的特徵。首先，它主要包含一個進程，在這個進程中，劇本裡原本隱晦不明的意義，透過演出者的表演而彰顯了出來。整個進程又可分為三個階段或關鍵，即是所謂（對劇本的）理解（apprehension），表達（expression），和體現（embodiment）。其次，整個進程，以及它的各個關鍵階段的活動，都必須符合兩個要件：尊重並表現出劇本（亦即被演出的藝術作品）的獨特內容與意涵，同時在詮釋和體現這個獨特性時，使用一般人所熟悉的方式，以利觀眾的理解。

教學和表演的可類比性，就在於教學和表演一樣，也要求其演出者（教師）以觀眾（學生）能理解的方式，忠實而生動地呈現劇本（教材）的獨特內涵。以下，我們將根據藝術創作和藝術欣賞的基本原則，說明動人的教學中，教師（教學的演出者）有哪些心理特質，如何而能成功地理解、表達和體現教材（教學劇本）的精髓，同時也要探討學生（教學的觀賞者）在哪些條件下，比較容易感受到艾斯納

所說的「教學藝術」的美感。

第二節　教學藝術的創作者

　　教學活動的演出者，就是教學「藝術」的創作者。在成功的藝術創作過程中，創作者有三種常見的特質：充滿遊戲興致、想像力豐富和熱烈的情感投注。以下將分別說明這三個特質，及其對教學藝術的重要性。

☾ 一、遊戲興致

　　「藝術源於遊戲」（姜文閔譯，1995：388；Dewey, 1933: 288）；而遊戲則是人在「有限」的苦悶中，對「無限」的一種尋求（朱光潛，1987：73）。人的生命有限，生活世界可以運用的事物也有限，正因為無時無刻受到客觀事實的限制，所以才激發了人對無限的渴望。而藝術即是這種渴望的表現方式之一。席勒（F. Schiller, 1759-1805）認為藝術要從有限中超拔出來，必須有「遊戲衝動」（play impulse）。有遊戲的心境，才能免於現實條件中「知覺（或感性）衝動」（sense impulse）的拘束，並可避免抽象的「形式衝動」（form impulse）的擺佈。停留於「知覺衝動」的世界中，物對人而言雖有生命但無特殊的形式（shapeless），也就是說只對具體的事物有興趣，不能從具體跳脫出來，觀察具體之中所蘊含的更高精神意義或更完美的形式；滯留於「形式衝動」，事物變得空有理想形式，但從未「具體」落實或成形，變得失根而無生趣（lifeless）。「遊戲衝動」使人不役於有限的現實或具體事物，而總是想像新的、更富趣味的可能，並有將新的可能性具體化的衝動（試想一個遊戲如果永遠停留於想像，而不實際去玩，人們想像這種遊戲有何用處），一旦新的可能性落實了，遊戲衝動又引人向別的可能形式，如此，具體與形式、感性與理性不斷往復對話，開啟無限完美的可能與感動。遊戲裡這種調和具體與形式、感

性與理性的作用，使人能在遊戲中創造「生動的形式」（living shape）；而「生動的形式」即是美的象徵。所以席勒說美是有限與無限的調和。在美之中，人實現了超離有限，追求無限的需求，美因此代表著人性的極致（consummation）。在遊戲中，人創造了美；在創造美的過程，人實現了人之所以為人的尊嚴。所以，「當一個人是個徹底的人時，才會有遊戲的活動，遊戲時，他是個徹徹底底的人。」（Schiller, 1965: 75-81）

比起成人，兒童在現實世界中受到了很多限制。雖然如此，兒童卻遠比成人更能超脫有限，進行各種遊戲。成人心目中毫無意義和用途的幾樣東西，兒童在彈指間就能全神投入，玩得津津有味。這種不受實物拘限的遊戲能力，是創造的泉源。無怪乎朱光潛認為藝術家的創作都是所謂：「大人者，不失其赤子之心。」（朱光潛，1987：74）遊戲的情意不僅能激發創造，也能提昇想像、欣賞和學習的能力。柏拉圖忠告從事教育工作的人，自由人的培養不宜在強迫的氣氛下進行。因為「強制的學習永遠不可能深入人心。……讓你的孩子們在遊戲的過程中完成課業，在遊戲中你將更能發掘他們的天資秉賦。」（Plato, 1987: 536e～537a.）

當然膚淺的遊戲，可能任性揮灑，毫無目的。如果就這個意義而把藝術比為遊戲，許多藝術家可能大感受辱（Sparshott, 1970: 121-122）。含有藝術價值的遊戲，是「無所為而為」：不受限於預先設定的目的，而非沒有目的。不受限於預定的目的，才能充分地享受創作或遊戲過程的快樂。如果一個人參加任何遊戲或競賽，都抱著非得勝利不可的心理，如何可能享受過程中的樂趣？盲無目的和預立僵化的目標同樣都會摧毀遊戲的文化價值與創造意義。人類的興趣如果只在活動的結果，活動本身終將成為苦役；相反的，如果只重過程而盲無目的，活動難保不淪為無謂的嬉鬧（姜文閔譯，1995：385；Dewey, 1933: 285）。提倡遊戲的價值，是在強調以活動本身為目的，全神貫注，和自得其樂的重要。另外，遊戲不等於空幻、不切實際的想像，相反

的，它常有使理智更靈活、更接近真實的能力，杜威即說：

> 心智針對一個主題，在自由的遊戲中，表現出理智的好奇心和靈活
> 性，而沒有獨斷和偏見。這種自由的遊戲，並不是去鼓勵把某一問
> 題作玩耍取樂的手段，而是超越成見和習慣的目的，其興趣在於剖
> 析問題的本質面貌，使其意義充分展現出來（姜文閔譯，1985：
> 386-387；Dewey, 1933: 286）。

　　遊戲當中自得其樂和想像力靈活的現象，對教學的過程，有深刻
的參考價值。試想教學如果只是謀生的工具，或者只在為升學目的服
務，不就成為一種勞動和苦役，創造美感的可能性自然渺茫。有的教
師把教學當作一種純粹的義務，或上級交付任務的「不得不」，根本
談不上運用想像力來點化學生。不把教學當作苦差事，帶著幾分遊戲
興致融入，教師才能自娛娛人。許多作家和藝術家在其成名作之後，
就少有傑作，原因之一，或許就在其成名之後，必須為外在目的而工
作，不再能像成名前那樣地在工作中遊戲，在遊戲中工作。能在工作
中遊戲，想像力躍動性強，也因此有娛人的能量，並能在工作成果中
表現出令人愉快的特質。這份愉快自在是優秀的工作者從事活動時常
見的心靈特徵，這個特徵會反映在活動成果中，並傳達給別人。例
如，一位國中老師（李芝安，1990），在考季時寫了一篇舒緩學生考
試壓力的文章，出乎常軌的撰寫方式，讓人感受到輕鬆自在的遊戲心
情。這篇文章叫「聯考症候群」，把應考的學生分成「束手就擒」、
「草木皆兵」、「晝伏夜出」、「荊軻聶政」、「旁門左道」、「靈魂
出竅」和「豬狗顛倒」……等等十五個類型[*]。由對各個類型不同「症

---

[*] 以下是其中二個「症候群類型」：
荊軻聶政型
　這種型的人抱持著非第一志願不念的烈士胸懷，特徵是特別喜歡寫座右銘。

狀」的漫畫式描寫，生動而有趣地暗示學生避免文中所舉述的各個類型的毛病。

總之，從事教學，可能是無聊煩人的勞務，也可能是生趣盎然的活動，能否觸發遊戲衝動，是其中分別的一個主要關鍵。

☪ 二、想像力

遊戲衝動將人從知覺的經驗世界，帶入想像力的國度。但想像是什麼呢？以下我們將從「新意的尋取」、「關係的發現」和「抽象的具像化」三項，來討論想像力的意義和其對教學的啟發。

想像力豐富，遊戲衝動才能得到充實的滿足。想像是藝術不可或缺的要件（Kant, 1928: §50），它打破死氣沉沉、習慣化、公式化和機械化的舊樣板，從已知（what has been understood）進入新奇（wonder），揭示另一種可能性。我們也可以說想像是「在舊材料中尋取新意」（Dewey, 1987: 271-275）；想像的領域，就是可能的邊際（McCleary, 1993: 22-25）。康德說：「想像是認知官能中極富創發力的部門，擅長由真實世界所提供的材料，創造另一個國度。每當經驗趨於陳腐，我們就會藉由想像重塑經驗。」（Kant, 1928: §49）根據康德的說法，想像即是一種創造。近代哲學家中，也有人特別強調想像的創新意義，但同時也指明想像不等於空想妄想。例如史古騰（R. Scruton）（Scruton, 1974: 99-100）就說：

症狀輕者會寫「一分耕耘，一分收穫」、「要怎麼收穫先那麼栽」，嚴重一點的就寫「不成功便成仁」、「士可殺不可辱」，聽說更歇斯底里的，還會綁個「必勝」令在頭上。

旁門左道型

顧名思義，這種人是不研究如何把書讀通的。他專門將橡皮擦做成骰子，或者製造精巧型小抄，甚至不惜將自己整型成凸眼長頸鹿，期望朋友能顧及江湖道義「罩」他一下，基本上他是捨己求人型。

富想像力地執行一件事，代表行事時思維縝密，思路不循理論推敲
的舊規，而取異於尋常的趣味。當某人富想像力地完成χ這件事時，
他所做的實則超過χ，其中新增的部分，是一種創造，也是他認為χ
本該有的元素。如此界定想像，顯然具有規範意義：有些活動可以
斷定確實具有豐富的想像力，但有的可能只是胡思亂想。

除了創新的意義之外，想像也可說是在混沌中尋得秩序，由個例
裡見出全體的一種力量（Greene, 1970: 303-304）。換句話說就是事物之
關係的一種新的發現。個別而零散的事物，表面上無深刻的意義，彼
此也像是毫無關係，但經過創造性想像的點化，原本個別而不相干
的，卻合成一個脈絡相連，深富意義的全體。枯籐，老樹，昏鴉，小
橋，流水，人家，古道，西風，瘦馬，夕陽西下，這些一個個孤立的
景物，對平常人來說毫無特別意義，但敏感的詩人，外加一個「斷腸
人在天涯」的意象，霎時就把前述原本相互絕緣的景物，全數結合了
起來，構成動人的畫面。這就是所謂由個例見出全體，在混沌中尋取
秩序。想像在此不僅扮演了揭示意義和逼近實在（reality）的積極角
色，更有「動人」的作用。依據華納克（M. Warnock, 1924-）（Warnock,
1976: 84）的說法，想像是：「藉由創造和理解的過程，使人與世界產
生更緊密的聯繫，並由此發展出對世界的愛與敬，不再感覺疏離，活
得完整而有活力（living power）。」

毫無疑問的，各種活動都需要想像力，才能擴展美感意境，教學
自然也不例外。有了想像力教學才能在兒童的知覺和學習的材料中加
入動人魅力。但也不能只圖樂趣，忘了意義。簡要地說，就是「寓教
於樂」，要教與樂兩者兼而有之。學成語，背成語，對很多兒童來說
是一種枯燥乏味的功課，心思細膩的老師，卻懂得以「畫說成語」的
方式，讓兒童在「猜成語」的遊戲過程，運用想像力，快樂而輕鬆地

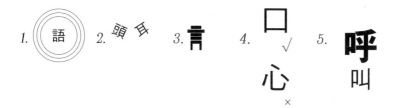

1. 語　　2. 頭耳　　3. 言　　4. 口心 √ 心×　　5. 呼叫

學會成語。上列是幾個釋例[2]（李淑淑，1997）。

　　過度抽象是扼殺教學趣味的主因，善用想像力，才能如「畫說成語」，以具體代替抽象，表現概念的生動意境。許多人愛看政治漫畫，就在於作畫的人，懂得以具體代替抽象，趣味幽默之外，又能傳達深刻意義。藝術這種將「抽象具象化」的想像要領，值得從事教學活動的人善加揣摩應用。

☾★三、情感投注

　　康德在討論藝術之必要元素時，除了想像，還指出「神韻」（spirit）的重要性。他說：許多表面上毫無瑕疵的藝品，因為缺乏神韻，美感大為降低。例如一首詩，可能在形式上很精巧，用詞也極典雅，但是卻少了神韻。同樣的，一場演說，也許內容充實，論證周詳，神韻不足仍然無法動人。確切地說，所謂神韻，就是心靈的活力泉源（the animating principle of the mind）（Kant, 1928: §49）。蘭格（S. K. Langer, 1895-1985）的藝術理論也特別強調活力的關鍵性。蘭格指出，凡是出色的藝術作品，必定是充滿「生機」（life）、「活力」（vitality）並「栩栩如生」（livingness）；相反的，不成功的作品，往往「死氣沉沉」（dead）。然而，作品的活力來自於何處？蘭格（Langer, 1957: 45）認為：「一件作品如果載有情感，……就能活潑起來，就有藝術活力，並展現生動的形式。」換言之，情感是藝術活力的根源，有了情感、

---

[2] 五個釋例的成語解答，分別是「一語中的」、「交頭接耳」、「一言難盡」、「口是心非」和「大呼小叫」。

活力，藝術就有生命，就具備了某種吸引人的能量。因為情感是藝術創作的核心，所以說「藝術是人類情感之象徵形式的創造」（Art is the creation of forms symbolic of human feeling.）（Langer, 1953: 40）。沒有情感的藝術空洞而無活力；而無活力的作品，是不可能動人的。

教學藝術要打動受教者，使受教者的學習士氣得到激發，情感投注也是一個要素。在教育史上，裴斯泰洛奇（Johann Heinrich Pestalozzi）以教育愛的發揚著稱，特別強調「愛學生」在教育過程中的重要性，自己也身體力行。「愛」對他而言，就是解放兒童潛能之鑰，主張以孩子們的幸福為幸福，以受教者的快樂為快樂。他說：

> 我已經看出我的願望如何能付諸實現，而我也相信，我的感情，將可以像春日的太陽喚醒大地凍僵的生命一樣，很快地使孩子們的情況改觀。我並沒有欺騙自己：在春天的太陽溶化了山上積雪之前，我的那些孩子們，最後已判若兩人了（廖運範譯，1970：89-91）。

教育者對受教者的愛，可以化為令人驚奇的活力，這種活力，就是裴斯泰洛奇所說的「春日的太陽」，每當和受教者相遇，「便會像尼加拉瀑布所發動的電力那樣，發揮出它的全部力量」（廖運範譯，1970：147），順利將受教者帶入一個可愛的世界。

可是教師如果只愛學生，不愛道業，能將學生帶往何種有意義的世界？「愛學生」與「愛道業」之間並沒有任何邏輯涵蘊關係。愛學生而不愛道業，難作有意義的教育貢獻；愛道業而不愛學生，則教學過程難免自苦苦人。教育情感的投注對象，顯然必須同時包括「道業」和「受教者」。「道業」和「受教者」，在教學藝術的創造過程中，同為藝術創作者完成其理想的「材料」。

布萊克（Max Black）（Black, 1958: 33）對藝術創作者及其創作「材料」間的關係，有極為深刻的描寫，可用於瞭解教育者，及其「材料」（道業和受教者）間的關係。布萊克認為材料並不單純是藝術創

作者展現其藝術構想的媒介而已，材料有其本身的個性，因此，在所有的藝術創作中，創作者及其材料之間，都會存在一種特殊的緊張狀態（tension）。藝術家在與材料的「角力」（wrestle）過程中，創作意念一方面受到抗拒，另方面卻也得到滋養。基本上，每件藝術創作都是對材料所蘊含之潛能的一種揭示。藝術家必須反覆實驗、試探，從中學習並瞭解材料的可塑性。在實驗和試探的過程中，挫折和衝突難免。而有天分的藝術家，便能把材料的抗拒，化為一種學習。換言之，所有的藝術，對藝術家而言都是一種教育歷程，在其中他瞭解了材料（或媒介）的可能性（Black, 1958: 34）。

到了最高境界，材料對創作意念的抗力，變成藝術家歡迎的現象。它代表一種難度，一種挑戰。藝術家對此抗力細心研究，厭惡用機械的切割侮辱材料的個性。布萊克（Black, 1958: 34）說：「藝術創作需要對創作材料的一份敬意。到了化境，這種敬意會轉變成對材料之本質特性的摯愛……。」有了這份愛，藝術家才可能犧牲一切，投注心力於創作，拒絕方便粗糙的手法，並不時自我批判。這種嚴謹使藝術創作能夠成為一門「學問」（discipline）。在其中，藝術家揭示了材料的潛能，也得到自我實現。

如果尋根究柢，追溯藝術家對創作材料的愛與敬之本源，可以發現一種對創作理念的執著。這在教育上也是相同的。教育愛，事實上就是愛教育，是對教育理想，或教育價值之創造的愛（賈馥茗 1994：197-200）；就因為教育愛是理想和價值創造之愛，所以才能跳脫個人好惡，做到有教無類。愈難解的教材，愈不受教的對象，對有教育愛的老師，反而是至寶：一種創作能力的絕佳考驗。

第三節 教學藝術的孕育

藝術理想要透過媒介的傳達才能表現出來。創作材料當然是傳達藝術理想的媒介，但我們於前節已經對材料的意涵有所申論，本節將

針對創作的技巧、格律以及摹仿等向度來談藝術表現能力的孕育。

☾ 一、技巧與格律

　　藝術領域裡有成就的人，要比其他領域的傑出工作者，更常被稱為天才。一般人所想像的藝術家，總是渾然天成，不需刻苦磨鍊，就能出神入化地完成令人沉醉嘆服的傑作，其實這是與實況相距遙遠的神話。有趣的是，人們多少知道這是個神話，卻又不由自主地相信它。

　　翻開古今藝術大家的自傳或訪談錄，幾乎千篇一律地發現他們有一段常人不能忍受的磨礪過程。天分固然重要，但少有藝術家會否認技巧和格律的必要。鋼琴名家奧佐林斯（A. Ozolins）初到巴黎接受音樂教育時，指導老師開頭就對他下了這樣的評語：「你是個天才音樂家，可是你沒有技巧。」（吳佩華譯，1997：200）這個評論對奧佐林斯起了很大的震撼，他原以為音樂家只是天才和激越情感的組合，技巧以及指導情感的藝術格律或結構，從來不是他注意的焦點。後來他有這樣的體認：「萬物以結構為本，在巴黎學習以後我彈得稍稍冷靜一些了。重要的是，甚至連感情也要規劃－幽默、魅力和激情。」（吳佩華譯，1997：201）

　　初接觸藝術時，有天資的學藝者往往會對前人所設的格律或技巧的表現方式感到排斥，覺得那是一種死板的形式束縛。久而久之，卻能發現格律和既有表現技巧的道理，領悟到它們不是消極的限制與規範，反而是表現情感和意念的一種強而有力且「自然」的定律；情感愈是狂放，意念愈是神奇複雜，愈需要尋找精緻的表現格律。這時的格律表面上是一種限制，事實上是情緒和意念得以自由表達的根由。這種「自由」和「限制」並立的現象，是很多藝術評論家和藝術家共有的觀察。朱光潛（朱光潛，1987：100）就說，一流的藝術家多數從格律的熟練中孕育而生，最後做到「寓整齊於變化」，兼容個性自由與傳統格律。多次獲頒葛萊美獎的小喇叭手馬薩利斯（W. Marsalis）則有這樣的體驗：「音樂有著非常嚴格的規律，這一點我無論怎麼強調

都不會過分，你在音樂中的自由度愈大，對它所加的約束就愈多。絕對的自由，是混沌一片。」（吳佩華譯，1997：183）登堂入室的學藝者，知道格律的必要性，又能不受格律的奴役，要到這種境界，天分和練習一樣重要。這也是朱光潛的看法，他說（朱光潛，1987：101）：藝術創造活動的精義盡在「從心所欲，不踰矩」這七個字。凡是藝術家都要能打破「從心所欲」但「踰矩」，以及「不踰矩」卻無法「從心所欲」的矛盾。

要能打破「從心」與「踰矩」的矛盾，當然不是埋首苦練就成。苦練之外，不役於規矩的路徑之一，是熟悉技巧賴以表現的工具。例如畫家須熟知畫料、畫筆、畫布；音樂家通曉樂器的構造、材料和音質、音量的關係。有關這方面的知識，朱光潛稱為「媒介的知識」。從這點我們可以領略馬薩利斯所說：「技巧包含音樂的所有方面。」（吳佩華譯，1997：179）又說：在悠久的音樂歷史中，無數大家如貝多芬、莫札特和布拉姆斯等人，「都是自己的樂器的最傑出的技師」，有趣的是，「從來沒有人想過這方面的連繫。」（吳佩華譯，1997：180）

除了吸收有關媒介的知識，拓寬視野，尤其是去學習本身所學藝術以外的事物，能使技藝得到一個更大、更厚實的搖籃，免於被藝術的既有格律和工具「器化」的危險。馬友友在學藝的過程中，從人人稱羨的茱莉亞音樂學院（The Juilliard School）轉到哈佛大學。這對很多人來說，是個大惑不解的事，他卻自省哈佛學習生涯的可貴，就在於結識了幾位懂得脫離樂器來談論音樂的人才，而茱莉亞的人往往只從樂器出發來談音樂的可能性。他說：這是個非常大的區別，因為如果你總是想著「物」，就會時常從「物」的角度去處理問題。（吳佩華譯，1997：166）不從物，而從另一個更大的視域來看音樂，為音樂注入新生命的機會就增加了。小提琴家鄭京和也有類似的體驗，她對自己的老師能於音樂之外，博通文學和多種美藝，從而發現事物之間的微妙連繫，欽慕不已，因此說，學習音樂的孩子，要成為一位「藝術家」，要做到樂在音樂，必須有更廣的、超出音樂本身的視野（吳佩

華譯，1997：64）空有技巧只能成「匠」；要有如「師」之藝猶待博通。杜甫用盡一生的心血學詩、作詩，得到這樣的心得：「讀書破萬卷，下筆如有神。」表面上不費吹灰之力而得的神妙境界，經常是通達以後，水到了，渠才能成。

☪ 二、摹仿

摹仿是許多學藝者不屑做的事，它往往被視作低劣的代名詞。在講究創意和個性的藝術領域，摹仿常被認為是藝術價值的謀殺。這種態度到了極端，就是不自覺而錯誤地認定優秀的藝術家都是天成的，不相信人有發展的可能。窺諸歷史，我們可以發現古今許多大藝術家在學藝的開始階段，大半都把心思放在摹仿傑作上。「米開朗基羅費過半生的工夫研究希臘、羅馬的雕刻，莎士比亞也費過半生的工夫摹仿和改作前人的劇本……。」（朱光潛，1987：107）偉大如孔子，也宣稱自己只是「述而不作」。不過摹仿也不能盡是閉門造車。拿著大家的作品，憑自己的想像，暗中摸索臨摹，固然可以有些成就，但也可能一輩子無法掌握竅門，反倒是養成一些難以更改的錯誤習氣。所以習藝的有心人，不惜翻山越嶺，遠赴他鄉訪求名師，為的不外是一個理想的摹仿對象，希望能在摹仿中，逐漸探得妙法絕技的堂奧。

皮德思（R. S. Peters, 1919- ）（Peters, 1970: 50）論及教育的過程，認為個人風格（individual style），必待「公共（文化）財」（public inheritance）的陶冶，才能展露有意義的形式。而公共文化財的菁華，盡在各領域的大匠方家，所以美藝活動的學習者，摹仿和拜求名師的風氣相當興盛。

如果我們把教學和教育比為一門藝術，那麼這門藝術的學藝者，恐怕是所有藝術門類中，最輕視傳達技巧的學習和媒介知識之傳遞的一類。以我國為例，新制的師資培育法放棄專門培養教師的師範院校制，多少代表對「教學藝術」的一種質疑；代之而起的教育學程，竟也屢遭反對。反對教育學程的人，經常譏評：「孔子沒修過教育學

分，不也成了至聖先師？」按這種推論邏輯，學校似乎也沒有存在的必要，因為孔子雖然博學，但卻未上過任何正式學校。更令人訝異的是，最初教育部規定準教師於修畢教育學程後，必須實習一年才能取得合格教師證書時，抗議的聲浪竟隨之排山倒海而來。而能避過實習，直接取得「教學藝術工作證」（教師證書）的人，無不沾沾自喜。如今，修改後的師範教育法，又將實習一年的規定改為半年，主政者屈從壓力及其對教學藝術的看輕，實在是昭然若揭。有心學習音樂、繪畫，甚至美容、美髮的，幾乎人人懂得拜師學藝；然而學習教學這門藝術的人，鮮少認定有求教於「師範」的必要，彷彿教育家是天成的：未取得教職的人不肯學習如何教；取得教職的人，願意訪求「名師」以精進其藝術者，更屬少見。這種現象是教育的研究者、學習者和主政者，同應反省的一個現象。

第四節 教學藝術的觀賞者

　　藝術要成功傳達所欲表現的意境，除了有賴傳達技巧及媒介知識的增進，還須研究觀賞者的美感經驗如何發生的原理。本節將就觀賞者產生美感經驗的「距離」和「平衡」等兩個元素，說明教學藝術所須考慮的呈現形式。

☾ 一、距離

　　布洛（Edward Bullough, 1880-1934）的心理距離說（theory of psychical distance），是當代有關美感欣賞非常重要的一個理論。布洛認為，美感知覺（aesthetic consciousness）源於美感欣賞主體與對象之間保持適當的心理距離，失去應有的心理距離，美感便消失。而所謂「心理距離」，就欣賞主體而言，是指超脫現實生活中的欲望、需求和目的，以全新的眼光諦視對象的面貌。布洛以人在海上航行時遇上大霧為例，說明何謂心理距離。關於這個例子朱光潛（朱光潛，1995：15）有

極精緻的譯述[3]：

> 比如說海上的霧。乘船的人們在海上遇著大霧，是一件最不暢快的
> 事。呼吸不靈便，路程被耽擱，固不用說；聽到若遠若近的鄰船的
> 警鐘，水手們手慌腳亂地走動，以及船上的乘客們的喧嚷，時時令
> 人覺得彷彿有大難臨頭似的，尤其使人心焦、氣悶。……但是換一
> 個觀點來看，海霧卻是一種絕美的景致。……看這幅輕煙似的薄
> 紗，籠罩著這平謐如鏡的海水，許多遠山和飛鳥被它蓋上一層面
> 網，都現出夢境的依稀隱約，它把天和海聯成一氣，你彷彿伸一隻
> 手就可以握住在天上浮游的仙子。

迷霧使人從不便和災難的象徵，化為驚奇和愉快的來源，全賴觀
賞者跳離現實的我執和欲利的圈套。在我執和欲利的距離之外觀賞事
物，格外清新動人。這時的觀察是客觀的，因為它滌盡了私慮；但觀
察的結果又能引發人切身而熱烈的情感反應。這種與對象在情感上保
持一種不即不離的現象，布洛稱之為「距離的二律背反」（antinomy of
distance）（Bullough, 1957: 98）。他舉莎士比亞名劇《奧塞羅》（Othello）
的欣賞為例，進一步說明所謂「距離的二律背反」。《奧塞羅》裡描
寫一個懷疑妻子不忠的男人——奧塞羅，如何在猜疑的啃蝕下，一步
步走上殺妻的悲劇之路。未曾戀愛的人，讀起《奧塞羅》往往隔靴搔
癢，掌握不住劇裡營造的氣氛，因為劇情和生活經驗距離過遠；但是
對於一向疑心自己妻子或女友的讀者，《奧塞羅》的情節，卻可能是
刻骨銘心的切身之痛。這種切身的經驗，使後者更能領會《奧塞羅》。
不過更能「領會」不代表更能「欣賞」。也許他看的是《奧塞羅》，
想的卻是自己的境遇，於是藉《奧塞羅》的酒來澆自己的愁，原來欣

---

[3] 布洛的原始文字請參閱 E. Bullough （1957）. *Aesthetics*. Edited by E. M. Wilkinson. Stanford: Stanford University Press. pp.93-94.

賞名劇的活動，變成點數傷痕的過程。這是與欣賞對象心理距離過近所造成的美感失落。

布洛認為與對象保持適當的心理距離，不僅是欣賞活動的關鍵，在美感創造的過程中，一樣有其重要性。當一個藝術家的創作題材與個人的切身經驗高度吻合時，創作歷程自然較為得心應手。但是要做到有情而不濫情、不煽情，使作品具有藝術價值，創作者必須跳脫個人情感，在一個距離之外，以一種比較自由、客觀和純美感的態度來審度和描繪創作對象。根據前述理論，布洛得到一個公式：美感欣賞或創造的絕佳狀態都是與對象「儘可能接近但又不至於毫無距離」（Bullough, 1957: 100）。近得毫無距離，或者遠得無法感受，都算是失去美感的心理距離。

影響心理距離的變數主要有二。一為人（觀賞或創作主體），一為物（藝術品）。每個人因其涵養與習性，不一定能時時與對象保持美感的距離。依布洛的觀察，人或者美感創造的主體，較易犯的錯誤是與對象的距離太近（under-distance）；而物或者藝術品常有的問題，是過於造作、抽象、理想化和不近人情，這使物與觀賞者的距離太遠（over-distance），難以發生共鳴。

總之，所有藝術的欣賞與創作，都有「距離限制」（distance-limit）。觀賞者或創作者需善用持距能力，滌淨俗念，昇華靈魂，才能與美感對象達到最高度和最完美的交融。

布洛的心理距離說，對教學藝術的啟發，可以分由「教學藝術觀賞者（學生）的心理動機」、「師生情感距離」、「教學內容與學生認知間的關係」等幾個向度加以闡明，其中包括「本質價值和工具價值」、「狎近和疏遠」、「抽象和具體」、「艱澀和膚淺」以及「充塞和留白」等等二律背反關係的處理。

首先就教學藝術觀賞者（學生）的心理動機而言，如果學生接受教育為的是教育以外的目的（文憑、職業、社會地位……等），勢必難以融入教學活動，無從體驗學習的高峰經驗。這就像參加音樂會，

不為音樂,而是為了時尚、炫耀等等不相干的目的一樣。可惜的是,教學藝術的創作者(老師),常常是造成觀賞者難以高度欣賞(教學)創作之美的人。因為老師們時時向學生耳提面命的,不外是「書中自有黃金屋,書中自有顏如玉」等的口號;提醒教學重點時,不說明重點的本質意義,反而一味以「考試必考」之類的話語來刺激學生的工具興趣,消弱他們欣賞教學內容之本質價值的脾胃。當然只唱高調,完全不考慮教學內容於實際生活中的意義,也可能使學生失去學習興趣。如何在「本質價值和工具價值」之間的二律背反,取得適當「距離」,是教學藝術應注意的一個重要課題。

其次,就師生之間的情感距離來看教學藝術。教師如果把學生當作無自主性的個體、以學生為純粹的利用工具、不考慮學生的立場、感受和期望,則勢必得不到學生共鳴,教學效果也將難以樂觀。在教學活動中,學生們經常抱怨老師只會一味要求功課和品行,卻一點也不在乎他們是「有情的人」(human being)。他們希望老師能夠拋棄嚴肅的外表,表現一些「人味」(humanity)。如果學生感受不到老師任何真實的關懷,疏離感必然升起,間接冷卻學習熱度。實際上,愛、信任與人際關係的教育,可說是教育活動的基礎。教學要能動人、有效,教師本身必須先成為愛、信任與人際關係和諧的典範(Peters, 1970: 100)。當老師以愛和關懷贏得學生的信任時,學生自然願意主動向老師傾吐心事與經驗。這樣的師生關係是日後學生記憶最深刻的部分,足以影響一生(P. H. Hirst & R. S. Peters, 1970: 98-102)。但師生情感的交融,也不宜毫無距離。彼此稱兄道弟的師生關係中,教師如何堅守教學的神聖立場,不無疑問。師生在情感上所宜保持的距離,似乎類似布洛所說的「儘可能接近但又不至於毫無距離」,這需要教師在「狎近與疏遠」間保持一種持距的能力。

再次就教學內容與學生認知之間的關係而論。布洛的理論在這裡一樣適用。教學時內容重複性太高或者傳授一些學生們早已熟知的材料,容易破壞學習胃口。「粗淺、平凡和陳腐都是藝術所切忌的。」

（朱光潛，1995：152）至於虛玄、艱澀、抽象的教學，除了同樣難以引起學習興趣，更有折損學習自信的危險。最理想的是傳授「具難度但能克服」的教材，亦即學生經過努力和協助，可以理解和欣賞的知識內容。有難度，所以能激起挑戰的興趣；能克服，所以在克服後，可累積更高昂的學習意志。這是在「抽象和具體」、「艱澀和膚淺」間如何取一個適當距離的問題。與這個道理相通的是，教師在教學過程中，不必鉅細靡遺，事事點明。適時、適量「留白」，讓學生自我玩索、填充，反而能營造更富樂趣和美感的學習情境。關於這點，科林伍德（R. G. Collingwood, 1889-1943）（Collingwood, 1958: 112）從藝術的角度提出闡釋。他說，文學創作中如果想表達一個情緒（例如受到驚嚇的心情），應避免使用直接表示該情緒的字眼，如「恐怖」（dreadful），因為如此只是呆板的平舖直述，缺乏表現力（inexpressive）。「真正的詩人，在傑出的詩篇中，絕不會明指他所要表現的情感的名稱。」這個說法，自然也適用於其他的文學創作型式。以台灣本土作家張大春（張大春，1996：11）的《野孩子》一書為例，書中作者想說明「曾阿冶」長得「很倒楣」，卻不講明，而說：曾阿冶「有兩粒大小不一樣的眼睛，比較大的一粒眼白也比較多，他通常用這一粒看到鬼，然後告訴我們。」教學和藝術一樣，不一定事事點明，預留學生伸展想像及親自操作的空間，有時是必要的。這可說是「充塞和留白」間的張力如何拿捏的問題。

☾ 二、平衡

除了布洛的心理距離說，杜威的脈絡主義（contextaulism）對藝術觀賞者如何產生美感經驗，也有獨特的見解。

杜威（1987: 11-18）認為美感經驗並不是孤立於生活世界之外，而只能在美術館或音樂廳中尋得。事實上，任何完整（complete）的經驗，都有美感的性質，都能引發美的感受。換句話說，美感是完整經驗的一種情感反應；不能引發美感的經驗必然是不完整的。

　　但如何才是「完整的經驗」？杜威指出（Deway, 1987: 50-53），任何經驗都是人與環境互動的結果，包含了「作為」（doing）和「感受」（undergoing）兩種元素。所謂「作為」是指人為了達到某種目的而採取的有意識的行為；所謂「感受」是指行為者於行為後所知覺到的後果。例如，馬路中央的大石頭阻擋了我的去路，我動手去搬它，便是一種「作為」；也許石頭太重我承受不了，這種反應就是一種「感受」。而這種感受可能引起我的思維，考慮如何採取有效的作為（尋求協助，或拿工具來搬動）。作為與感受如此循環互動，逐步導向目標。當目標圓滿達成（移開石頭），個體便獲取一個完整的經驗。而這樣的經驗歷程，往往包含著美的情意滿足。簡要地說，所謂完整經驗就是指一個活動之中，作為和感受的元素平衡地互動，使活動中的各個行為，前後連結成一個有系統、有結構的整體，並成功獲取圓滿的結局（例如，作品滿意地完成；難題完美地解決；或者遊戲進行到高潮）。

　　杜威認為作為和感受之間必須保持適當的平衡，偏於作為或偏於感受，都會扭曲經驗。一味地作為，而無感受的反芻，會使經驗失去成熟的機會，一切在匆匆間溜過，只留皮毛、表面；或者，活動時的作為遇到阻力（resistance）時，阻力不被看作擴展經驗和反省的機會，反而刻意予以規避，但求快速完成行為的各個動作。相反的，偏於感受，則是被動地接受大量的訊息，卻不加提鍊以形成有效作為的指導，這也會造成經驗的偏差。就像作白日夢的人，不能以行動和實際交接，不受實際考驗的結果，根本無法形成有意義而完整的經驗。

　　藝術的創作和欣賞同為人類經驗的一部分，也須在作為和感受間保持平衡的互動，才能產生美感。英文中，「artistic」（藝術的），主要以藝術的創作（作為）為描述對象，而「esthetic」（美感的）一字，多用於說明藝術的欣賞或知覺感受，但沒有一個字可用於同時描寫藝術的創作和欣賞行為。杜威（Dewey, 1987: 53）認為，這是一個遺憾。因為這很容易使人誤認：創作與欣賞無關，且欣賞者不必有創作的作

為。

事實上藝術家所以能出類拔萃，不僅在傑出的創作技巧（藝術作為），亦有賴敏銳的觀察及鑑賞能力（藝術感受）。以畫家為例，畫家在作畫的過程中，必須以過人的鑑賞力感受自己一筆一劃的效果，並藉由效果的反省，指導接續的創作行為、預測即將完成的畫面[†]。大體而言，藝術家的鑑賞或感受能力愈強，其作品愈有完美的可能；而成功的藝術家，在創作的過程中，必然也扮演著觀賞者的角色。依杜威的見解，創作與欣賞如果沒有產生有意義的互動，不論創作時有多麼強烈的情感，都不可能產生高等的美感經驗（Dewey, 1987: 60-61）。

就藝術欣賞者的角度而言，美的感動表面上像是完全被動，類似一種臣服，但是如果過於消極，欣賞者只是被熱情吞沒，不能看清壓倒自己的情緒究竟是何種面貌，亦即只有情感而沒有理解，實在算不上完整的欣賞經驗。美感欣賞是一種「知覺作用」（perception），而不是單純的「辨識」（recognition）。知覺作用包含一連串的積極作為，是一種「努力」，而不是力量的保留。愈努力，知覺攝取到的訊息也愈多。相對的，在「辨識」的行為中，行為主體通常不必大費氣力。例如，當我看見「星光夜」，而我的興趣僅止於辨識它是誰的畫作時，只要我認出它是梵谷的作品，一切的作用就停止了。但如果我繼續看它的佈局、用色和意境，我便是進入更深層的知覺作用階段，開始了積極的欣賞。

欣賞者的知覺作用，包含著創造。創作者在創作中為了表達一種意境，對各種元素有所安排取捨，欣賞者在欣賞時，想領略作品的意境，一樣要經歷類似的取捨過程，只不過是根據自己的觀點來進行罷了。基本上創作者和欣賞者都在尋找有意義的形式，同以建構一個統整的意象為目標。杜威認為，一件作品如果不經欣賞者以再創造的方式，重現創作者所欲表達的意象，那麼對欣賞者而言，該作品只能算

[†] 此即本章第一節中艾斯納所說的「質性判斷」。

是一種產品（product），而非藝術作品。（Dewey, 1987: 60）美食家品嚐食物，不是覺得好吃就算，往往還能想像食物的烹調和配色過程，玩味再三，故能品出一般人所不能知覺的味道；而烹調就因為有美食家的存在，才能成為一門藝術。

朱光潛（1995：171-172）對於創作和欣賞的相互依存關係，有清晰的說明。他說：「創造之中都寓有欣賞，欣賞之中也都寓有創造。」他舉陶淵明寫「采菊東籬下，悠然見南山」那首詩為例，指出：陶淵明先感受到南山之美，再以文字把所感、所見表現出來；但我們讀陶淵明這首詩時，需能從文字中去再現那意境，感受那情趣。所以：「陶潛由情趣而意象、而符號，我由符號而意象、而情趣……無論是創造者或是欣賞者都必須見到情趣、意象混化的整體（創造），同時也都必覺得它混化得恰好（欣賞）。」

如果我們以作為和感受的平衡，或者創作和欣賞的互動，來看教與學的活動，可以得到一些有趣的收穫。

教學過程中，教師處在作為和創作者的地位上，他的作為和創作能不能成功，有一大部分取決於是否具有敏銳的感受和欣賞能力。他需要時時品評自己的創作（教學）效果，而這個效果，就寫在教學觀賞者（學生）的臉上。當學生面無表情，多半反映教學呆板僵硬。換言之，學生的表情，就是教學效果的「表情」。當教師發現教學效果不佳，必須懂得調整。而不論教法如何改變，一個元素永遠是關鍵：如何提供教學欣賞者（學生）主動創作、參與的機會。

當我們要求學生分東西部，由北而南，將台灣各縣市依地理位置之順序背誦下來時，學生們的表情，必然和背誦活動一樣機械。相反的，如果把台灣各縣市的地理形狀分別作成貼紙，然後引導學生，把這些貼紙拼成台灣地圖，學習者就有了一個較為生動的創作意象，以這個意象為目標，一步步去完成，快樂隨著進展源源而來，構成深刻的學習經驗。再如野地求生的課程，對於經常登山的學生，感受一定特別不同。因為教授的內容，隨時都是運用和再創造的材料。他在接

收訊息時，同時聯想作為的可能，亦即他除了欣賞也在創造，所以能津津有味，全神貫注。盧梭（J. J. Rousseau, 1712-1718）主張愛彌兒必須像農夫那樣勞動，像哲學家那樣思考（李平漚譯，1989：272），強調的也是這種感受與作為、欣賞與創作之間互動平衡的藝術。

第五節 結 論

本文就教學藝術的創作者、教學藝術的孕育和教學藝術的觀賞者等三部分，逐一探討教學如何展現其藝術特質，希望能引起教學工作者和教育研究者對教學藝術的關注。

首先，在「教學藝術的創作者」部分，本文指出教師進行教學時不可或缺的幾個精神質素，包括：從有限開展無限、使理性和感性得到充分調和的「遊戲興致」；助人從舊材料中尋取新意、在孤立分散的對象裡發現關係，以及將抽象具像化的「想像力」；和表現教學活動之神韻及散發吸引力的教育「熱情」。

其次，在「教學藝術的孕育」上，我們指出，教學藝術的成熟，有待教育者對教學基本「技巧和格律」的熟悉，但要避免徒有「技藝」之熟練而無「藝術」之精微，教師必須廣博地吸收知識，並主動求訪教學典範，在其示範中，探求教學堂奧，並在實際「模仿」的過程裡，不斷揣度、體驗，以求達到艾斯納所說的「自動性和創造性」兼具的藝術境界。

最後，在「教學藝術的觀賞者」部分，本文指出教學應在「本質價值和工具價值」、「狎近和疏遠」、「抽象和具體」、「艱澀和膚淺」以及「充塞和留白」等等二律背反關係中，求取彈性而適當的「距離」；同時需在「作為」和「感受」中，達到「平衡」的狀態。以上種種都牽涉到艾斯納所說的，藝術創造企圖導向一個「富質感的目的」時，不斷進行的「質感判斷」。這個富質感的目的，並不一定在教學前就已明確存在，也可能於師生互動的過程中，突然浮出或成

形,所以教學目的和藝術目的一樣,都具有突現和令人驚喜的特質;而對這種「突現目的」的追求和期待,正是教學令人心動和具備藝術特質的一大要素。

教學藝術特質的探討,目的在瞭解教學所以不凡的元素;而教學藝術的實踐則是願意對教育和教育對象負最高責任的表現。杜威說:「任何學科教學的終極檢驗,都要以學生對該學科生動欣賞的程度為準據。」(Dewey, 1933: 279)如果教師願意以「美」作為檢視教學成果的規準,其教學必將增加幾分超凡的可能。

第十一章

實用美育觀的正見

莫春者，春服既成，冠者五六人，童子
六七人，浴乎沂，風乎舞雩，詠而歸。

（論語・先進）

　　美育透過藝術和自然之美的陶冶，培養人審美和創造美的能力。美在人生中的重要性，早有論者提倡，然而美育至今仍然在學校教育中屈居於非常微不足道的地位，所謂「德智體群美」五育均衡的教育，充其量只算是一個口號。學生的智育若達不到水準，師長竭盡心力彌補；德育不良，被視為社會隱憂；唯獨美育不佳，無人當作嚴肅的問題。一般人以為，少了美的涵養，只是缺了點生活情趣，不影響生命本質，也不妨害人的生存，不值得大作文章（Redfern, 1986: 65）。這當然不是說，一般人認為美育完全沒有必要，而只是說，在大眾的心中，美育並不是人生和教育的核心。根據民國九十年的一項調查（洪懿妍，2001b: 64-69），台灣民眾有七成四的人認同美育有其重要性，但在全體受調查對象的看法裡，美育的重要性在五點量表中，平均只得 2.14 分，落後於德育（4.67 分）、群育（3.20 分）、智育（3.01 分）和體育（2.25 分），而居於五育之末。這個調查結果反映出台灣民眾的兩種觀念：第一，五育是分立的，相關度不高，例如德育重要性的得分和美育重要性的得分相差兩倍以上，顯見在一般大眾心中，兩者並無密切關係；第二，美育仍然被認為是點綴性的教育項目，亦即美育雖有其價值，但在整體課程中屬邊緣地位。

　　如前所述，美育所以被大眾列為點綴性課程，多半是因為他們認為美育的實用性不高，這種立場和近代實用取向課程論者斯賓塞（H. Spencer, 1820-1903）的觀點頗為接近。為了說明這種立場的缺失，本文將先介紹斯賓塞的實用課程觀，次則說明美育不僅有高度的實用價值，和其他教育也有密不可分的關係；最後，則進一步闡述美育和生命品質的兩大構成要素（視野寬度、性情純度），存有緊密的內在關係；換言之，美育不足，人在知性和德行上的發展，也將有所失，故

而，重視德育和智育而不同樣強調美育，乃是一種有瑕疵的立場。

第一節　實用美育觀

　　學習者的時間和精力有限，如何在這個先天限制下，傳授予他們最重要的知能，乃是任何負責任的教育家不得不重視的問題。近代教育思想史上，對這個問題提出反省且觸及美育者，可以斯賓塞的知識價值論為代表。

　　斯賓塞在其名作〈何種知識最有價值〉（What knowledge is of most worth?）一文中指出（Spencer, 1966），教育的目的在為完美生活作準備，並認為生活的實用價值，才是學校教育中各學科之相對價值的共同比較標準。斯賓塞觀察十九世紀末葉的英國教育，發現被摒絕於學校課程之外的，常常是與生活息息相關的知識；這些實用知識的學習總在正式教育結束之後才展開。學校教育之後的非正式教育支撐著社會的發展，正式教育反而與生活及社會實況相隔遙遠。實用而與個人幸福關係密切的科學知識被擺在低下的位置；裝飾性的科目，如音樂、詩詞、哲學和古典語文，卻構成課程的核心。可能一輩子都用不上的拉丁文和希臘文，一般人卻花上好幾十年的時間去學習，原因無他，只是為了炫燿，免得被認為沒學問或者被瞧不起。明白地說，古典語文以及其他各類藝術的學習，在當時只是一種象徵社會地位的徽章，一種門面的裝點，意在炫服他人，沽名釣譽而已。於是唸錯一個古典文字的語音，會使人臉紅難堪；不知正常脈搏為何，反而少有人引以為恥。這能不令人覺得反常？不是一種價值的迷失嗎？

　　為了矯正虛浮時弊，斯賓塞提出以「如何生活」為根本考慮的課程哲學，依生活實用性，將人類活動及其相關的知識分為五個等級。首先是與自我保存（self-preservation）直接相關的活動，這個領域所涉及的知識包括生理、衛生、營養和體育等與健康密切關連的學問。強健的體魄與朝氣是一切幸福的基礎，所以應為教育最重視的一環。

　　其次是與自我保存間接相關的活動和知識，這裡斯賓塞指的是謀生的知識和技能。依其觀察，除了少數階級，一般大眾所從事的大半是物品的生產、包裝和分送的工作，要提昇這些工作的效率，有賴對物品特性充分瞭解，而這種瞭解，實植基於物理、化學和其他科學知識。因此科學知識的傳授，在職業教育中，扮演著關鍵的角色。

　　再其次，是與養兒育女相關的知識。個人有能力自保和謀生之後，便需考慮種族延續和保存的問題。種族的發展，取決於後代的教育，因此即將為人父母者，如果憑著習俗、衝動和想像，就要負起養兒育女的重任，確實不可思議。為了勝任親職，青年男女應當充實與幼兒體格、人格及心智發展相關的知識。這些知識包括生理學、心理學和教育學等。

　　充實親職教育知能之後，所需學習的是參與社會和政治活動所需的公民知識。在這方面，斯賓塞特別強調歷史知識的重要性。不過他也指出，史學必須在生物學、心理學和社會學等科學的指導下，才能尋繹出解釋歷史脈動的有效法則。

　　人類生活的最後一個部分，是與充實閒暇相關的活動和知識。在這方面，人類需要欣賞大自然、文學、美術和其他藝術的能力。更直接地說，在斯賓塞的課程理論中，美育的陶冶主要是為了滿足人類休閒的需求。斯賓塞認為，個人和社會生命得以延續，藝術活動才有發展的可能。整體而言，藝術可以說是文明的花朵部分，而維持個人和社會生存的活動則是文明的根和葉。花朵再珍貴不凡，仍須有堅實根葉的支撐。所以不傳授自我保存、維持生計、為人父母和擔負公民任務的知識，而一味教授表現優雅、炫人耳目的藝術，無異捨本逐末。斯賓塞說：

　　藝術和我們所謂文明花朵的各個組成部分，應當完全附從於充實文明根基的教學和訓練。藝術既然是生活的閒暇活動，自然只應占據教育的閒餘時光（Spencer, 1966: 149）。

　　史賓塞對於十九世紀盛行於英國社會中那一種不食人間煙火的貴族式教育的批判並非無的放矢。因為教育的目的，如果只是為了用來彰顯社會地位，而不是生命品質的提昇，無異是時間和金錢的雙重浪費。可是史賓塞將美育視為文明的花朵，將科學視為文明的根葉，是個錯誤的觀點。文明不能二分為花朵和根葉，也不能二分為休閒和實用。這道理在於，人本身並非一分為二的。我們在實用活動中，也要求藝術和美的成分才感到完滿，而在藝術活動裡，也不可免的觸及生活的實質改善問題。因此，史賓塞所謂文明的根葉和花朵，事實上是無分彼此、難定主從而一體相連的。

　　以下，我們將說明美育和生活的各個實用面向密切相關，藉此打破史賓塞的文明二分說。

第二節　美育的工具價值

　　美育在教育中應具何種地位，有以其工具價值視之者，亦有以其本質價值的角度觀之者。前節所述有關斯賓塞的實用主義論點，即是以工具價值來論斷美育在生活中和教育上的重要性。這種觀點至今仍然是許多人信奉的圭臬，所以討論美育的地位，先說明斯賓塞的課程哲學，多少等於說明了美育在學校教育中的現況，亦即被認為與實用無關，純粹是一種休閒生活的預備。事實上，斯賓塞的觀點是錯誤的，為了說明這點，本節將逐一反省美育在斯賓塞所說的五種活動中，究竟占有何種地位。

☾一、休閒與美育

　　斯賓塞將藝術活動定位為休閒的一部分，在他的邏輯裡，藝術只能隨著休閒生活在人類社會中的價值而定。他預言藝術總有一天會在人類生活中占關鍵地位，因為一旦人類征服自然，技術改良，勞力節省，「而使休閒時間大為增加時，藝術和自然之美，自然會在全人類

的心靈中，占著更重要的地位。」（Spencer, 1966: 148）這個推論顯然有待考驗。因為有些人一到休閒時，便追逐聲色犬馬，沉迷於各式逸樂，卻很少考慮親近藝術和自然之美。單就填充休閒時間的角度來論證美育的重要性，注定使美育顯得可有可無。對許多人來說，打發時間的方式無限，不必一定從事美的欣賞或創造才值得。這點是所有關心美育的人，必須面對和解釋的問題。對於藝術和自然之美的喜愛，是需要引導的，沒有受過理想美育陶冶的人，離開學校以後，會以閱讀文學名著、參觀美展、聆聽音樂會為重要休閒節目的人，並不是沒有，但恐怕不會太多，遑論以寫生、創作為怡情養性的活動了。藝術的欣賞和創造，都需要一些基本的涵養和陶冶，這和科學實驗的理解和操作，需要有人引導，並沒有太大差別。以為藝術的欣賞和創作都是不學而能的，並且認為人們一有休閒的時間「自然」會接近藝術，都是不完全正確的看法。

☾ 二、健康與美育

事實上，即使從工具價值的角度來看美育，也可以見出斯賓塞對美育的觀念是偏狹的。首先，美育很可能和斯賓塞所認為最重要的自我保存活動息息相關。例如馬斯洛（A. H. Maslow）（Maslow, 1970: 51）便指出，

> 某些人確實有基本的美感需求，醜的事物使他們產生（特殊的）病痛，然而一到優美的環境，這些病痛就消除了；他們熱烈渴求美的事物，而且只有美的事物，才能使他們得到滿足。這種現象，幾乎可以普遍在每一個健康的孩子身上見到。而每個文化，每個年代，甚至史前的穴居人，也都可以找到一些這種美感衝動的證據。

人體健康與否，不完全是生理問題，這是現代人共有的信念，但斯賓塞並未考慮這點；他沒有探討，當人體的疾病肇始於心理因素

時，科學是否能夠應付裕如。希臘神話中人頭馬身希隆（Chiron），既是音樂家，又是良醫，教人透過歌聲和音樂來治療疾病。顯見希臘人早有藝術治療的觀念。在他們的神話中，音樂不但可以排解憂傷，甚至可以起死回生、點頑石、馴野獸。「透過歌聲結合巫術以治療多種疾病在古希臘是極為常見之事。」（楊深坑，1996：153-154）斯賓塞如果以更寬廣、更整全的視野來詮釋健康的問題，正視健康包含身心兩面，也許會重估藝術活動的重要性。

☪三、職業生涯與美育

再就斯賓塞所謂與自我保存間接相關的活動，也就是職業或事業的發展而論。藝術成為一種職業或事業之重心的可能性，顯然並未得到斯賓塞的重視，這點斯賓塞不可免地受限於其時空環境。在工業革命之初，藝術與大多數的工商業活動是分離的；靠藝術創作維生的人也並不多。但在現代社會中，各式產品（包括製造及服務業）的生產、包裝和行銷，無一不需要藝術工作者的參與。藝術的參與，不單純是把產品套上一個虛有的外表推銷出去而已，藝術的參與在使產品的質感提昇，呼應人對生活品質的一種追求。換句話說，美是任何產品內在價值的一個重要成分。同一物理材料，以不同的形式呈現，就是不同的產品,得到的反應自然完全不同。以建築而論，建材和結構固然是重要的考慮因素，但建築本身的造形和格局，也是要素；後者不僅決定了建築物的外觀和價值，無形中也影響生活在其間的人的健康和氣質。所以，藝術不但可使產品雅觀，也是產品合用與否的決定因素。藝術如果和器物（useful objects）或者各式人造物的生產兩相分離，生活世界的美化就不可能，人與環境也會變得格格不入。蔡元培對民初的中國社會藝術與生活分離的現象，就提出批判，提倡美育的陶冶應表現在生活世界的各個層面上，他說：

書畫是我們的國粹，卻是模倣古人的。古人的書畫，是有錢的收藏

了，作為奢侈品，不是給人人共見的。建築雕刻沒有人研究。在嘈雜的劇院中，演那簡單的音樂，卑鄙的戲曲。在市場上散步，只見飛揚塵土，橫衝直撞的車馬，商舖門上貼著無聊的春聯，地攤上出售那惡俗的花紙，在這種環境中討生活，什（怎）能引起活潑高尚的感情呢？所以我很希望致力文化運動諸君，不要忘了美育（孫常煒編，1968：496）。

美育的涵養不僅有助於優質產品和環境的塑造，製成產品和生活環境的評價能力，也有賴審美能力的涵養。菲德曼（E. B. Feldman）（Feldmam, 1970: 65）即認為：在今日物品大量生產的社會型態中，器物的改良，有賴廠商、設計家、教師和消費者的共同努力。對於日常器物的設計，那種精益求精的品味，應該在學校中培養起來，如此，產業界便無法任意傾銷低劣的物品。

總之，藝術不但能以純藝術的型式成為專業的謀生工具（例如音樂家、繪畫家、舞蹈家、作家等的藝術），也可用於協助產業發展品質精良、美觀合用的產品（例如建築師和各類設計家的藝術）。工商業發達的社會中，藝術不再像斯賓塞所言，只能卑微地附從於各種生產活動之下。相反的，藝術是物品產銷成功與否的一個主要關鍵。如此社會中的美感涵養，已是人類謀生和事業發展不可或缺的一環。有的論者（洪懿妍，2001a: 48-54）認為藝術涵養，是當今社會「無形競爭力」的來源，實在一點也不為過。而在產品中講究美、講究設計，並不是為了高附加價值的行銷目的而已，也是對消費者和創造者自身的敬意。

☪四、親職與美育

如果前述美育與健康及職業發展緊密相連的說法成立，則美育須在親職教育及親職的實踐中扮演重要角色，便是必然的結果。

美感經驗排解緊張壓力，平息破壞衝動，滌淨俗慮，使心理恢復

內在和諧，身體也由此可以得到真正的放鬆。藝術不像官能的刺激與放縱那樣容易令人麻木生厭。純為跳離生活勞務而作的享樂，常需不斷提高刺激值，才有滿足作用，但依此形式排解壓力、空虛，有時不但無益於朝氣的補充，反而加速活力的降格和心靈的苦悶，到頭來，免不了因為身心失衡，而讓人疑惑「活著的意義」（Osberne, 1986: 299）。

由於意識到美育與幼兒的人格及健康關係密切。蔡元培於民國初年便倡議設立公立胎教院。他說公立胎教院要為孕婦提供一個風景秀麗的地方，沒有都市的混濁、紛擾。胎教院的建築要勻稱玲瓏。兼融中西高雅氣息。四周設庭園廣場，供散步、運動、觀星賞月。庭園種植悅目亮麗的花木，池裡畜美觀活潑的魚。室內的壁紙地氈顏色要恬靜毓秀，器物陳設講求雅緻整齊，雕刻、圖畫取其意象優美健康的，書刊則取文字樂觀和平的，並且每日播放高尚音樂，如此以確保最高品質的胎教（孫常煒編，1968：535-536）。

除了對人格和健康可能產生影響，美育也是提昇精神和認知視野極其重要的渠道。徐志摩對於大自然的美，所能產生的啟發作用，有深刻的認識，他說：

> 自然是最偉大的一部書，……一般紫的紫藤，一般青的青草，同在大地上生長，同在和風中波動──他們應用的符號是永遠一致的，他們的意義是永遠明顯的，只要你自己性靈上不長瘡癍，眼不盲，耳不塞，這無形跡的最高等教育便永遠是你的名分，這不取費的最珍貴的補劑便永遠供你的受用；只要你認識了這一部書，你在世界上寂寞時便不寂寞，窮困時不窮困，苦惱時有安慰，挫折時有鼓勵，軟弱時有督責，迷失時有南鍼（楊牧編，1997：71-72）。

大自然的美在無言中教化了人的靈魂，提昇人的心志，是美育的構成要素。至於美育中的藝術則教導我們以一種有別於科學的眼光，來看待我們所面對的各種景象。藝術不同於科學，它不是物理現象的

縮寫或摹本,而是對實在的一種「形式」(form)的知覺,因此是一種獨特的視野(O'hear, 1988: 107-111)。我們對於很多事物所以視而不見,主要在於經常從物理的角度出發,把外物當作普通感官經驗的對象,習以為常之後,也就產生太陽底下無鮮事的心理。對藝術家而言,同一物理事物,在不同的時候,代表著不同的對象。此亦即所謂「太陽每天都是新的」(甘陽譯,1990:211)。以普通知覺來看待一個籃球運動員投籃得分的事實,它將只是另一個「得分」,但從美的角度出發,它就不只是分數的意義而已,還有姿態、機智和佈局等等無比豐富的獨特意義,所以卡西勒(Ernst Cassirer)說審美經驗:

> ……在普通感覺經驗中永遠不可能實現的無限的可能性。在藝術家的作品中,這些可能性成了現實性:它們被顯現出來並且有了明確的形態。展示事物各個方面的這種不可窮盡性,就是藝術的最大特權之一,和最強的魅力之一(甘陽譯,1990:212)。

的確,藝術本身就有一種「抗拒被物化」(resistance to mere things),反對以固執、同一的方式來看待自我創作品或者外在世界。藝術家和藝術取向的視野,永遠在尋求一種新的可能性和差異性,而這種差異性和新的可能性的發現,永無枯竭之日(Greene, 2001: 122;劉千美,2001: 22-27)。由這一點我們可以看出,缺乏美育陶冶的人,不僅失去開創新局的一個重要動力來源,也代表認識力的殘缺;而輕視美育的父母和教育制度,就是使兒童原創性和認識力發展不全的始作俑者。

☪ 五、公民知能與美育

斯賓塞想像中的公民活動,需要的知識包括他所最重視的歷史,另外是社會學、心理學和生物學等輔助學科的知識。藝術對於理想公民的塑造所占的地位,斯賓塞並未討論。

公民情操的陶冶,除了需要理性認知,更有待社會成員間的情感

認同，而藝術對感性陶冶的貢獻是可觀的（孫常煒編，1968: 640-641）。例如，一個民族在藝術上的高度成就，即是民族自尊和社會向心力的重要基礎（Eisner, 1972: 2）。這也是為何藝術經常用於激發愛國情操和宗教熱忱，同時也是各種社團成員的精神共鳴劑。當然有些藝術對於社會是充滿批判意識的；它們意圖從一個新的視域，衝破社會的成規（Marcuse, 1978: 72）。即便如此，藝術仍然包含著對社會的愛與關懷。藝術對社會現狀在「破」的過程中，蘊含著「立」新意的目的，不是盲目的攻擊衝動而已。

例如，梭羅（H. D. Thoreau, 1817-1862）在其名著《湖濱散記》（*Walden*）中，對於十九世紀資本主義快速發展的美國社會所形成的階級不平等現象，就有沈痛的針砭：「一個階級的奢華，會由另一階級的窮困來平衡。一邊是宮殿，另一邊是救濟院……在一個有基本文化的國度裡，不應使其廣大民眾的生活環境惡化到和野蠻人一般的地步。」（Thoreau, 1950: 30-31；孔繁雲譯，1996: 64）梭羅期望美國大眾能徹底反省其虛浮不實的生活形式，回到儉樸、踏實的自然存在狀態，不要再做市場、職業、習俗和虛名的奴隸。雖然在《湖濱散記》出版一百五十年後的今天，美國社會仍然充斥著窮奢極侈的一面，做得到「醉飲清風，飢餐朝露」的豁達境界的人，可能也不多。但不能否認的是，《湖濱散記》已經成了美國社會的永久資產和良心。

不過藝術之中最可貴的，在於它不單以某一特定社會為關懷的對象，它所注視和表達的，往往能超越不同時空，直接觸及不同世代、不同民族和不同國家之中的每一個人的心靈。其中原因在於藝術所探索、追問的，不外一個基本的主題：人是什麼。因此藝術可以說是解開人性之謎的一種獨特的形式。在藝術的創作和欣賞的過程中，人不但瞭解了自己，也打破了人我之間的藩籬，分享作為人類之一員共有的悲喜、價值和理想。這就是孔子為什麼說詩「可以群」的深刻理由。只要藝術作為人類情感和價值之表現的特質不變，必然與倫理、社群脫離不了關係（White, 1993: 178）；因此自然能對斯賓塞所謂公民

情操的涵育，產生一定的作用。更重要的是藝術作品，藉由人性的發揚與關懷，能使人類對共有的困境和理想深入體會，進而激發「民吾同胞，物吾與也」的情懷。許多作品，所以能成為全人類共同珍惜的資產，道理即在此。試想有哪一個人在閱讀海明威（E. Hemingway, 1899-1961）的《老人與海》（*The old man and the sea*）或杜斯妥也夫斯基（F. M. Dostoevski, 1821-1881）的《罪與罰》（*Crime and punishment*）時，會因為作者不是本國人而否定其作品本身的價值？

整體而言，斯賓塞泥於休閒生活的角度來理解美育，因而低估了美育對人生各層面的價值。事實上如前述推論，美育不僅與休閒生活的充實息息相關，也與保健、職業、親職及公民等活動密不可分。簡要地說，美育是表現和提昇人類生活品質不可或缺的環節。美育不應被看作只是為了娛樂而設；如果只是為了單純的娛樂，很多人會選擇輕鬆容易的感官嬉戲，而不是具深度精神內涵的藝術。當藝術的功能停留於休閒娛樂，就逃不了斯賓塞所謂的附庸、裝飾的地位，永遠見不到它超越、獨特的面貌。誠如卡西勒所言：

> 連一些最酷愛藝術的人，也常常把藝術說成彷彿只是生活的一種單純附屬品，一種裝飾品或美化物。這就低估了藝術在人類文化中的真正意義和真實作用。……只有把藝術理解為是我們的思想、想像、情感的一種特殊傾向，一種新的態度，我們才能夠把握它的真正意義和功能（甘陽譯，1990：247）。

當我們認識到，藝術是一種獨特的「思想、想像和情感」時，就比較能理解，美育實際上是與智育和德育的發展密不可分的。以下，我們要從美育是生命品質的內在構成要素一項，進一步說明美育、智育和德育不可孤立看待的道理。

第三節 美育的本質價值

斯賓塞對於自己把美育排列在課程的最低地位，其實是有些猶豫的。他曾說，認為他輕視藝術和自然之美的價值，是個絕大的錯誤。因為，「我們珍視美感涵養及其樂趣的程度，絕不下於其他任何事物，少了繪畫、雕刻、音樂、詩詞以及各種自然美景所激發的情感共鳴，生命情趣頓失大半。」（Spencer, 1966: 147）在斯賓塞的觀念中，美育只是「較不根本」（less essential），而非「不重要」。人必須先生存下來，才能談生存品質的問題。所以與自保、種族延續及社會生存等相關的知識，自然要比關係生活品質的美育活動來得根本，也因此在課程中應得優先的考慮。這種論點，基本上有兩個問題：首先，美育與自保、種族延續及社會生存等活動均關係密切，已如前節所述；強調自保及社會生存等問題，而不重視美育，多少反映著對美育的認識不足。其次「生存」和「生存品質」孰為優先，孰為根本，其實不是個容易分辨的問題。因為生存品質的良窳，即是決定值不值得生存下去的要素。身體強健但心靈苦悶空虛，與百病纏身的情形相比，一樣是不堪忍受的生存狀態。有的人一邊上健身院，吃健康食物，造就一付好身材，卻又一邊想著鬧自殺，就是明顯的例子。

要瞭解美育在課程中的適當地位，似乎不應侷限於斯賓塞的工具價值論述，如果能從藝術或美育對整體生命的內在價值出發來探討，也許可以看到更完整的面貌。羅斯（M. Ross）即指出，要證明藝術在課程中的必要性，「重點不在藝術的現實價值，而在其超塵絕俗的特性；不在其工具價值，而在其非工具特性；不在其慰藉心靈的作用，而在其為更美好人生，所揭示的革命性視野。」（Ross, 1981: 6）更進一步說，假如我們能說明美的創造和欣賞，是人之所以為人不可或缺的，則無論美育的工具價值和其他事物相較結果如何，仍應在教育中占有一不可取代的地位。

☪ 一、美育與視野的交融

人類文化和文明的進展，與建構經驗世界的能力息息相關；愈有能力將經驗分類，並有效尋繹各類事物之運作秩序的族群，愈有優越的認識力。

當我們遇見一個事物，想要把這事物在認知界域中歸類時，可能涉及從理論興趣的角度去考慮它的特徵和生成的因果定律；或者從實踐的立場去瞭解它的效用如何；也可能以它的形式（態）為觀照的對象。明白地說，理論興趣、實踐興趣和形式興趣，乃是人類區分事物的主要動機因素，這三種動機化為行動所得的成果，即是人類的科學、道德和藝術。「科學在思想中給予我們以秩序；道德在行動中給我們以秩序；藝術則在對可見、可觸、可聽的外觀之把握中給予我們以秩序。」（甘陽譯，1990：246-248）科學、道德及藝術都是人類對表象世界之認識的深化。我們觀察一事物，由其變化過程，瞭解其生滅法則，進一步認識它「是什麼」，這是概念的深化；我們在和一對象不斷互動的歷程中，瞭解它在實踐層次裡，與我們構成何種關係，這是關係理解的深化；我們面對一事物，直觀其面貌，沈吟玩索，進而掌握其形式（態）的結構及意義，這是形式之理解的深化。人類對於「實在」的體悟，絕不是單憑概念、關係或形式之理解的任何一端就能獨力完成。三者所關注的向度不同，不可相互化約取替，只有結合互補，才能達到視野的交融，並由此呈現「實在」的全貌。而人之所以為人，就在於懂得變換角度，從這三個不同的視野，逐步領略「實在」的豐富而深奧的含意（甘陽譯，1990：246-248）。

其次，如果我們反省人類的認知內容，一定可以清楚的發現，「所知」和「所能言傳」的集合是不相等的。所知的內容遠遠大於語言所能表達的範圍。而所知大於所能言傳的部分，就是一般所謂「只可意會，不可言傳」的部分。根據朗格（S. K. Langer）（Langer, 1957: 19）的說法：

無法言語表達的事物，難以形成概念認知，而且就「溝通」一詞的真正而嚴謹的含意而言，可能是根本無法溝通的。有幸的是，人類的邏輯直覺（logical intuition）或者形式知覺（form perception）能力，遠遠超過我們的預期，因此，我們的知識──確實的知識與理解──比我們所能言傳的內容多出許多。

更清楚地說，朗格認為不能言傳，但可為人類認知的事物，是透過形式知覺獲取的。形式知覺能力的培養是美育的目的，因此，我們可以說，美育是為人類吸收、認識不可言傳之事物所作的一種準備。

另一方面，人類經由形式知覺所認識的事物，往往只有藉著藝術才能深刻而清晰地表達，這關係美育的另一個重要向度：藝術創作能力的涵育。藝術透過視覺、聽覺或者其他可知覺的符號形式，將人類所感知的事物表現出來。愈是優秀的藝術作品，愈能將人類無法用言語精確表白的事物，栩栩如生地呈現，由此拓寬、深化人類的理解力。值得注意的是，藝術家的創作並不是心緒的任意宣洩，他的意念必須透過某種結構和形式才能表達出來；而人們也是經由這個結構才能領略藝術家的思想和情感。換言之，事物的形式結構及其表達的意義，乃是人類溝通感知的一種特有管道；藝術家必須學會如何建構這種形式結構，才能客觀表達自己的思想，並得到共鳴，免於落入盲目的個人表現和自我陶醉的陷井（Feldmam, 1970: 51）。依朗格（Langer, 1957: 26）的說法，藝術家

> 將實在之中公認為模糊、混亂和難以捉摸的部分，有系統地表達了出來；換言之，他把主觀的客觀化了。因此，他所表達的，不是一己的內在情感，而是他所認識的，全人類的情感。

朗格在這裡所說的「主觀的客觀化」，是一種高度的能力，沒有透過學習，是難以成熟精煉的。所以，總括看來，不論就人類視野的

拓展，或者經驗的表達而言，美育都是核心要素。少了美育，人類的視野不僅可能萎縮，而且有扭曲的危險；同時，人類表達感知的欲望，也會因此而受挫。

☪二、美育與人性的開展

科技發達帶動工業革命，而工業興盛之後，為了消化過剩產品，商業型態也跟著起了變革。原本以服務人類基本需求為主體的商業活動，逐漸淪為利益掛帥，不斷刺激成癮式消費的占有欲滿足行為（Fromm, 1981: 60）。在消費的過程中，許多人只是暫時滿足了占有的欲望，卻填不滿空洞的精神存在（Being）。於是，人類的理性，因科學而得到大幅解放；但在工商機制宰制下，科學卻也間接將人拋入物化的牢籠。誠如樂記所言：「夫物之感人無窮，而人之好惡無節，則是物至而人化物也。人化物也者，滅天理而窮人欲者也。」物化了的人性，在物化的社會中，有意無意間，被動或主動地以工具性的態度面對一切關係。相互利用和吞併宰制成為生活的基調，人與人，少了真誠的對話，多的是我執獨白。換言之，科學促進了工商發展，代價卻是在逐步工具化、科層化和表面化的結構裡，瓦解了人性，將人類引向一個空虛、苦悶和自我疏離的高峰。

治療這種苦悶心靈的藥方，在於能否於物質的領域以外，去尋一片廣闊的精神伸展空間。美感不以對象為工具，無所為而為的真摯，最能代表人類超於物外的不俗特質。在審美的活動中，人得以跳脫物化的框架，達于精神的自由。孔子所說的「三月不知肉味」，就是最好的例證。從這個角度去看，便可以體會「人需要音樂，就像肺需要空氣」的說法（崔光宙，1992：436）。莫德荷（I. Murdoch）也指出（Murdoch, 1991: 65）：「偉大的藝術教導我們如何放下宰制、利用和貪婪我執，全心去觀照和眷顧大千世界。不論我們凝思的對象是人、樹的根脈、一種顏色或者一個聲音的躍動，這種超離的心境，都無比難得而珍貴。」除了免於役於物而引發的自我疏離，人在審美活動中，

尚可藉由感性的舒發，一方面避免有理性而無感性的單向人格發展，另方面則在情感的自由流動間，拉近人我距離，培養同情、友愛，化解人際疏離。樂記所謂樂可以「治心」的道理即在此。樂記主張：「致樂以治心，則易直子諒之心油然生矣。易直子諒之心生則樂，樂則安，安則久，久則天，天則神。」在音樂的世界中，人的情感平和暢順，慈愛善良的念頭源源而來，這是人心快樂的本源；一旦體會到這種快樂，人便能長久安於善良的心性行止，終至臻於自然而不見勉強的超然化境。樂記在另一處所載：「情深而文明，氣盛而化神」的境界，闡釋的也是音樂這種點化良知，感通人性的高妙功能。希臘神話中，維納斯（Venus）既是美神也是愛神，愛與美同本於一的神話，似乎隱隱透露著，愛中有美，美中有愛的精微人性，而這種人性的完美展示，多見於美感的活動之中。

圓熟的靈魂，在於理性和感性的優美結合。依前文所述，美育所陶冶的審美能力，不但是理性認知的重要組成，更是感性靈通的關鍵要素。因此，美育是人性圓成和靈魂發展的津梁，也是一種教育的人道主義內涵（葉朗，1993：345-364）；紮根於美育，教育的終極關懷——人性的完美，才有實現的可能。

缺乏美育，人性難以完滿發展，德育的功效也將大為受限；美育不足，受教者所認知的世界呈現殘缺、片面的容貌，形成另類的智育失敗。美育、德育和智育的關係，不僅是唇齒相依，更是一體之三面，彼此互參（mutual reference），互為函數，不可偏廢。

第十二章

結　論

本研究係以分析哲學為方法，針對智育、德育和美育的核心概念及實際問題，有系統地進行研究，力求深入瞭解教學歷程中，如何依循知識、倫理和美感的規準，並剖析依循這些規準進行教學，將會遭遇哪些難題以及需要採取何種調整。整體而言，本研究希望達到將教育的理論與實際結合，並使其內在規準的分析與外在脈絡的透視，產生往返對話的關係，以得相輔而行之功。

以下，總結本研究在智育規準、德育規準及美育規準等三個向度的重要發現。

第一節 智育規準

為了確保教材選擇和教學歷程的品質，使教師不得不對何謂「知識」有一正確認識。要瞭解「知識」的意義為何，可由相關概念的比較中得到一些線索。本書在第二章中比較知識、信念、偏見與迷信四者，結果指出：「知識」乃是經由推理和驗證後而得到的證據充分的主張；「信念」是證據不足或缺乏結論性證據的意見；「偏見」是誤用證據的看法；「迷信」是出於恐懼或其他神秘動機，毫無證據地相信的作法和心理。並且強調：在教育的過程中，教育者務須時刻反省傳授的觀念或教材，究竟是知識、信念、偏見或迷信，提出主張時，亦應力求言之成理，持之有據，不讓直覺、好惡、利害和恐懼凌駕理性。因為學生在教育的過程中不知不覺地承襲著教育者的思維模式，教育者嚴格要求自己的推理，有助於陶冶受教者的思維習性；反之，表現出思慮不周、偏執一方的主張，不但自毀教育立場，也不利受教者思維能力的開展。

然而只是將知識界定為「證據充分的主張」，並沒有說明什麼是證據？如何才叫證據充分？因此本書第二章進一步分析證據之意義，指出被學者接納的真理學說（符應說、一致說和實效說），可以解釋三種不同證據的來源。一個主張若能通過這三種學說之考驗，自然非

常理想，可說是證據充分。但因為知識系統紛雜，所倚重之真理規準或學說，也可能有所不同；另一方面，運用真理的符應說、一致說和實效說來做為教材之選擇規準時，還須謹慎避免落入科學主義的窠臼。

現代社會由於深刻感受到科學計數之一日千里，進而深信科學萬能，並有抱持科學化約主義的傾向，將一切都用科學來計量，其結果是失落了全人教育的理想。誠如本書第二章所言，科學發現真理所依賴的「想像力」和對萬物的「虔敬感」，一部分是來自藝術和歷史等人文科目的陶冶，因此，如果教育只重視科學，便有使科學家淪為「冷漠的宇宙旁觀者」之危險，達不到在有情、富想像力的狀態下所能獲得的「更高層的客觀性」。

更危險的是，以科學為說詞來否定道德責任之踐行的作風。這一點可以在本書第六章中有關色情圖片是否對兒童有害的討論中，鮮明地見出。而有的論者（Maninoff, 2002: 94-105）更明白地指出，當代人的精神病徵，實則肇因於人類把身心靈三維向度的存在，平面化成身心二元；而「身」又只看「生物學」的面向，「心」只看「心理學」的層面，「靈」的部分受到忽視，結果是煩惱的人找再多醫生、心理師也解決不了意義失落的問題。

整體而論，吾人不能否認，一致說、符應說和實效說強調的是「命題知識」的至高性和絕對性，易使受教者誤以為生活世界的意義全在科學，而成為一個失去價值方向感的「局部理性的人」。將真理的三個學說實際用於教材選擇之分析，可以使我們瞭解到，「教育價值」不等於知識論所界定的「知識價值」，而教材或學科的選擇也不能純以知識的三個判準為依據，但各個科目（包括藝術和體育類科）的教學內容，若是能依知識的判準來提昇其知識性，其核心的教育價值應可得到確保，其在課程中的地位也可得到提昇；但另一方面，也須瞭解脫離符應說的想像世界，否定一致說的創發革進領域，以及超越「現實之用」的多元效用觀，也是作理想、周全之課程設計時，應該斟酌參考的重點。這種理解不僅在藝術課程上重要，在社會及科學

課程中亦不可忽視。

　　對知識規準有了較為全面的理解之後，教師所面對的智育問題是如何才能有效地將知識傳遞給學生的考慮。本書第三章藉由杜威思維方法的分析，指出學生在學習上表現出的主動性、目標性、完整性和繼續性乃是教學成功之準據。欲激發學生學習的「主動性」，教師可以採用問題中心教學法，平衡「新舊」、「遠近」之教材，而且自身需對知識有真誠的喜好。

　　而欲維持學生學習過程中之「目標性」，教師在教學上應該避免缺乏目標或者目標紛雜的情況。缺乏目標的教學，往往是太注重「快樂學習」的結果，而因為其忽視實質內涵和方法的獲得，也造成「快樂學習」的空洞化、空虛化。本書在第三章中指出：學習就像藝術創造，它的熱情要有適當的主題和目標，才不致淪為純粹的玩樂；它的活動需要方法和標準，才能提昇水準。教育者可在引導學生認識活動之內在價值的過程中，激發其工作熱情，同時又培養其技能和鑑賞力，才能確保其熱情所誘發的活動不因缺乏能力而徒勞無功，終至放棄。另一方面，教學的目標紛雜亦是一種弊病，避免之道，在於善用範例作為解說的核心，使學生對於某一主題的思考能得到脈絡一貫的理解。

　　除了「主動性」和「目標性」，成功教學的第三項特質，是能使學生具備學習的「完整性」，亦即學生對所學能在觀念上和實踐上得到充分驗證的機會，要做到這一點，教師在教學過程中，應適時回顧並檢視學生學習所得，要求學生證明自我提出的論點，並給予學生構思和驗證思維的充分時間。

　　能夠幫助學生在學習上表現出「主動性」、「目標性」和「完整性」的教學，將可使學生體驗到學習的內在興趣及一種無可替代的成就感，並可因此產生繼續學習和自我教育的動力，此亦即學習的「繼續性」。換言之，學習的「繼續性」就在「主動性」、「目標性」和「完整性」之中。

可是，教學和學校都不是一個封閉的系統，受到外在環境一定程度的影響，本書在第五章中指出，當前教育受市場導向風潮的宰制，知識教育困限於利潤追逐的動機，而學校幾已成了商業場所和求利者的天堂，知識成了工具而非目的，以內在目的為本的「教育」精神，愈來愈形式微，偏狹職業「訓練」課程的勢力卻如日中天，教育窄化成職業預備，知識只重其經濟效能，全人教育的理想成了聊備一格的政治口號。知識規準和教育規準被市場規準扭曲而突變的現象，實需關心教育品質者，急起力挽狂瀾。

第二節　德育規準

教育不僅重視歷程，也追求有價值目的之達成，歷程和目的兩者不能相互化約。如果只重活動「歷程」的愉快，將使教育淪為鬆軟、放任，有自由而無紮實的學習，有盲目的自我表現而無深刻的意蘊創造。相反地，如果只重成果，忽略過程，則容易漠視學生的自願性和興趣，使教育過程成了十足的高壓。本書在第五章中說明，德育以代表高度道德理想的「美德倫理」為目的，若不能講究教育「歷程」中的學習者的自發性，將使道德成為一種令人恐懼的東西。而道德教育對自發性的重視和覺醒，可從「美」的概念中得到啟發。如同章所言：進行美德倫理的教育不能忘了美德之所以為美，乃在於它所象徵的自由與愉快。換言之，美德不能被當作一種強制的人生義務，而應被詮釋為人類帶領自我精神攀升的樂趣之源，一種靈性的昂揚與超拔。美德包含「超義務」道德之實踐，而不僅止於「義務」道德之實行，正因為如此，在美德陶冶的過程中對受教者自發性的尊重，就愈發顯得重要。

然而，教育和德育過於強調學習歷程之自由，也會產生缺失。本書第六章即說明，若干人權提倡者，過度強調生命歷程的「自由」，忽視生命歷程的「目的」及「理想」，以這種態度進行人權教育，有

淪為只重「權」之鼓吹而不重「人」之陶冶的危險，最終則使人權之
保障也難以完全落實。因為談人權之保障，重點不在保護強者或者
「勢均力敵」的一般大眾，而是對弱者的尊重與憐憫。本書在該章中
指出：尊重強者的人權，不只是一種應然，且是一種自然，否則將為
我們帶來慘痛的災難或傷害。換句話說，尊重強者的人權，是一種接
受事實的「自然法則」。勢均力敵者之間為了避免兩敗俱傷，經協商
或立法行為，明定承認彼此人權的規則，採取的是「慎思法則」。至
於弱者，特別是傷不了我們的對象，如果我們還願尊重他們的權利，
甚至敬重他們，則召喚我們的，絕不是弱肉強食的自然法則，亦非妥
協現實的慎思法則，而是展露靈性（甚或神性）的「道德法則」。一
個社會的道德水準，主要表現在我們與第三類對象的互動方式，換句
話說，愈能將尊重弱者權利的偶然行為，轉化為自然且必然行為的社
會，愈是理想的社會。而不論我們採取何種方法將這種偶然化為必
然，其核心動力必是濟弱扶傾的道德靈性，也因此，不同時涵化這種
道德靈性的人權教育，其成效必將大受限制。

　　人權提倡者以人權為目標，可說仍然對道德抱持著基本的標準和
期望，但到了相對主義論者的地步，道德就形同具文了。

　　教育是一種價值追求的活動，其過程包括既有價值的傳遞，和全
新價值的發掘與開創。如果一個社會到了布魯姆（A. Bloom）所說的
那種處境：「幾乎每一位大學新鮮人都相信真理是相對的」（見第七
章），還能憑藉什麼來進行知識教育。而如果教育活動像陶伯特（M.
Talbot）所描述的：教導年輕人「絕不能說別人的意見是錯的，只能說
別人有不同的意見」（見第七章），則陷入這種失去是非判斷之準據
以及指正錯誤之勇氣的狀態，教育如何向學生說明，世界有「善」與
「不善」之分。

　　如果教育者像大眾一樣相信沒有「真假善惡」之分，他們還能找
到什麼「有價值的」教育內容？他們的教育如何還能稱為「一種價值
的追求」？在若干程度上，當代教育的所作所為似乎是價值的放棄多

於價值的確立，把價值「解構」視為新潮，卻忽視建立核心價值的必要。這一點在道德層面上，似乎特別嚴重。對於道德標準大幅降低甚至完全揚棄的現象，被論者如斐力浦（M. Phillips）等稱為「非道德化過程」（見第七章），這種過程的發生和加速，與否定「道德事實」或否定「道德知識」的心理息息相關。本書在第七章中指出，「人際互動之理」和「物理因果定律」皆可稱為一種「事實」或「知識」，並進一步說明「人際互動之理」（或道德標準）的失落，乃是現實世界欠缺人格典範，失去道德「實例」後，而有以致之。加以今日新潮者鼓吹「一切皆相對」的風氣，不僅否定了價值，也否定了教育存在的可能及必要。更進一步說，我們今日的教育，似乎相信「變」為常態，只在乎「應變」而忘卻教育之「不變性」乃在發展人的善性，以致漸漸失去了方向感，這是我們要警醒的（賈馥茗，1972）。

第三節　美育規準

在教育的內涵中，最被輕視和孤立起來看待的，莫過於美育的陶冶，美不僅被視為與智育無關，亦被看做與道德無關。在本書第十章中，明白闡釋了美感和藝術是一種獨特的「思想、想像和情感」，換言之，缺乏美育，不僅「思想」將殘缺不全，「情感」也會有所障礙，如此觀之，美育與智育及德育唇齒相依的道理，才能如實掌握。

全人和博雅教育的理想，反對將教育轉化成工匠化、職業式的訓練，抗拒將智、德、美做不當的切割。因為人性的完美，不可能在「單向」（如智育）發展的情況下達成，實際上，「單向」發展的完美，也要以「完整」的發展為基礎，才有可能。智德美是融貫一體的：放棄美育，就等於放棄完整的智育或德育，反之亦然。在這種理解之下，說教育應以「統整為第一義」（賈馥茗，1973：24）實為理所當然。

就教學本身而言，一個從事教學活動的教師，例如數學老師，如果能夠體會到自己在從事智育的同時，也在進行美育，他的教學一定

會有精神上的啟迪和開展思考的可能性。本書第九章說明，教師素質本身就是一種美育，如何開展自身令人愉快和另人讚賞之美，是為每位教師應當重視的教育之一環。第十章說明教師若能將自身視為「教學藝術」的創作者，認真考慮「教學藝術」的孕育，並瞭解「教學藝術」觀賞者的心理，將可把教學的境界帶到一個令自己愉快、令學習者讚賞的高峰經驗狀態。

馮朝霖說：「現代教育之危機有許多的問題乃導因於『教育美學』範疇之失落或遺忘。」（馮朝霖，2000：100）回顧本書在緒論中介紹皮德思所提出的教育規準論，可知皮德思明顯地考慮到了「知識」和「倫理」的向度，在「美學」向度的關切上，則表現的較不明顯。他的「合自願性」規準，只可以說明美感規準的部分內容。本書在第八章中曾論及，美感乃是一種自發性的有感反應，不能強迫，只可透過指引、誘導和分享，就此而言，具美感（或符合美感規準）的教育，必然也是合自願性的教育，兩者可以互為說明詮釋。但美感規準的視野顯然較合自願性的規準來得廣闊一些。

首先，合自願性將焦點放在受教者的認知發展成熟度和興趣上，較難看到「美感規準」對教師本身的啟發作用。如第九章所言，有美感概念的教師，會以美來期望自身和教學，因此，不僅僅懂得在令人愉快和令人讚賞等等方面追求自我素質之改進，也會產生提昇教學品質以使教學具備藝術價值的驅力。由此角度觀之，可以看到美學對教育學的重要性，由「合自願性」的角度來看，則僅能見及心理學與教育學的關連，卻看不出教育者應該如何努力，才能在教育上達到「合自願性」的規準，更不易見出教師在教育過程中對自我境界的期許。

從另一角度來看，美感規準不僅可以解釋及包含「合價值性」而已，它還能說明真善美必須在教育中融貫一體的道理，這倒是單純從「合自願性」規準出發較為看不清楚的。例如，我們如果把知識論上的三個真理學說（一致說、符應說、實效說）拿來和藝術作對話，可以發現藝術所重視的不僅是和傳統技法及格律相「一致」而已，也強

調突破性技法或觀念的創發,這是為何「創造」一詞經常與「藝術」一詞相連的原因之一。易言之,藝術永遠在追尋新的可能性,是靈魂跳脫「必然性」(necessity)之限制的顯露形式,也是生命意義感的重要來源(Elliott, 1998b)。據此而論,知識論的真理一致說並不完全適用於藝術。另方面,藝術也不以「知識論」的真理「符應說」為必然的評價規準。例如,一幅畫並不是愈像實物就愈有藝術價值。再者,藝術也不以知識的真理「實效說」為準則,藝術在某種程度上抗拒「器化」的實用目的,「無所為而為」是藝術的核心精神之一,「有所為而為」時,藝術的完美展現比較難以達成。當然這並不是說藝術無用(第十一章已就藝術之實際效用作了充分說明),而是說藝術不以實用為核心,且其「無所為而為」的態度,往往正是其「無用之用」的「大用」所在。

簡要地說,有了美學向度的思考,我們更容易瞭解:知識和道德的傳授過程中,可能忽視的重要面向,同時也可認識到知識和道德進一步開展和昇華的另類路徑。藝術充滿創造和想像的精神,是知識和道德在成規和定則之外,養成「開放能力」、想像「可能世界」、發展「替代方案」的珍貴資產,也是在「富紀律」(disciplined)之外,增添「奇想」(fancy),在「工作」(work)之外,輔以「遊戲」(play),而使人得到平衡的良方。美感和藝術的陶養是完美的「人」、完美的「智」和完美的「德」,不可欠缺的因素。而這些道理的發現和探究,是從皮德思的「合自願性」規準中,難以明確開展出來的。

無疑的,教育全盤面貌的思考,如果能在「真」和「善」之外,加上「美」的規準,將可得到更完整、更深刻的掌握,執是之故,「教育美學」實為一個值得拓展的領域。我國的教育哲學研究者,在這一領域上,已有一些重要的專著問世,包括楊深坑先生的《柏拉圖美育思想研究》,崔光宙先生的《美感判斷發展研究》和梁福鎮先生的《審美教育學》,三位先生的論著所關心的焦點在「教育美學」的「美育」部分,「教學藝術」的部分則是有待同道耕耘的一個範疇。

參考文獻

大學教育改革促進會（1993）。**台灣高等教育白皮書**。台北：時報。

大學入學考試中心（2004）。新增學系及更改系名一覽表。2004 年 2 月
　　5 日，取自 http://major.ceec.edu.tw/search/new_deplist.htm.

孔繁雲（1996）。**湖濱散記**。台北：志文。

石元康（1995）。**當代自由主義理論**。台北：聯經。

石元康（1998）。**從中國文化到現代性：典範轉移？**。台北：東大。

甘陽（譯）（1990）。Ernst Cassirer 著。**人論**。台北：桂冠。

卡維波（2003a）。**人獸之間－動物戀與獸交**。2003 年 7 月 18 日，取自
　　http://sex.ncu.edu.tw/aninal-love/animal_love15.htm.

卡維波（2003b）。**當動物遇上性**。2003 年 7 月 18 日，取自 http://sex.ncu.
　　edu.tw/aninal-love/animal_love19.htm.

行政院教育改革審議委員會（1996）。**教育改革總諮議報告書**。台北：
　　作者。

朱光潛（1987）。**談美**。台北：金楓。

朱光潛（1995）。**文藝心理學**。台南：大夏。

何春蕤（2003a）。**何春蕤針對性解放網站事件的公開聲明**。2003 年 7
　　月 18 日，取自 http://sex.ncu.edu.tw/animal-love/statement0410.htm.

何春蕤（2003b）。**想像的兒童，誘人的圖片**。2003 年 7 月 18 日，取自
　　http://sex.ncu.edu.tw/animal-love/animal_love14.htm.

何春蕤（2003c）。何春蕤：教育部焚書坑儒！原載於 *TVBS* 周刊
　　（4/17-4/23）2003 年 7 月，取自 http://sex.ncu.edu.tw/animal-love /animal_
　　love13.htm.

李平漚（譯）（1989）。Rousseau 著。**愛彌兒**。台北：五南。

李芝安（1990）。聯考症候群。**蘭雅青年**，*9*，26-27。

李常井（1981）。杜威的倫理思想。**中央研究院三民主義研究所專題**

選刊，*44*，1-69。

李常井（1985）。杜威經驗概念剖析。**中央研究院三民主義研究所專**
　　題選刊，*66*，1-26。

李常井（1987）。杜威的形上思想。**中央研究院三民主義研究所叢刊**，
　　22，1-64。

李淑淑（1997，7月30日）。畫說有聲音的成語。**國語日報**，13版。

李澤厚（1996）。**美學四講**。台北：三民。

李豐斌（譯）（1981）。K. Popper 著。**歷史定論主義的窮困**。台北：
　　聯經。

邱兆偉（1996）。存在主義的教育哲學。載於邱兆偉（主編），**教育**
　　哲學。台北：師大書苑。

但昭偉（2002）。**道德教育**。台北：五南。

沈清松（1998）。**解除世界魔咒**。台北：台灣商務印書館。

林正弘（1987）。過時的科學觀：邏輯經驗論的科學哲學。**當代**，*10*，
　　11-17。

林逢祺（譯）（1996）。P. McInerney 著。**哲學概論**。台北：桂冠。

林逢祺（2003）。杜威—生活教育的實踐者。載於賈馥茗等（編著），
　　中西重要教育思想家。台北；空大。

吳忠吉（2001）。知識經濟時代的社會倫理。載於李誠（主編），**知**
　　識經濟的迷思與省思。台北：天下文化。

吳佩華（譯）（1997）。Ulla Colgrass 著。**音樂名家談藝錄**。台北：世
　　界文物。

洪懿妍（2001a）。打造看不見的競爭力。**天下雜誌 *2001* 年教育特刊**。

洪懿妍（2001b）。美感大調查，台灣美不美？**天下雜誌 *2001* 年教育特**
　　刊。

姜文閔（譯）（1995）。Dewey 著。**我們如何思維**。台北：五南。

姚一葦（1992）。**美的範疇論**。台北：開明。

孫常煒（主編）（1968）。**蔡元培先生全集**。台北：台灣商務印書館。

孫智綺（譯）（2002）。Pierre Bourdieu 著。**防火牆**。台北：麥田。

張大春（1996）。**野孩子**。台北：聯經。

許佑生（2003）。我類性權 VS.異類性權。原載於**中國時報**（4 月 13 日）。2003 年 7 月 20 日，取自 http://sex.ncu.edu.tw/animal-love/animal_ love16.htm.

淫姐三代（2003）。殺伐性道德的敵我意識。原載於**立報**（4 月 21 日）。2003 年 7 月 20 日，取自 http://sex.ncu.edu.tw/animal-love/animal_ love.20030703c.htm.

康寧馨（2003）。動物解放與性解放一樣重要。原載於**破報** 255 號 （4/18-4/27）。2003 年 7 月 20 日，取自 http://sex.ncu.edu.tw/animal-love/ animal_love24.htm.

副刊（1998，9 月 16 日）。聯合報，37 版。

崔光宙（1992）。**音樂學新論**。台北：五南。

崔光宙（2000）。主編序言。載於崔光宙、林逢祺（編），**教育美學**。 台北：五南。

教育部（2000）。**大學教育政策白皮書**。台北：作者。

陳立勝（譯）（2003）。Wm. T. De Bary 著。**亞洲價值與人權**。台北： 正中。

郭博文（1988）。杜威的經驗自然主義。**臺大哲學論評**，*11*，51-79。

郭實渝（1995）。語言與教育的關係。載於郭實渝（主編），「**當代 教育哲學」論文集**。台北：中研院歐美所。

傅佩榮（1995）。充實之美與虛靈之美。**哲學雜誌**，*11*。

馮朝霖（2000）。**教育哲學專論**。台北：元照。

賈馥茗（1972）。教育的適應性及不變性。載於**國立台灣師範大學教 育研究所集刊**，第十四輯。

賈馥茗（1973）。社會變遷中教育形式及內容之改革方向。載於**國立 台灣師範大學教育研究所集刊**，第十五輯。

賈馥茗（1983）。**教育哲學**。台北：三民。

賈馥茗（1994）。教育愛的特徵及印證。載於台北市立美術館（主編），愛與美。台北：台北市立美術館。

賈馥茗（2009）。教育美學。台北：五南。

葉朗（1993）。現代美學體系。台北：書林。

楊牧（編）（1997）。徐志摩散文選。台北：洪範。

楊深坑（1996）。柏拉圖美育思想研究。台北：水牛。

劉千美（2001）。差異與實踐。台北：立緒。

劉昌元（1994）。西方美學導論。台北：聯經。

廖運範（譯）（1970）。柏拉圖等著。教育的藝術：名師論教育。台北：志文。

歐陽教（1986）。德育原理。台北：文景。

歐陽教（1987）。道德判斷與道德教學。台北：文景。

歐陽教（1996）。教育哲學導論。台北：文景。

魯迅（1991）。狂人日記。台北：林白。

錢永祥（2003）。動物不怕遇上性，他怕遇上人：回覆卡維波。原載於破報（4/25-5/4）。2003 年 7 月，取自 http://sex.ncu.edu.tw/animal-love/animal_love23.htm.

戴曉霞、莫家豪、謝安邦（編）（2002）。高等教育市場化。台北：高等教育。

Adler, M. J. (1981). *Six great ideas.* New York: MacMillan.

Aristotle (1976). *Ethics.* London: Penguin.

Apple, M. (2001). Curriculum, teaching, and the politics of educational reform. 課程與教學季刊，4(1)，95-114。

Bacon, F. (1957). Novum organum. In R. Ulich (Ed.), *Three thousand years of educational wisdom: Selections from great document.* Cambridge: Harvard University Press.

Baggini, J. & Fosl, P. S. (2003). *The philosopher's toolkit.* Oxford: Blackwell.

Baier, K. (1958). *The moral point of view.* Ithaca: Cornell University Press.

Beardsley, M. C. (1970). Aesthetic theory and educational theory. In R. A. Smith (Ed.), *Aesthetic concepts and education.* Urbana: University of Illinois Press.

Berkeley, G. (1988). *Principles of human knowledge and three dialogues between Hylas and Philonous.* Edited by R. Woolhouse. London: Penguin.

Berlin, I. (2000). The pursuit of the ideal. In C. W. Gowan (Ed.), *Moral disagreement.* London: Routledge.

Black, M. (1958). Education as art and discipline. In I. Scheffler (Ed.), *Philosophy and education.* Boston: Allyn and Bacon.

Bloom, A. (1987). *The closing of the American mind.* New York: Simon and Schuster.

Bloom, A. (1987). *The closing of the American mind.* New York: Simon & Schuster.

Bridges, D. & Jonathan, R. (2003). Education and the market. In N. Blake et al. (Eds.) *The Blackwell guide to the philosophy of education.* Oxford: Blackwell.

Bullough, E. (1957). *Aesthetics.* In E. M. Wilkinson (Ed.). Stanford: Stanford University Press.

Carr, W. (1998). What is an educational practice? In P. H. Hirst & P. White (Eds.), *Philosophy of education (Vol. 1).* London: Routledge.

Collingwood, R. G. (1958). *The principles of art.* London: Oxford University Press.

Confucian values helps S'pore prosper: S M Lee. (1994, October 8). *The Strait Times.* p.24.

Cooper, D. E. (1993). Truth and liberal education. In R. Barrow & P. White (Eds.), *Beyond liberal education.* London: Routledge.

Cooper, D. E. (1998). Educational philosophies and cultures. In G. Haydon (Ed.), *50 years of philosophy of education.* London: Institute of Education University of London.

Cowie, A. D. (1989). *Oxford advanced learner's dictionary of current English.* Oxford: OUP.

Cowen, R. (1995). Autonomy, the market and education: Confucius and the modern individual. Paper presented at *International Conference on Educational Reform,* Taipei. (unpublished)

Crisp, R., & Slote, M. (Eds.). (1997). *Virtue ethics.* Oxford: Oxford University Press.

Dancy, J. (1985). *Introduction to contemporary epistemology.* Oxford: Blackwell.

Dewey, J. (1916). *Democracy and education.* New York: Macmillan.

Dewey, J. (1929). *A quest for certainty.* New York: Minton, Balch & Company.

Dewey, J. (1933). *How we think.* New York: D. C. Heath.

Dewey, J. (1934). *A common faith.* New Haven: Yale University Press.

Dewey, J. (1958). *Experience and nature.* New York: Dover Publications.

Dewey, J. (1982). Reconstruction in philosophy. In J. A. Boydston et al. (Eds.), *John Dewey: The middle works, 1899-1924, 12.* Carbondale: South Illinois University Press.

Dewey, J. (1987). Art as experience. In J. A. Boydston et al. (Eds.), *John Dewey: The later works, 1925-1953, 10.* Carbondale: South Illinois University Press.

Dewey, J. (1991). Logics: The theory of inquiry. In J. A. Boydston et al. (Eds.), *John Dewey: The later works, 1925-1953, 12.* Carbondale: South Illinois University Press.

Dill, D. (1998). Evaluating for research in higher education. *European Journal of Education, 3* (4), 361-377.

Donner, D., & Fumerton, R. (2001). John Stuart Mill. In S. M. Emmanuel (Ed.), *Modern Philosophers.* Oxford: Blackwell.

Dworkin, R. (1977). *Taking rights seriously.* London: Duckworth.

Eaton, M. M. (1988). *Basic issues in aesthetics.* Belmunt: Wadsworth.

Edel, A . (1998). Analytic philosophy of education at the crossroads. In P. H. Hirst & P. White (Eds.), *Philosophy of education (Vol. 1).* London: Routledge.

Eisner, E. W. (1972). *Teaching artistic vision.* New York: Macmillan.

Eisner, E. W. (1994). *The educational imagination.* New York: Macmillian.

Elliott, R. K. (1998a). Richard Peters: A philosopher in the older style. In P. H. Hirst

& P. White (Eds.), *Philosophy of education (Vol. 1).* London: Routledge.

Elliott, R. K. (1998b). Versions of creativity. In P. H. Hirst & P. White (Eds.), *Philosophy of education (Vol. 2).* London: Routledge.

Evers, C. W. (1998). Analytic and post-analytic philosophy of education: Methodological reflections. In P. H. Hirst & P. White (Eds.), *Philosophy of education (Vol. 1).* London: Routledge.

Feldmam, E. B. (1970). *Becoming human through art.* New Jersey: Poentice-Hall, Inc.

Flew, A. (1984). *A dictionary of philosophy.* London: Macmillan.

Fotion, N. (1968). *Moral situations.* Kent: The Kent University Press.

Frankena, W. K. (1963). *Ethics.* Englewood Cliffs: Prentice-Hall.

Fromm, E. (1981). *To have or to be?* Toronto: Bantam Books.

Gardner, S. (1995). Aesthetics. In A. C. Grayling (Ed.), *Philosophy: A guide through the subject.* Oxford: Oxford University Press.

Gettier, E. (1963). Is justified true belief knowledge? *Analysis, 23.*

Gewirth, A. (1985). Rights and virtues . *Review of Metaphysics, 38.*

Gewirtz, S., Ball, S. J., & Bowe, R. (1995). *Markets, choice and equality in education.* Buckingham: Open University Press.

Gowans, C. W. (2000). Introduction: Debates aboutmoral disagreements. In C. W. Gowans (Ed.), *Moral disagreements.* London: Routledge.

Grayling, A. G. (1996). Epistemology. In N. B. Bunnin & E. P. Tsui-James (Eds.), *The Blackwell companion to philosophy.* Oxford: Blackwell.

Greene, M. (1970). Imagination. In R. A. Smith (Ed.), *Aesthetic concepts and education.* Urbana: University of Illinois Press.

Greene, M. (2001). *Variations on a blue guitar.* New York: Teachers College Press.

Grosjean, Y. M. (1988). From Confucius to feminism: Japanese women's quest for meaning. *Ultim Real Mean, 11.*

Guyer, P. (1993). *Kant and the experience of freedom.* Cambridge: Cambridge University Press.

Habermas, J. (1972). *Knowledge and human interests* (J. J. Shapiro, Trans.). London: Heinemann.

Heidegger, M. (1993a). The question concerning technology. In D. F. Krell (Ed.), *Basic writings: Martin Heidegger* (pp.308-346). London: Rutledge.

Heidegger, M. (1993b). Building dwelling thinking. In D. F. Krell (Ed.), *Basic writings: Martin Heidegger* (pp.347-363). London: Routledge.

Helpburn, R. W. (1995). Ethical relativism. In T. Honderich(Ed.), *The Oxford companion to philosophy*. Oxford: Oxford University Press.

Hetherington, S. C. (1996). *Knowledge puzzles*. Oxford: Westview Press.

Hirst, P. H. (1966). Educational theory. In J. W. Tibble (Ed.), *The study of education*. London: Routledge & Kegan Paul.

Hirst, P. H. & Peters, R. S. (1970). *The logic of education*. London: Routledge & Kegan Paul.

Hirst, P. H. (1974). *Knowledge and the curriculum*. London: Routledge & Kegan Paul.

Hirst, P. H. (1998a). Philosophy of education: The evolution of a discipline. In G. Haydon (Ed.), *50 years of philosophy of education*. London: Institute of Education University of London.

Hirst, P. H. (1998b). Educational theory. In P. H. Hirst & P. White (Eds.), *Philosophy of education (Vol. 1)*. London: Routledge.

Hudson, S. D. (1981). Taking virtues seriously. *Australasian Journal of Philosophy, 59(2)*.

Hu, H. C. (1944). The Chinese concept of face. *American Anthropologist, 46*.

Hume, D. (1969). *A treatise of human nature*. Ernest C. Mossner (Ed.). London: Penguin Books.

Hume, D. (1996). Of the standard of state. In D. Townsend (Ed.), *Aesthetics*. Boston: Jones and Bartlett Publishers.

Husserl, E. (1970). *The crisis of European sciences and transcendental phenomen-ology.* (D. Carr, Trans.). Evanston: Northwestern University Press.

Hussey, E. L. (1995). Xenophanes of Colophon. In T. Honderich (Ed.), *The Oxford companion to philosophy.* Oxford: Blackwell.

Hwang, K. K. (1987). Face and favor: the Chinese power game. *American Journal of Sociology, 92.*

Hwang, K. K. (1990). Modernization of the chinese family business. *International Journal of Psychology, 25.*

Ihara, C. K. (1992). Some thoughts on Confucianism and modernization. *Journal of Chinese Philosophy, 19.*

Illich, I. (1971). *Deschooling society.* New York: Harper & Row.

Jenkins, I. (1970). Performance, In R. A. Smith (Ed.), *Aesthetic concepts and edu-cation.* Urbana:University of Illinois Press.

Jonathan, R. (1997). *Illusory freedom: Liberalism, education and the marke.* Ox-ford: Blackwell.

Kant, I. (1928). *The critique of judgment* (J. C. Meredith, Trans.). Oxford: Clarendon Press.

Kant, I. (1982). *Critique of pure reason* (W. Schwarz Trans.). Darmstadt: Scientia Verlag Aalen.

Kennedy, D. (1997). *Academic duty.* Cambridge: Harvard University Press.

Kierkegaard, S. A. (1989). *The sickness unto death.* London: Penguin.

Kinkead, G. (1992). *Chinatown.* New York: Harper Collins.

Kitcher, P. (2001). Immanuel Kant. In S. M. Emmanuel (Ed.), *Modern philosophers.* Oxford: Blackwell.

Langer, S. K. (1953). *Feeling and form.* New York: Charles Scribner's sons.

Langer, S. K. (1957). *Problems of art.* New York: Charles Scribner's Sons.

Lee, S. H. (1992). Was there a concept of right in Confucian virtue-based morality. *Journal of Chinese Philosophy, 19.*

Lyotard, J. E. (1984). *The postmodern condition.* Manchester: Manchester University Press.

Macedo, S. (1990). *Liberal virtues.* Oxford: Clardendon Press.

MacIntyre, A. (1985). *After virtue.* London: Duckworth.

MacIntyre, A. (1988). *Whose justice?* Which rationality? London: Duckworth.

Mackie, J. L. (1978). Can there be a right-based morality? *Midwest Studies inPhilosophy, 3.*

Magee, B. (1982). *Man of ideas.* Oxford: Oxford University Press.

Marcuse, H. (1978). *The aesthetic dimension.* Boston: Bacon Press.

Marinoff, L. (2002). *Philosophical practice.* New York: Academic Press.

Maslow, A. H. (1970). *Motivation and personality.* (2nd ed.). New York: Harper & Row Publishers.

Mautner, T. (1997). *Dictionary of philosophy.* London: Penguin.

McCleary, D. (1993). *The logic of imaginative education.* New York: Teachers College, Columbia University.

McGrew, A. (1992). A global society. In S. Hall et al.(Ed.). *Modernity and its future.* Cambridge: Polity Press.

McLaughlin, T. (1994). Politics, markets and schools: The central issues. In D. Bridges (Ed.), *Education and the market place.* London: The Falmer Press.

McLeish, K. (1993). *Key ideas in human thought.* London: Bloomsbury.

McMurtry, J. (1991). Education and the market model. *Journal of Philosophy of Education, 25* (2), 209-217.

Mendus, S. (1998). Demoralizing education. In G. Haydon (Ed.), *50 years of philosophy of education.* London: Institute of Education.

Mill, J. S. (1950). *John Stuart Mill's philosophy of scientific method.* E. Nagel (Ed.). New York: Hafner Publishing Company.

Mill, J. S. (1962). On liberty. In M. Warnock (Ed.), *Utilitarianism: John Stuart Mill.* London: Fontana.

Morrow, R. D. (1987). Cultural differences-be aware. *Academic Therapy, 23.*

Mothersill, M. (1992). Beauty. In D. Cooper (Ed), *A companion to aesthetics.* Oxford: Basil Blackwell.

Murdoch, I. (1970/1991). *The sovereignty of good.* London: Routledge.

Neave, G. (1998). Higher education in transition: Twenty-five years on. *Higher Education Management, 8* (3), 15-24.

Nozick, R. (1997). *Socratic puzzles.* Cambridge: Harvard University Press.

O'Brien, G. D. (1998). *All the essential truths about higher education.* Chicago: The University of Chicago Press.

O'hear, A. (1988). *The element of Fire.* London: Routledge.

Osberne, O. (1986). Review of H. B. Redfern questions in aesthetic education. *Journal of Philosophical Education, 20* (2), 299.

Peikoff, L. (1997). *The ominous parallels.* New York: Plume Book.

Peters, R. S. (1970). *Ethics and education.* London: George Allen & Unwin.

Peters, R. S. (1973). *Reason and compassion.* London: RKP.

Peters, R. S. (1981). *Essays on educators.* London: George Allen & Unwin.

Peters, R. S. (1983). Philosophy of education. In P. H. Hirst (Ed.), *Educational theory and its foundation discipline.* London: Routledge & Kegan Paul.

Phillips, M. (1997). *All must have prizes.* London: Warner Books.

Plato (1961). *The collected dialogues of Plato.* E. Hamilton & H. Cairns (Eds.), Princeton: Bollingen Foundation.

Plato (1987). *The Republic* (Desmond Lee, Trans.). London: Penguin.

Pojman, L. P. (1995). *What can we know?* Belmont: Wadsworth Publishing Company.

Rand, A. (1964/1961). *The virtue of selfishness.* New York: New American Library.

Rand, A. (1999/1957). *Atlas shrugged.* New York: Plume Book.

Rawls, J. (1973). *A theory of justice.* Oxford: Oxford University Press.

Rawls, J. (1993). *Political liberalism.* New York: Columbia University Press.

Raz, J. (1986). *The morality of freedom.* Oxford: Clarendon Press.

Readings, B. (1996). *The university in ruins.* Cambridge: Harvard University Press.

Redfern, H. B. (1986). *Questions in aesthetic education.* London: Allen & Unwin.

Reid, L. A. (1986). *Ways of understanding and education.* London: Heinemann.

Rockefeller, S. C. (1992). Comment. In C. Taylor (Ed.), *Multiculturalism and "the politics of recognition.* New Jersey: Princeton University Press.

Rorty, R. (1999). *Philosophy and social hope.* London: Penguin Books.

Ross, M. (1981). Hard core: The predicament of the arts. In M. Ross (Ed.), *The aesthetic imperative.* Oxford: Pergamon Press.

Rushdie, S. (1984). *Shame.* London: Picador.

Russel, B. (1935). *In praise of idleness.* London: George Allen & Unwin.

Russel, B. (1961). *History of western philosophy.* London:Routledge.

Saint-Andre, P. (2007). Friendship in Atlas Shrugged. In E. W. Younkins (Ed.), *Ayn Rand's Atlas Shrugged: A philosophical and literary companion.* Hampshire: Ashgate.

Schiller, F. (1965). *On the aesthetic education of man* (R. Snell, Trans.). New York: Frederick Ungar Publishing Company.

Scruton, R. (1974). *Art and imagination.* London: Routledge & Kegan Paul.

Singer, P. (2001). Heavy petting. Retrieved July, 2003, from http://sex.ncu.edu.tw/animal-love/animal_love18.htm.

Smith, A. (1993). *An inquiry into the nature and causes of the wealth of nations.* Oxford: Oxford University Press.

Soltis, J. F. (1998). Perspectives on philosophy of education. In P. H. Hirst & P. White (Eds.), *Philosophy of education (Vol. 1).* London: Routledge.

Sparshott, F. E. (1970). Play. In R. A. Smith (Ed.), *Aesthetic concepts and education.* Urbana: University of Illinois Press.

Spencer, H. (1966). *Herbert Spencer on education.* Edited by A. M. Kazamias. New York: Teachers College Press.

Symes, C. (1998). Education for sale: A semiotic analysis of school prospectuses and other forms of educational marketing. *Australian Journal of Education, 42* (2), 133-152.

Taylor, C. (1989). *Sources of the self.* Cambridge: Cambridge University Press.

Taylor, C. (1992). *Multiculturalism and "the politics of recognition".* New Jersey: Princeton University Press.

Thoreau, H. (1950). *Walden.* Edited by B. Atkinson. New York: Random House.

Three lessons for Singpore. (1994, August 27). *The Strait Times.* p.4.

Townsend, D. (Ed.). (1996). *Aesthetics:* Classic readings from the western tradition. Boston: Jones and Bartlett Publishers.

Ulich, R. (Ed.). (1957). *Three thousand years of educational wisdom.* Cambridge: Harvard University Press.

Urmson, J. O. (1958). Saints and heroes. In A. I. Melden (Ed.), *Essays in moral philosophy.* Seattle: University of Washington Press.

Vandenberg, D. (1990). *Education as a human right.* New York: Teachers College Press.

Walsh, P. (1993). *Education and meaning.* London: Cassell.

Warnock, M. (1976). *Imagination.* Berkeley: University of California Press.

Warnock, M. (1986). The education of emotions. In D. E. Cooper (Ed.), *Education values and mind.* London: RKP.

Welch, A. (1998). The cult of efficiency in education: Comparative reflections on the reality of the rhetoric. *Comparative Education, 34* (2), 157-175.

White, J. P. (1973). *Toward a compulsory curriculum.* London: Routledge and Kegan Paul.

White, J. P. (1990). *Education and the good life.* London: Kogan Page.

White, J. (1993). The arts, well-being and education. In R. Barrow & P. White (Eds.), *Beyond liberal education.* London: Routledge.

Whitehead, A. N. (1929). *The aim of education.* New York: The Free Press.

Wikipedia (2009). Ayn Rand.

Retrieved: http://en.wikipedia.org/wiki/Ayn_Rand 2009/2/26.

Williams, B. (1993). *Shame and necessity.* Berkeley: University of California Press.

Wittgenstein, L. (1963). *Philosophical investigation.* Oxford: Blackwell.

Wittgenstein, L. (1980). *Culture and value.* Oxford: Blackwell.

Wittgenstein, L. (1922/1990). *Tractatus logico-philosophicus.* London: Routledge.

Wolf, S. (1982). Moral saints. *The Journal of Philosophy, 79* (8).

Wringe, C. (1994). Markets, vales and education. In D. Bridges. (Ed.), *Education and the market place.* London: The Falmer Press.

索 引

☪ 名詞索引

國家圖書館出版品預行編目資料

教育規準論／林逢祺著. -- 三版. -- 臺北市：五南
　圖書出版股份有限公司，2023.01
　面；公分
ISBN 978-626-343-528-5（平裝）

1.CST: 教育哲學

520.11　　　　　　　　　　111018707

1IMX

教育規準論

作　　者 － 林逢祺

發 行 人 － 楊榮川

總 經 理 － 楊士清

總 編 輯 － 楊秀麗

副總編輯 － 黃文瓊

責任編輯 － 李敏華

封面設計 － 王麗娟

出 版 者 － 五南圖書出版股份有限公司

地　　址：106 臺北市大安區和平東路二段 339 號 4 樓

電　　話：(02)2705-5066　傳　　真：(02)2706-6100

網　　址：https://www.wunan.com.tw

電子郵件：wunan@wunan.com.tw

劃撥帳號：01068953

戶　　名：五南圖書出版股份有限公司

法律顧問　林勝安律師事務所　林勝安律師

出版日期　2004 年 3 月初版一刷（共五刷）
　　　　　2010 年 12 月二版一刷（共四刷）
　　　　　2023 年 1 月三版一刷

定　　價　420 元

經典永恆・名著常在

五十週年的獻禮 —— 經典名著文庫

五南，五十年了，半個世紀，人生旅程的一大半，走過來了。

思索著，邁向百年的未來歷程，能為知識界、文化學術界作些什麼？

在速食文化的生態下，有什麼值得讓人雋永品味的？

歷代經典・當今名著，經過時間的洗禮，千錘百鍊，流傳至今，光芒耀人；

不僅使我們能領悟前人的智慧，同時也增深加廣我們思考的深度與視野。

我們決心投入巨資，有計畫的系統梳選，成立「經典名著文庫」，

希望收入古今中外思想性的、充滿睿智與獨見的經典、名著。

這是一項理想性的、永續性的巨大出版工程。

不在意讀者的眾寡，只考慮它的學術價值，力求完整展現先哲思想的軌跡；

為知識界開啟一片智慧之窗，營造一座百花綻放的世界文明公園，

任君遨遊、取菁吸蜜、嘉惠學子！